エレーヌ・カレール＝ダンコース

未完のロシア

十世紀から今日まで

谷口侑◉訳

藤原書店

Hélène **CARRERE D'ENCAUSSE**

La Russie Inachevée

未完のロシア　目次

未完のロシア

十世紀から今日まで

凡例

一　本書の翻訳には、Hélène Carrère d'Encausse, *La Russie inachevée*, Paris, Fayard, 2000を用いた。

一　原書のイタリックによる強調は、傍点ないしルビで、大文字や“ ”および《 》による強調、論文名、文書名、機関名などは、原則として「　」で、書名は『　』で示している。

一　訳註は＊で示し、パラグラフのあとに配した。

一　［　］による原著者註ないし補足は、そのまま［　］で、比較的短い訳者註はとくに表記することなく訳文中に織りこんでいる。ただし、訳者註で必要のある場合は、〔　〕で示してある。

一　地名、人名などの固有名詞は、原則として現地読みとしている。

一　＊印訳注には『ロシア・ソ連を知る事典』（平凡社、一九八九年刊）を参照した。大変参考になり、感謝したい。

「ロシアは未完成である」

プーシキン

「ロシアの歴史は、自らを植民地化する国の歴史である。植民地の領域は、国家の領土と共に拡大した」

クリュチェフスキー

「自由とは、文化が花開かせる遅咲きの繊細な一輪の花である」

G・P・フェドトフ

序

一九八九年、フランスはフランス革命二〇〇周年を祝う。同じとき、欧州の別の最果てであるソヴィエト社会主義共和国連邦でもこれらの式典に呼応して、自らの存在それ自身でもってロベスピエールのメッセージが永遠に持続していることを立証するのである。レーニンがフランス革命とパリ・コミューンの継承を唱えながら、ロシアの大地の上で権力を掌握してから七〇年以上が経過していた。彼の強権発動は、革命の歴史上初めて永続革命の特権を名乗る強力な国家体制を誕生させた。ソ連は、世界を震撼させただけでなく、新しい人民を、とくに新しいタイプの人間、すなわちホモ・ソヴィエティクス、もしくは、それを越えたホモ・コムニスムスを創造することによって永続的に世界を変革するという革命家の能力を示したのではなかったか？　ソ連は、ある国がその土地の、もしくは人民の名前ではなく、政治計画の名称そのものを国名に冠する意味論のシンボルであろうとした。ロシアはこうして、いまや社会主義とソヴィエトの土地へと座を譲ったが、これこそ歴史との断絶を示す反論の余地ない証拠である。

だが奇妙な運命の転換によって、一九八九年は諸革命の栄光の年——フランスにとっては記念すべき年、その永続性を他国に見せつけるための年——となるはずだったが、あちらでは疑念の年であり、こちらでは崩壊の年、となってしまった。フランスでは、過去二世紀もの間さんざんけなされていた最後の国王ルイ十六世が、突然、革命の遺産なるものについての既成概念を問題視する集団意識の中に再登場した。もっとも、こうした指摘は、すでにこれまでもオーギュスタン・コシャン*やフランソワ・フュレ*といった大胆な精神の持ち主が大勢から孤立しながらも行ってきたものだ。こうして、しっかりと根付いていた革命の神話に突然再検討の光が当てられ、それらをきちんと整理するまでに実に二世紀の年月を必要とした。

＊オーギュスタン・コシャン（一八七六―一九一六年）。歴史家。フランス革命前後の時期の研究家として知られる。フランソワ・フュレ（一九二七―九七）。『フランス革命を考える』などの著作を通してフランス革命の脱神話化を図った歴史家として世界的に知られる。仏アカデミー会員。

しかし東欧では、歴史の加速化は、過去の神話だけでなく、レーニンと彼の後継者たちによって設立され、あれほど堅固に見えた体制さえもたちまち一掃してしまう。ロシアでは七〇年間も、隣接共産主義諸国では約半世紀にわたり作り上げられた「新しい人間」は、この一九八九年という年に彼らを生み出した世界をじっと眺め、突然、怒りに駆られてこれを拒否してしまう。まずベルリンでは十一月九日、過去の革命の追憶の空間と、今世紀の革命だとして長期間約束されているかに見えた空間とを分ける象徴的な壁が打ち壊された。次いで、一国から次の国へと中部欧州と東欧へと壁は壊された。ついには二年後の一九九一年、反乱は体制の心臓部であるソ連に到達し、あれほど長く廃絶されていたロシアが突然、長い過去の廃墟の瓦礫をはねのけて立ち上がり、そのはずみで社会主義とソヴィエトの祖国である国を揺り動かし、破壊してしまう。

世界全体があれほど強く一九一七年の不可逆性を信じていたのに、この予期しなかった世紀末の展開を、どう理解しようと試みるのか？

欧州共産主義を一掃してしまった天変地異の発端となったのが結局はロシアの再生だったことから、なによりもまず成すべきことは、きちんとロシアに向き合うことだ。もし共産主義体制の中枢が打撃にもかかわらず持ちこたえていたら、周辺部の動揺は一九五六年以来いく度となくそうであったように一過性の危機に過ぎず、またもや体制全体の強化に帰着してしまうはずだった。だが、今世紀の全ての革命的プロセスが端を発したロシア、七〇年もの間自分自身の歴史から不在だったロシア、そのロシアが突如として共産主義世界の舞台を去ってしまったために、もはや共産主義世界には何も残っていないのだ。

このロシアの自己への回帰こそ、まず検討に値する。次いで、かくも異例な歴史的運命の根源について熟慮してみるべきではないか？　自らの抹消を受け入れたこのロシアとは、一体何者なのか？　自らを前例のない全体主義的体験に委ね、しかも、その特権的道具でありながら、最初の犠牲者でもあったロシアとは何者か？　どこに説明を求めればよいのか？　歴史の中にか？　時と状況がそのように形作ってしまった人々の心の中にか？

それを見極めるために、さあ行こう、ロシア人自身がそうしたように、ロシア発見の旅に出かけよう。

第一章　ロシアを再発見するロシア国民

歴史の舞台にロシアが再登場した日付を確定することができる。出来事の発端は、まだソヴィエト社会主義共和国連邦（URSS）が存在していた一九九一年六月十二日、ロシア選挙民がボリス・エリツィンを大統領に選んだことにある。一九一七年以来初めてという革命が進行中であり、数カ月後にはソ連及び共産主義体制に終止符を打つはずである。このエピソードが及ぼす影響力の範囲を理解するためには、先ず当時のソ連体制にしばし目を向けねばならない。

ボリス・エリツィン大統領選出は事実上一九一七年以来存在して来た政治体制を覆し、さらにその政治体制が安住して来たイデオロギー的確信をも覆してしまったのである。ソ連は一九二二年以来、少なくとも名目的には連邦国家であり、国家機構といった主権国家が持つべき全ての特性を享受してきた諸共和国を結集して来た。しかし、この制度的建造物は、連邦主義にはなんの関係もない現実を隠していた。諸共和国は見かけだけ国家であり、実際上の権威は中央の中央集権的権力に握られていた。特に、全ての共和国の中で最も大きな空間と人口を擁していたロシアは、他国と同等の見せかけだけの主権をさえも享有していなかった。ロシアはソ連邦と混同されていたのである。体制の政治的中心であるモスクワはロシア共和国の首都でもあった。ロシア語はソ連邦全共和国の人民の共通言語であると同時に、全ロシア人の言語でもあった。それゆえにソ連邦が国家、党、経済的・文化的決定機関といった諸機関を抱えているのに、ロシア共和国はそれらに匹敵する独自の機関を持ち合わせなかった。それほどまでにソ連邦創設者たちにとっては両者が重なり合っていたのである。このようなロシア=ソ連邦一体化は決して偶然の産物ではなく、明確な計画に基づくものであった。すなわち、こうして独自のアイデンティティを奪われたロシアを、新しいタイプの歴史的共同体の中に国家と人民を将来統合するモデルに仕立てあげるためである。つまり、全ての文化的な違いを放棄して共産主義の周囲に結集したソヴィエト国民による国家という統一を実現することが狙いだ。この計画のために、ロシアはモデルであると共に道具に供されたのであり、固有の言語を犠牲にしても共有されるべきと仮定されている価値と文化を伝達する共通言語を広めることに主力が注がれた。ソ連邦の創設者たちが夢見た社会変革のためには、ロシアを道具化することも辞さないこのやり方は、長いことロシア国内でさえ無関心で迎えられ、他の共和国では敵意か諦めでもって受け入れられた。ロシアとソ連邦の混同は、かつてのロシア帝国内で何世紀もの間そうだったようにロシア人の支配を永続させるだけだ、とロシア人は久しく信じていた。つまるところ、ロシア人はこの体制の受益者でしかあり得ないと考えたのだ。「偉大な兄」の支配に慣れっこになっていた非ロシア人たちは、一九一七年以前にロシア帝国とロシア人と君主制を混同していたように、共産主義体制をロシアと同一視していた。

多分、レーニンが一九一七年にロシア帝国の人民たちに彼らの民族自決権を行使するよう呼びかけたとき、彼は、それまではまだよく表明されていなかった独立への意志に道を開いたのだ。だがボリシェビキはその後、一時期破壊されていた帝国を力によって再構築したために、あまりにも短い間だけ独立状態に転化していた民族解放の夢は打ち砕かれたのである。残されたのは、ソヴィエト体制の暴力が六〇年近くも沈黙を強いてきた民族のフラストレーションだった。非ロシア人の人民にとっては、ソ連邦はロシアであり、ロシア人は全て支配者であり、時と場所によっては軽蔑され、あるいは憎まれはするものの、ともかく耐え忍ばねばならない相手と受け止められていた。ソヴィエト体制への対決が現れたのは七〇年代にソヴィエト国境外でであり、ポーランド、ハンガリーあるいはチェコといった一九四五年に征服された「兄弟国の人民」によって繰り返された暴動の形を取った。その結果、「共産化された人民間のきずな」であるはずの国際主義の神話が問われることになった。このような認識はソ連国内にも広がったが、実はすでに一九五六年の第二〇回ソ連共産党大会での「大いなる嘘」の告白とソ連邦を構成する諸国に対して加えられた暴力の実態の告白によって国内の民族意識に火が付けられた。さまざまな民族主義の高まりの波は、反ソ連もしくは反ソ連帝国主義というよりも一気に反ロシア感情に突っ走った。

こうした意志の表明と、アイデンティティの確認と民族自決権要求の広がりを前にして、ロシアだけが、ロシア人だけが、それ以後も数年間にわたり、意識の立ち遅れにもかかわらずソ連体制と異なる社会を新しい人間、すなわちホモ・ソヴィエティクス（ソ連型人間）という新しい人間の均質な共同体に変革する使命を守り抜くべき防壁を構成しているかに見えた。ロシア人の人口が圧倒的に優位であるロシアを考察すると、一九八〇年代初めまではレーニンが革命の勝利を収めた地域を変革するためにはロシアに賭けるしかないと判断したのはまだ正しかったと考えることもできた。だが突然、それに続く数年間のうちに、ロシアは不動であるとソ連指導者を安心させていた単純化したイメージは曇り始める。というのも、ソ連邦を構成する他の人民たちからの非難と敵意に直面してロシア人たちは自問するのだ――自分たちは本当に憤激を高め激しい批判をぶつけてくる諸国民が非難するソ連帝国なるものの支配者なのか？　その支配なるものから利益をそれだけ引き出しているのか？　そうだとしたらどの領域でか？　本当に他の諸国民よりも権力や物質的能力や文化的覇権の面でよい分け前にあずかっているのか？

八〇年代半ばソ連では、窮地に立たされた体制の修復の時が訪れた。経済は麻痺していた。強大なはずのソ連が米国からの技術面での圧迫に対抗できず、小国アフガニスタンの人民の抵抗に対しても打ち勝つことができなかった。世界第二の軍事大国ソ連を挫折に追い込む新たなダビデといったところだ。テクノロジー面でのソ連の奇跡なるものは、一九八六年に発生したチェルノブイリ原子力発電所での事故によって嘲笑の対象になった。制御された枠内で共産主義を救済しようとするゴルバチョフの改革の意志は、深淵への転落にブレーキをかけるどころかかえって加速してしまう。というのも時はまさに真実を伝える演説をすべき時なのに、各人が、各人民がこの発言の機会をとらえて借りを返そうとし、自ら検事役を果たそうとするからだ。民族的意志が急速に拡大する中で、突如ロシアを自覚がさいなむ。中心的質問は、われわれは非ロシア人の兄弟が非難するところの帝国主義者なのか、連邦からあくどく利益を得ているやからなのか？ それにもう一つの質問が、わずか数年のうちに次第に力強く、かつしつこく問われて来ているよりドラマチックな質問が加わる――いったい我々はだれなのか？ いまだロシアは、ロシア人は存在するのか？ そこでたちまち以下のことが確認される――ロシアはソ連邦ではない、ロシアもまた「人民の監獄」に幽閉されている体制の犠牲者であり、従って、すべての他の共和国や国家と同様に反乱に合流するよう求められているのだ、と。

一九九一年六月十二日実施された選挙はこの展開の頂点を示す。ミハイル・ゴルバチョフは連邦制を救済できる制度上の方式を求めて必死に努力するが、長いこと屈服させられてきたロシアの共産主義者たちは彼ら自身の共和国の機構の変革をもたらすための闘争を開始した。ロシア共和国が主権をもった真の共和国になり、必要な諸機関とエリートたちを保有し、他のすべての共和国がそうであるように、主権の原則に付随する権利の全面的な行使権を付与されること、そしてその最初が分離独立の権利であること。これらが共産党であろうが野党であろうが、エリートたちを、そして人民を結び付ける全面的な要求だった。その意味で、ロシア共和国大統領を普通選挙で選出することは、歴史の舞台へのロシア復帰のシンボルであると同時に、数カ月後にソ連邦を吹き飛ばしてしまうであろう起爆薬となる。

（この本が執筆されている時点で）あれから一〇年が経過しているが、当時の出来事に伴う熱狂ぶりを思い出すことは難しくなっている。あの時は、ロシアおよびソ連邦全体で各人が事態の広がりを見極めようとしていた。「ソ連に反対するロシア！」を隠されたテーマにした熱狂した選挙戦の結果、ボリス・エリツィンが大統領に選出されたことで一挙にソ連の政治的風景に新たな光が当てられ、ソ連邦に止めの一撃を与えることになる。投票日の夜、ソ連の政治生活の基本的原則であった統一はもはや存在しなかった。一方には、だれによっても選出されていない大統領が指導するソ連邦があり、日一日と諸共和国が分離して行く空間を支配していた。他方には、普通選挙で選ばれた大統領を戴くロシアがあった。同じ首都モスクワに、二人の大統領がいたのだ！　ボリス・エリツィンは、たしかに六月十二日の大統領選挙で明白な勝利を収めた正統性の名において、モスクワをロシアの中心として要求することができた。ただ、ミハイル・ゴルバチョフの方は、いかなるソヴィエト社会主義共和国連邦の名においてモスクワにその本拠をおくことを主張できるというのか。

六月十二日以降、ロシアは他の共和国と同様に主権国家であり、ソ連邦との絆を再検討しつつあった。全ての構成共和国が去った以上、ソヴィエト社会主義共和国連邦には何が残っていたのか？　定義が難しいこの情勢の最も目に見える兆候は、いかなる仮定に立っても、ソ連邦大統領が消滅しつつある連邦の再構築の手段に訴えることを封じていた。六月十二日夕、クレムリンの塔屋の上には二つの旗が翻っていた。連邦構成のシンボルである赤旗に星をあしらったソヴィエト社会主義共和国連邦の紋章が、まったく同格でロシアの三色旗と並んでいたのだ。一九一七年以来禁止されていたロシアの三色旗がへんぽんと翻っているのを見たモスクワ住民たちは呆気にとられていた。これら二つの旗の間には序列があるのか？　ソ連邦とロシアという二つの国家の間に、そしてそれぞれの権限の間に？同格の重みを持つ政治的現実を表しているのか？　たしかに否である。八〇年代末期の政治的革命は、慎重にであるが普通選挙により付与された正統性を確認しており、そこからロシア国旗のソ連邦国旗に対する優位さが生まれる。なぜなら、一九一八年以来初めて、全てのロシア国民がロシアとロシア復活を支持して自由に投票したばかりだったからである。その一方、これまでだれ一人、ソヴィエト社会主義共和国連邦を支持して投票したことはなかった。ボリス・エリツィンは、ロシア大統領選挙勝利からソ連邦消滅までの数カ月間というもの、ミハイル・ゴルバチョフにはっきりと思い知らせた――ロシアの選択は民主的な選択であること、ロシアとその大統領は従って、クーデタの結果生まれたソ連邦に対して、またしばらく前に自分の都合で普通選挙の試練を受けることを拒否した大統領に対しても正統性を保持していることである。

大統領としてのミハイル・ゴルバチョフの経歴に合法的ではないにせよ事実上終止符を打った一九九一年八月の反乱*は、六月十二日の大統領選挙後の政治情勢を強固にしたに過ぎない。民主主義を救済したのは、国民の目には、戦車の上によじ登って指揮したボリス・エリツィンと映った。つまり、反乱は結局のところ民主主義と一体化したロシアと、まさに死に瀕しているソ連邦の対立であり、ソ連邦の指導者たちは力の行使によって民主的希望に終止符を打とうと最後の試みに打って出たのだった。まぎれもなくそれぞれの長所を持った二人の人物、ゴルバチョフとエリツィンとがぶつかり合った劇的な対決のかなたに、二つの歴史的な瞬間が、社会の変転についての二つの概念が対立するさまが浮かび上がる。一方は、一九一七年レーニンによって創設された人間と人民を抑圧する体制である。もう一方は、ソ連邦からロシアを引き離し、民主主義を選ぶことでロシアを近代性に参入させることである。たしかに、この対決は、ミハイル・ゴルバチョフに正当な評価を与えていないきらいはある。すなわちソヴィエト体制を整備し人間味を持たせようとした疑問の余地のない彼の意志についてである。たとえ、それが最後には体制を救おうとする試みだったにせよなのだ。全ての体制についてそうであるように、その体制の最後の責任者は、体制を揺るがすことにどれほど貢献したにせよ、歴史のごみ箱に投げ捨てられる運命にある。だが、これこそ革命に固有のものであり、革命というものは概して道を開いた者には大した場所を与えず、断絶と、とある時期にその断絶を体現した者たちの名前のみを賛美するのである。

＊バルト三国をはじめとする共和国の独立運動に対応するために、共和国の主権を大幅に拡大しようとしたゴルバチョフ大統領に反対して、ヤナーエフ副大統領らが企てたクーデター計画。エリツィン・ロシア共和国大統領がこれを阻止した。

全てのロシア人にとって、自分自身の祖国を持てたという感動、誇り、長く、そして苦難に満ちた歴史の道程を経てロシアがようやく近代化の道を見いだしたという気持ちが先行してしまい、この変化の条件と将来への見通しについて子細に検討しつつ真剣に考慮することをなおざりにさせてしまうことになる。エリツィン大統領選挙と反乱、そしてロシアの全面的な主権宣言に続く期間中、社会は有頂天になり、同時にようやく再発見したロシアに、その長い歴史と現在に基づいたアイデンティティの全ての特質を与えたいとする意志が作動した。長い歴史の中から、ロシア人は過去の帝政時代のシンボルである国旗、双頭の鷲の紋章を借用し、かつての街路と都市の名称を復活させた。こうしてモスクワのゴルキー通りはまた元のトヴェリ通りに戻る。そしておなじ作家の名前を持っていた町は、一九一七年以前と同様にニジニ・ノヴゴロドと呼ばれるようになる。かつて革命を実行し、あるいは鼓舞した人物や歴史上次々と発生した出来事、日付の思い出が地名から一掃された例は枚挙に暇がない。地面に打ち倒されている偉大な革命家たちの銅像は、社会の大半が非難していた歴史の痕跡を消し去ろうとする欲求を立証した。だが、その理由はさまざまである。一九一七年の民主主義の希望を圧殺したから、ユートピアの名の下に人々をテロに脅えさせたからであり、また、さらに共産主義のイデオロギーによって伝播された幸福をもたらす約束が守られなかったからであり、あるいはあれこれの道程の果てに帝国を失い、その強大さを破壊したからである。共産主義の過去を嫌悪する共通の理由がないとしても、なにはさておいても共産主義の拒否と、よりよい未来が生まれることへの夢が勝利を収めたのである。

一九九二年始め、完全にロシア人である権利を獲得したロシア国民は、もはや「国際化の途上にある」ロシア国民では無くなり、未来について、長いこと忘れ去られ禁止されてきた革命前の過去をありとあらゆる美徳で飾り立てて理想化したものと、一九九一年末に選択したものの結果がロシアを西洋世界に似た自由と繁栄からなる宇宙へ投影されたと突然考えてしまう幻想とが結合したあいまいなビジョンを共有していた。ソヴィエト時代の過去を断固として拒否したことでロシア国民は、これによって豊かさが支配することになる沈静化した世界にほとんど自動的に参入できると信じこんだ。新ロシアの始まりはこうして「恩寵の時」の特徴を示していたが、しばしばそうであるように長続きしなかった。

九年間が経過した今（この本が書かれた二〇〇〇年を指す）、なんという混乱ぶりだろう！　ロシア国民が直面した混乱は、かつての共産主義国家の全ての国民が異なった程度で体験した混乱のイメージだった。抑圧的な政治体制と国家計画経済から抜け出ることはだれにとっても困難である。だが、ロシア国民はいち早くそれを発見したのであり、彼らにとって、それは全てのかつての「兄弟国」にとってよりはるかに困難だった。自分たちにとって決して有利ではない運命を前にして、ロシア国民は、自分たちが直ちに参入できると信じていた自由と豊かさにあふれる外部世界が決して自分たちに理解を示してくれないことに気付く。

過去四分の三世紀の間、ロシアは他の世界から孤立していた。それも自分たちが不可分の一部であると信じてきたヨーロッパからである。まず一九一七年最初の支配者たちが言ったように「包囲された要塞」の立場からくる孤立である。次いで一九四七年以降は、外部世界がロシアから我が身を防衛するために張り巡らせた「鉄のカーテン」のためである。包囲された要塞も鉄のカーテンも消滅し、ロシアの使命は「文明化され」、ヨーロッパ的になることであると確認された今、ロシアは突然予期せぬことに直面する。すなわちヨーロッパがロシアについて抱いているイメージであり、それをヨーロッパがロシアに送りつけてくることである。ロシアに関して最近出版された書物のどれほど多くが、いまから一六〇年も前にキュスティーヌ*が当時のロシアについて下したぶっきらぼうな判断を蒸し返していることだろうか？　ロシアの現状と直面する困難についての診断が、どれほど意識に根強く残っている偏見に照らして下されていることか？　ロシアは特異であり、決して自由や民主主義には適合しないとの確信をふりまいているのだ。ロシアが共産主義からの離脱に失敗したことについて、ロシアの直面した困難が絶対的な失敗であり予測できたことだと断じて、中部欧州の近隣諸国の相対的な成功ぶりと侮蔑を込めて比較していることだろう？

＊アストルフ・ド＝キュスティーヌ伯（一七九〇―一八五七年）。ロシアの状況を痛烈に批判した旅行記『一八三九年のロシア』を記して世界的に知られた。第3章、冒頭参照。

われわれは、この国に住む人々が自らの姿を理解することに苦労しているといったイメージを描き出す無理解や敵意を乗り越えて、ロシアの実情を、近代化を目指すロシアの道が他所よりも疑い無くより困難で苦難に満ちたものであることを、いつの日かそこに到達するチャンスがあることを理解しようと試みるべきではないか？　つまるところ、提起されるに値する真の疑問は、次のようなものではないか――ロシアは本当に特異な国であり、そうであり続けるべく運命づけられているのか？　それとも、絶えず困難に遭遇する歴史に痛め付けられながらも、達成された進歩ぶりからするとその未来は開かれている国なのか？

第二章　廃墟の中のロシア

共産主義からの脱却は、まだ手をつけていない食品を入れた冷凍庫を不用意に開けてしまったことによく例えられるが、実際には、開けてびっくりの不都合さを内部に秘めていた。旧東欧諸国が全体として多少なりとも予想していた事態に直面したとしても、ロシアはまったく別だった。ロシア国民も外部世界も、この国がいかなる状態で共産主義から脱却するのか見当もつかなかったが、それは単にこの国がソヴィエトという宇宙に埋没し、それと混同されていたからであり、地球上のいかなるところであってもロシア特有の現実を考慮に入れたことは決して無かった。

それにしてもロシアの場合はもちろん冷凍庫——文明世界の残滓のシンボル——からではなく、まさに国全体が一九一七年以来圧しつぶされてきた残骸の下から抜け出さなければならなかったのだ。

ロシア国民自身もこの災害の広がりがいかに大きなものか徐々に発見しつつも、自分たちの運命の全貌と、それが隣国の運命よりもはるかに悲劇的だったのはなぜかについていかなるビジョンも持ち合わせていなかった。彼らにとっては、何よりもまず廃墟から抜け出し、発見したばかりの光景に自分たちの直感したことを書き綴ることが先決だった。

今日のロシアを、そしてなぜロシアの共産主義からの脱却が隣接諸国に比べてかくも困難で苦痛に満ちたものであったかを理解するために必要なのは、今日の、そして昨日のロシアを際立たせてきたすべてのことについて、またロシア自身がみずからの特異性についてどう見ているかについて、注意を払うことである。

ロシアの共産主義からの脱却ぶりを、より幸運だった中部欧州の国々、ハンガリー、チェコ、ポーランドその他の国のそれと比べて、どう推し量ったらよいか？　そうする時、ロシアとそれらの国々とは共産主義時代の期間の長さ、その規模、その経験の内容が違うことを往々にして忘れてしまう。ロシアは、共産主義体制の下で四分の三世紀もの間、つまり三世代の長さにわたって苦しんできた唯一つの共産主義国である。ロシア以外では欧州のどこでもその体験は半世紀以内、つまりせいぜい二世代どまりだった。七五年間という長さは、一つの体制が人間の寿命の全体以上も続き、それも政治、経済、社会、文化のあらゆる面に及んだことは、過去の全ての記憶と、異なる宇宙についてのあらゆる認識をも消し去ってしまう。ソ連国境外ではどこでも、人々は共産主義から脱却するとき、共産主義時代以前を生きたことのある人に助力を求めることができた。完全に管理された体制の枠内でも、人々は共産主義でないものについての知識をこれらの先輩たちから受容することができたのだ。

共産主義を経験した期間の違いに付け加わるもう一つ極めて重要な事がある。東欧のどこでも、共産主義体制とそのイデオロギーは、第二次世界大戦の直後にスターリン*によって力づくで強要された。共産主義は合法的でないにせよ事実上これら諸国家の独立を廃絶したのであり、これら諸国民にとっては住民とかれらの深遠なる意志に対する外国の「占領者」でしかなかった。共産主義に同調することは、「衛星国化」と、アイデンティティと自由の喪失を受け入れることになる。だからこそ、絶望のどん底にあった時でも、東欧世界が手足を縛られてソ連に委ねられて皆から見捨てられていると感じていたときでも、ソ連化の受け入れは決して全面的ではなかった。自由と、自由を奪回するための闘争という考えは各人の心に深く刻まれていた。スターリンの死後、第二〇回共産党大会後、中ソ対立当時と、ソ連邦が弱点を示す度に、たちまちソ連のくびきを揺るがすことができるとの希望が目覚めるのだった。共産主義の終焉は、従って、国家と個人の自由への復帰と受け取られた。かくも異質な体制であり、皆から憎悪されていた体制の拒絶は、ソ連化が決して全面的になったことの無かったソ連邦外の国民にとってはまことに自然な反応だった。

*ヨシフ・ヴィサリオノヴィチ・スターリン　本名ジュガシビリ（一八七九—一九五三）。レーニンのあとを受けた共産党指導者。スターリン主義の暴虐の実行者として歴史に名を残す。

ロシアとその悪魔たち

ロシア人にとっては、事態はまったく別の展開を遂げた。たぶん、一九一七年十月革命はクーデターに過ぎず、真の民衆運動の帰結ではなかったのだ。レーニン自身でさえも、彼が勝利を収めた直後には、当時ロシアを吹き荒れていた自由の風を意図的に無視し、自由選挙の結果生まれた制憲議会を乱暴にも廃止し、暴力によってロシア社会全体に彼自身のロシアの将来についての考えを造作もなく押し付けたのである。何びとも先入観なしに、レーニンが樹立した体制を、社会の意向が、いや社会の比較的重要な一部の意向が結実したものだ、などと考えることはできない。レーニンが唱える「少数派にたいする多数派の独裁」の言説とは反対に、彼が創設した体制とは、つまるところ社会全体に対する少数派による独裁であり、暴力を非常措置として絶えず展開することによってのみ可能とする常軌を逸したものにほかならない。とはいえロシア社会はそれに対して抵抗する術も持ち合わせなかったし、抵抗することもできなかったのだ。共産主義は外部から来たものではない。それは、まさにロシア人の指導者やエリートたちがロシアに押し付けた体制に外ならない。ロシア人たちは、レーニン、スターリン、秘密警察を憎悪することはできたが、彼らの不幸を外部のなんらかの勢力のせいだと非難することも、それに向けて怒りをぶつけることもできなかった。ソ連邦の国民、主としてロシア人にとって、ソ連体制の歴史は彼ら自身の歴史でもあった。

七五年間に及ぶ共産主義支配の後に、それを拒否することは、従って、多くの問題を提起することになった。体制側がロシア人を一つのイデオロギーにより形作られたホモ・ソヴィエティクス（ソ連型人間）に取って替えようと努力したことは、それに対抗し得る異なる記憶は過去のそれでしかなかっただけに、疑いもなく成果を挙げた。多分、ソ連に暮らしていた人間は、外部からのあらゆる思想や影響から防護された空間に閉じ込められ、計画化され、見張られていただけに、ロシア人は、新しい意識を作り出そうとするとてつもないこの事業から逃れる術もなければ機会もなかった。だが同時に、ソ連指導者たちは一九五三年以来、いくつかの強制収容所や都市での散発的な反乱（たちまち圧殺され、沈黙を強いられた反乱）の際に気付き、次いで六〇年代から始まった「別の考え方をする」意志を発見することで知ることになるのだが、ソ連型人間が普通の人間に取って替わるには、いまだ程遠いのが現状だった。「新しい人間」を養成しようとするこの計画が比較的ながら成功を収めていたとしても、体制が良心に痕跡を残したことを包み隠すことはできない。このように条件づけられている社会にとって、共産主義を拒否することは、変化への意志を表現するものであるとともに、自己の過去つまり自分自身との苦痛に満ちた断絶でもあった。いったいだれが混乱を招くことなしに自分個人の歴史を、自分に先立つ二世代の歴史を一掃することができようか？　各人が多かれ少なかれ各々の場所で三世代にわたり体制の役割を演じて来ながら、その歴史が自分とは無関係であると主張できようか？

共産主義との決別、他の場所でなら占領者もしくは外部の支配者の責任であるとされる体制を拒否することは、ロシア人にとってはいかに困難かつ曖昧なものであるか分かるだろう。たとえ彼が共産主義を拒否していたとしても、共産主義がロシアで樹立され、永続きしたことへの責任の一端を引き受けねばならないからだ。このような断絶と結び付くモラル上の問題を見れば、意識のソ連化のある種の形態と替わり得べきあらゆる記憶の欠如とがあいまって、一九九二年以後に成人のロシア人各々が眼前に開ける世界を熟視し、それに適合しようと試みる際に遭遇する困難がいかほどであったか想像がつくだろう。

こうしたこと全てにさらに、ロシアが政治的再生と民主主義の選択のために払った代価であるソ連帝国の喪失が加わる。何十年もの間、ソ連とロシアは一つであり、ソ連の強大さはロシアのそれである、と言われて来た。八〇年代当初まではソ連／ロシアは超大国と見なされて来たが、それを支えたのは広大な領土（二二〇〇万平方キロメートル）であり、強大な人口（二億八〇〇〇万人）であり、しかも二つ、あるいは三つの帝国を資産として抱えていた。まずは内側の帝国であり、ロシア以外に他の周辺共和国を加えたもので、しばし短い期間独立していたが革命成立直後レーニンに招集された国々からなる。これはほぼ十六世紀以来ロシアの君主たちによって形成されて来た帝国を再生させたものである。次いで、そこに外側の帝国、言い換えれば、スターリンが第二次世界大戦のどさくさのおかげで中・東欧で獲得した帝国の第二サークルが付け加わる。スターリンは、彼の軍隊を欧州の心臓部に送り込むことによって、世界革命と旧大陸での革命とを同一視して考えるレーニンの夢を遅ればせながら実現したかに見える。そして最後に帝国の第三サークルがある。前進、後退を繰り返す危なっかしいサークルだが、それでもある時期にはエジプト、シリア、アフリカのある国々をソ連勢力圏におくことになった。さらには、この帝国拡張の行き着く果ては隣接するアフガニスタンであり、短期間に終わったアフガニスタン制覇はソ連の対外冒険の終焉を告げ、ついには超大国の座からの転落をまざまざと示すことになった。

しかし、ソ連型の人間は統制下に置かれ、絶えざるプロパガンダにさらされて、敵対する体制下で暮らす住人たちとは比較にならないほどずっと幸せな条件にあって輝かしい未来を約束されていると信じ込まされ、こうした断定には疑惑を抱きながらも、ともかく自分が広大で強力な帝国の市民であることに気付くことができた。ほかに慰めがなかったので、そこには民族的な誇りがおさまり込む。

ところが民族的な誇り――ここではソ連人としての――なるものは、ホモ・ソヴィエティクスの強化養成に無視できない役割を果たすことになる。一九五五年刊行された定説を打破する小説『人はパンのみに生きるにあらず』はソ連人の心を仰天させた。本の著者ドゥジンツェフは、歯に衣着せた表現で、世界のどこに住んでいようと各人は心に自由の必要性を宿していると書いている。ソ連権力はこの必要性を決して認めようとはしなかったが、それでもパンのみが、もしくはもっと一般的にいえば必要物資――しみったれた分量でしか満足させていないくせに！――だけでは社会を満足させることはできないと分かっていた。権力側がこの自由への願望の代替物として見つけたのが、まさに民族的誇りだったのだ。一般市民は、ソ連型体制の利点については懐疑的だったにせよ、自国の強力さ、地球全土に広がる影響力、戦略面・宇宙面での成功については誇りに思っていた。その成果の陰にひそむ莫大な犠牲については斟酌しようとはしなかった。ところが一九九二年、この民族的な誇りが一挙に崩れた。ロシア人は、自分たちがたしかに自由を勝ち取りはしたが、その代価として国力と帝国を失ったことに気付く。

ロシアの国力（ここではたぶん、ソ連の国力と呼ぶべきかもしれないが、今日のロシアは、ソヴィエト社会主義共和国連邦の継承者ではないにしても、継続者であろうとしている）から一体何が残っているのか？　ソ連邦は粉みじんとなり、領土も縮小してしまう。二二〇〇万平方キロメートルの代わりに一七〇〇万平方キロメートルになった。人口についても同様で、二億五〇〇〇万人から一億五〇〇〇万人に減少した。ようやく民族的アイデンティティを確認できたこのロシアでも、全てがロシア人ではない。ロシア共和国住民のうち二五〇〇万人が言語の面からも、独自の存在への権利を擁護しようとする意志によっても、文化によっても、行動様式によっても、ロシア人にとっては異質な存在である。その上、ロシア領土に住むこうした二五〇〇万人の非ロシア人に対して、それとほぼ同数のロシア人が旧ソ連邦の共和国に散らばって住んでおり、彼らがどのような状況の中で苦しい生活を余儀なくされているかにロシア人は思いを馳せる。異なる民族が混在する社会であると共に、広く外国に散在して不満を募らせているディアスポラ（離散同族）をかかえるロシア。いま、まさに再興しつつあるロシアにとって、いかに困難な挑戦であることか！

だが領土と人口上の強大さを失ったことは、ロシア人の意識の中に、また別の次元の問題を提起することになる。十六世紀以来、歴代のロシア皇帝はすべて自分の統治する領土を際限もなく拡大することを使命と見なして来た。侵略に対して確実な国境を確保すること、それが皇帝の使命だと一般国民の記憶に強く刻まれていた。また同時に、陸地に囲まれた大陸国家ロシアに、大国としての必要条件であると考えられている海への出口を与えることが念頭にあった。

ロシアの君主のすべてが海への開口部というこの夢を追い続け、早くも十八世紀に西と南で実現した。ところが一九九二年のロシアは、ピョートル大帝とエカテリーナ二世の意志が獲得したものを一挙に失ってしまったのだ。バルト海諸国の独立は、ロシアをバルト海から絶縁してしまった。クロンシタット（フィンランド湾のコトリン島にある軍港）だけでは北東部での真の海洋拠点をロシアに確保するには十分ではない。哲学者カントが眠るカリーニングラード／ケーニヒスベルク（ロシアの飛び地領土）は、第二次世界大戦中の一九四五年の戦闘でドイツが敗北した結果ソ連領となったが、だれも真面目にロシア領と見なしてはおらず、これだけでは不十分である。南では、ウクライナの独立によって、ロシアはノボロシースク港を除けば黒海へのアクセスをほぼすべて失った。

ここではロシアはとくに不運に見舞われた。旧ソ連邦の諸共和国が独立するとき、共和国間の国境を記したソ連地図に基づいて国境が画定された。しかし、一九九二年、ロシアは半世紀近く前にニキータ・フルシチョフ*が下した予想外の決定の高い代価を払うはめになる。それまでは、ロシア人の心の中であれほど貴重なものだったクリミア半島は、ロシア共和国の国境内に位置していたのだ。将来、ソ連邦が崩壊することも、ロシアとウクライナが断絶することも夢想だにしなかったフルシチョフは一九五四年、クリミア半島をウクライナに帰属させた。政治的動機による行動で、その影響は当時は象徴的なものだったが、四〇年後のロシアにとって高いものにつくことになる。当時、フルシチョフにとっては、彼の政策にウクライナのエリートたちの支持を得るための策だった。フルシチョフはウクライナをロシア領にしたペレヤスラフ協定（コサックの頭領ヘトマンのボフダン・フメリニツキー**が署名）三〇〇周年の際に、このような贈与によってロシア・ウクライナ間の友好を永遠に強固なものにすることが狙いだ、と宣言した。この領土の委譲はまた、人々の移動も引き起こした。

*ニキータ・フルシチョフ（一八九四―一九七一）。五六年二月、第一書記として党大会の秘密報告でスターリン批判を行い、衝撃を与えた。五四年、クリミア半島をロシア共和国からウクライナ領に移譲した。

**ボフダン・フメリニツキー（一五九五―一六五七）。ウクライナ・コサックの指導者で、対ポーランド独立戦争を指揮した。五四年、ロシア皇帝アレクセイと、コサックに自治を認めるペレヤスラフ協定を結んだ。

タタール人の歴史的領土であったクリミア半島は一九四三年、スターリンによって、いわゆる「宿敵ドイツに協力した」かどで集団的処罰として住民が追放の憂き目に会い、がら空きになった。かわいそうなタタール人の代わりにクリミアにはロシア人が送り込まれ、ロシア領土となった。一九五四年、フルシチョフによって断行された領土上の改変については、だれも注意を払おうとしなかった。というのも、全てがソ連邦の内部で行われ、ソ連邦内では諸国家の主権など神話に過ぎなかったからだ。しかし一九九二年には、ロシア人にとってクリミア半島を失うことは領土上の大損失であり、明らかに国力の衰退、歴史的大災厄であると受け取られた。ロシアの過去の偉大な時期だったのだが、ロシアはその偉大さを失って行く。ウクライナまでを失ったことは、ロシア人にとって苦痛の種だったが、そのウクライナは頑として譲らなかった――クリミア半島は自分たちのものであり、そうであり続けるだろう、一九九一年の国境は決定的なものであり、何ひとつ交渉の余地はなく、話し合い開始の材料にもならない、と。

ウクライナにとって、ロシア人がウクライナのロシアからの分離独立についてどのように受け止めているかはいささかもコンプレックスの原因にもならなかったし、ましてや反乱ではなかった。一九一九—一九二二年の間に独立の意志を強く表明した後で、次いで一九二二年にはロシアと白ロシア(ベロルシア)とともにソ連邦を創設する協定の発端となったこの共和国は、たぶん一九九〇年代初め「分離独立する」疑問の余地のない権利を持っていたのだろう。主権をもつ共和国に分離独立への権利があることは、ソ連邦の憲法に明記されている(理論上の権利であることは言うまでもなく、だれも実際に行使することはできなかった)。ソ連邦誕生以来のウクライナの法的身分がそこにはあった。何十年にもわたる存在の中で、ソ連中央権力は、ウクライナの民族感情を打ち砕こうと必死になり、手を変え品を変え、ありとあらゆる手法に訴えた——暴力、わざと仕組んだ飢饉などなど。だが、その一方でウクライナが特権的な身分を享受していることを確認し、クリミア半島を贈与したことなどは、むしろウクライナの民族意識を強化する結果をもたらし、一九九二年の分離独立につながったいきさつがある。独立当時、大多数のウクライナ人にとっては、ウクライナこそが歴史的現実、つまり変わることなくウクライナが存続してきたという歴史的現実に基づいて変革をもたらした立役者であることに何の疑念ももたなかった。ところがロシア人にとっては、この考え方はとても受け入れられない。ウクライナこそロシアの発祥の地ではないのか? そしてキエフこそ、全ての人がキリスト教に出会い、洗礼の功徳によってロシア国家が生まれた場所・瞬間だったのではないか? ロシア人のだれにも、ほとんどのロシア人にとっても、「キエフこそロシアの大地の始まりの場所」なのだ。この同じ言葉が古代からのルーシ（ロシア）の歴史を叙述する『ネストル年代記*』に使われている。あの全ての民族的叙事詩と全ての歴史家たちの参考文献である年代記のことである。ロシア人は単にこの古代史に訴えるだけでなく、領土上の錯綜ぶりに関しても助けを求めるのだ――勝手に引かれた分離境界線を無視するならば、いったいロシアとウクライナの正確な国境線はどこに存在しているのか、と？　そして住民に関してもだ。ウクライナのロシア人人口はかなりな数で、総人口の二〇％近い。同様に、ロシア人はロシア領土内に住むウクライナ人の数にも注目する。独立当時で四〇〇万以上である。このように国境の両側に住んでいる両民族の共存ぶりは、混合婚の多いこともあって強化されこそすれ、言語、宗教、習慣の違いはあっても両者が引き離されはしない。これこそ、ウクライナとロシアはつまるところ歴史的に一つの、同質の実体であることの証拠ではないか、とロシア人は考える。ロシア人によってウクライナおよびウクライナ人に与えられている名称である「小ロシア」、「小ロシア人」は、年上の兄が年下の弟に向かって言う愛情を込めた呼び名でこそあれ、一般のロシア人がウクライナを異国の土地として見ることに感じる困難さを示しているのと言えないか？　アレクサンドル・ソルジェニーツィンは一九九〇年に祖国の運命を思いやり「共産主義の柱時計はもはやその全ての時を告げたのだ」と考察し、次のように要約するが、これこそ疑いもなく全ての同国人が共有する確信に違いない。

「今日になってウクライナを分離独立させることは、何百万もの家族を、人々を真っ二つに断

＊十一―十二世紀に編纂されたロシア最古の年代記といわれ、編者の一人の名前を取って、『ネストル年代記』と呼ばれる。

ち切るに等しい。ウクライナ人口はこれほど民族的に混交しているというのに、である。いくつかの州では圧倒的にロシア人が多数を占めている。どれだけの人々が二つの国籍の選択を迫られて苦吟したことだろうか。どれほどの人々が民族的な混交に出自を持っていることだろう！混合結婚の例はどれほどだろうか。それも、これまで混合結婚と思ってもみなかった人々の数は！　分厚い底辺を成す人口の中で、ウクライナ人とロシア人の間には非寛容の陰りさえもないというのに。

兄弟たちよ、かくも苛酷な分断を引き起こしてはならない！　わたしたちは共にソヴィエト時代の苦しみを乗り越えて来た。共にこの深みに落ち込んだ私たちは、一緒にそこから抜け出ようではないか！」

たぶん九〇年代初期の民族問題をめぐる騒乱を実感していたソルジェニーツィンは、明確に言い切る――もしウクライナ人が分離の意思を確認するならば、ロシア側はだれ一人それに反対する権利を有しない、と。だが彼は絶望を込めて結論する――そこまで譲ったとしても、「分ち難い」両民族にとっては、そのような分離は大いなる不幸である。同時に彼は、ソ連邦の他の民族たちも――カフカスやバルト海その他の人々――ロシアから分離して彼ら独自の生き方をできるように助ける必要があることを認める。彼が崩壊しつつある帝国の上に注ぐ視線は、従って、いささかもロシアの保有領土をあくまでも保持しようとする人間のそれではない。彼があくまでも保持しようとするのはロシアであり、彼の目には、そのロシアは永遠にウクライナとそっくりであって、ウクライナから切り離すことはできないのだ。ソルジェニーツィンのこの言葉は、彼の同国人のだれもが口にすることができる。ロシア人にとって、帝国を失うことではなく、みんなにとってロシアの一部を、彼ら自身の一部を失うように思われることを受け入れるのがいかに困難であるかを明示しているからだ。つまるところ、ロシア人の意識を支配するのは、祖国の再生と自らの民族的アイデンティティの確認のために支払わねばならなかった代価を計算するとき、心に浮かぶのはウクライナの喪失である。帝国と強大国の地位を喪失し、国土もばらばらになってしまったこと、こうしたこと全てが貸借対照表の目立つ部分であることは確かだが、それよりもはるかに強いのは、だれの目にも「南西部ロシア」と映る部分から切り離されることは受け入れ難いし、あるいは異常なことだという感情である。だからといって、いかに苦痛に満ちた別離であっても、それに抵抗することが可能であり、望ましいと考えたロシア人はごく少数に過ぎない。ウクライナ人の独立の意志が勝利をおさめたからには、分離を対決へと転換してしまうような挑発もしくは敵対的行動を避けることが必要不可欠だった。ウクライナ独立当時にロシア人の感情がささくれ立っていたことを考えれば、みごとなまでに穏健な対応であり、それ以後も変わることはなかった。もろもろの怨恨や不信にもかかわらず、この穏健さは二つの民族、二つの国家の間に沈静化した関係を発展させることに貢献している。一九九二年、ウクライナ側は、ロシアが再征服の動きに出ることを想定して両国間に障壁を構築する意向さえ露骨に示したが、当時では、その後の展開は想像もつかなかっただろう。ウクライナ国内には、欧州にとって異質な存在であるロシアに対抗して、独立ウクライナ共和国を欧州の前哨線に仕立てるべきだとの考えが深く根を下ろしていることをロシア人は知らない訳ではなかった。ロシア人は、こうした企図を無視しようとしたものの、ウクライナ喪失は不正義に裏打ちされた災難であるとの確信を一層深めることになった。*

*著者は二〇〇〇年までの状況を見て、ロシアの態度を好意的に評価している。しかし、その後、二〇〇四年の「オレンジ革命」で親欧米派のユルシェンコ政権が登場し、ウクライナは、はっきりロシアと決別する方向に進んだために、ロシア―ウクライナ関係は緊張した。

「人間こそ、もっとも貴重な我らの資産である」

ロシア人の民族的な誇りが、もはや祖国の強大さに根差すものでないとしても、その人口動態の推移も喜ぶには程遠いものだった。共産主義からの離脱は、深い混乱の風土の中で実現した。なぜなら、その時になって、ロシア人はそれまで数十年にわたって払わされた人的な代価の大きさにやっと気付いたからである。この代価なるものについて、どうして黙っていられようか。まさに生物学的災難となって現れたのだが、定期的に実施された人口調査にもかかわらずロシア人のだれ一人、それまでは気付かなかった。長いこと、ソ連邦は、つまりロシアは、危機や災難を補う人口増加のダイナミズムを特徴としていた。住民の人口は、多くの他の大人口集団と同様に、十八世紀、十九世紀以来継続的に伸びてきた。比較的速いペースをたどった人口増加は、二十世紀前夜になって文字通り爆発した。それに伴う目覚ましい経済的発展は、革命まで持続したのである。一九一七年以後も人口増は続いたが、増加率はさほどではなくなった。一九二一年、一九三三年の飢饉、一九三九―一九四五年の第二次世界大戦、そして暴虐政策に由来する災難の連続も、ほとんどいつも悲劇の後に続く出生率の急増によって埋め合わされ、ロシア社会の活力を実証することになった。ソ連体制下における人口増加ぶりは、国民に対して国家の強大さと、住民たちの楽観主義の正しさを立証するものであると断言する体制側の主たる論拠の一つになってきた。

「我が国の人口は二億八五七六万一九七六人である」と一九八九年の人口調査の直後、ソ連のメディアは誇らしげに宣言したものだ。三億人の大台に近づきつつあることを誇示する細かい数字へのこだわりは、物質的・人的進歩が継続しており、他の社会が経験している進歩をさらに上回っていること、「輝かしい未来」へと導く体制と政治路線の賜物であることを示唆しようとしていた。ロシア人はこのおびただしい人間集団の半数をわずかばかり上回っていた。ロシア人たちがその数字に満足する理由は十分にあった。というのも一八九七年の人口調査以来、調査の度ごとにロシア帝国、次いでソヴィエト社会主義共和国連邦の人口を民族集団別に算出する習慣がロシア人の身についており、その結果、総人口のうちのロシア人の人口だけは増え続けた。すなわち一八九七年のロシア帝国の人口の四四％を占め、一九五九年には五五％に達しようとしていたが、七〇年代にはわずかばかり後退した。それはどうでもよいことだった。十年毎に集計される人口動態の数字を眺めることで自分たちのイメージを描くことができ、ロシア人たちは広大なソヴィエト社会主義共和国連邦の最大グループの地位を占めると同時に、ますます固く団結してゆるぎない強力な人間集団に属していると繰り返し聞かされてきたことに誇りを抱いた。こうした確信に長いこと満足してきたロシア人は突然、そんな確信は見直されるべきであり、全く別の現実、つまり、それまで盲目的に信じこまされた数の上の優位どころかむしろ劣勢に立たされていることこそ現実であることを思い知る。安心感を抱かせ続けてきた確信が揺らいだことにより、わずか数年のうちにロシア人は混乱から絶望へと追いやられてしまうが、それには以下のような主要な理由がある――

まず第一に、八〇年代を通じて非ロシア民族の民族的熱望が高まり、自分たちの違いを声高に確認するようになったことだ。突然、ロシア人たちはこれまであれほど褒めたたえられてきたこの人間共同体について疑問を抱くようになる。本当にロシア人は二億八五〇〇万人もいるのか？　本当は一億四五〇〇万人で、ほぼ同数の敵対的な民族共同体が散らばる宇宙のなかで、むしろ孤立しているのではないのか？　そう考えると、ロシア社会の全体像はもはやこれまでと同じではなくなる。

彼らが次第に自覚するようになった第二の理由は、それまで確信を抱いていたダイナミックな社会という実像が揺らぎ、それを否定する現実と対比するようになったこと。その当時、ロシア人家庭はずっと小規模になっていた。都市の家庭では、一般に一人っ子で、せいぜい二人っ子の家庭がときたまある程度だった。一九五九年の数字とは大違いだ。その上、都市が農村に優位を占めて人口を吸収し、農村自体も生活様式、行動、メンタリティーの面で都市化するようになる。つまり都市で支配的な家族モデル（少子化）が農村にも広がりつつあることを意味する。ロシア人がそのことを意識するようになったのは、都市人口と農村人口の間に個人的な繋がりが存続したからであり――地方に親戚を一人も持たないひとがいるだろうか――なににも増して情報化の進展はソ連全土に新しい社会的現実を伝播したからである。それはまた、ロシア人に、ソ連の周縁地域――中央アジアやカフカス地方――などでは自分たちの共和国の実情に比べると大きくかけ離れた家族モデルや人口動態が優勢であることを発見させてくれる。新聞やテレビにより、ロシア人は、こうした周縁地域ではまだ家庭が何人もの子供を持っていることを知り、これこそロシア人がもはやノスタルジアを抱くしかなかったダイナミズムと家族愛の証しであると感じるのだ。折からちょうどミハイル・ゴルバチョフが望み、試みたグラスノスチ（情報公開）の時期と合致した。ロシア社会が耳にすることになる数多くの真実の中でも、とくに受け入れ難いものがあった。すなわち、ソ連邦で最も進歩を遂げている民族、なかでもロシア人の人口増加率ががた落ちしている事実である。本当のところ、この情報は決して非公開だったわけではない。ロシア知識人たち、そして国家権力は、人口調査結果を検討し、そこにすでに懸念材料を見いだしていた。ただし、その情報を手元に留めて公表はしなかった。いずれにせよ、幼児の死亡率が異常に高かったこともあって一九七四年以降、当局は人口動態についての数字化された資料を一切隠しておくほうが無難だと判断した。何十年もの間ソ連は、幼児の死亡率を劇的に減少させたと誇ることができた。統計数字について沈黙が守られていることに懸念を抱いていた心ある人々は、この幸いな傾向が逆転してしまったことに気付く。この事実に付随して、より以上に心配なことが明るみに出る。平均寿命がゆっくりと、しかし着実に低下していることだ。情報公開がこの不安な現実に各人の目を開かせることになったとしても、ロシア人は、真実を語るように強制される以前に、外部からの情報に接することになる。人口問題に取り組んでいた外国の専門家の調査の成果を西側メディア、なかでもラジオによって知ることになる。自分の回りを見回すことでロシア人は、かれらが見聞きしたことと同じ診断を下すことになる。ロシア人はどこか具合が悪いのだ、と。

それほど子供の数が減少したことは、物質面での困難さ――住居の不十分、すべての婦人たちが働いている社会での託児所の不足――の重圧を示しているが、なかでも将来への信頼の欠如を露呈している。人々が一人っ子に全ての望みを託すのは、それ以上は無理だからなのだ。

もう一つの心労の種は、世界の他の場所では平均寿命が伸びるものとの希望が現実になっているのに、ロシアではむしろ短くなっていることだ。その説明には事欠かない。第一にアルコール中毒であり、人間を破壊し、アルコール中毒による仕事場での事故死は西欧における自動車事故による死亡の件数を上回っている。だがアルコール中毒は動揺、退屈、雑居生活、貧しさから逃れるための方法ではないか？　ロシア人は、いつの時代も自分たちにはアルコールを飲む性癖が強かったことを知っている。それでもロシア人たちは、外国ではどこでも知的面で、物質面で進歩があるとアルコール中毒の害が減少しているのに、ロシアではむしろ事態は悪化しており、女性にまで害が及んでいることを知っている。アルコール中毒に起因する疾病は広がっており、住民の健康状態の全般的な悪化ぶりは、とりわけ徴兵審査委員会などすべての統計数字に現れている。このような意識に目覚め、ロシア人は一九八〇―九〇年代の転機にかけて疑問を抱き、警戒を深めた。一貫して進歩が続くことの恩恵に浴していると信じていた人々は、実は肉体的に病んでいる社会、消滅を宣告されている社会の代表に過ぎないのではないか？　これこそソ連帝国の他の民族を支配してきたことの結果ではないのか？　ロシア人は本当に中央アジアの「兄弟たち」に対する征服者なのだろうか？　なぜなら中央アジアの人々はいまだに大家族を誇りに思い、そこでは老人が子供たちに先祖伝来の民族の伝統をしっかり植え付けているではないか？　そこで胸の痛むような疑問がすべてのロシア人に投げかけられる――ロシア人は、いずれ大して重要でない一民族の座に転落してしまうのか、消滅さえしかねない運命にあるのか？

どのような民族、個人であろうと、みずからが退化し、肉体的に弱化し、共同体そのものが絶滅してしまう状況に冷静に立ち会うことができるだろうか？　このような見通しはロシア人をすっかり絶望させ、内向きに引きこもりがちになり、ロシアの物質的、人的資源をソ連邦の他の民族と分かち合おうとしない方向に駆り立ててしまう。「自分第一」というのがわずか数年のうちに集団的反省のキーワードになった。人間、つまりソ連権力によって「最も貴重な資本」とあれほど自慢されてきたものが、実は限りない侮蔑をもって扱われ、体制に徹底的に奉仕させられ、もはや逆戻りが困難なほど弱体化し、放棄されてきたことをロシア人はやっと理解した。こうした災難に対する彼らの最初の反応は、これほどまでに人間を悪用してきた体制そのものを放棄することである。だがロシア社会はまた、自分たちが全く知らない世界に、しかも最悪の条件で突入しつつあることを理解した。

ロシア人という人的資本は、単に身体的に損傷をきたしているだけではない。ロシア人は体制の欠陥として、もう一つの悪い点を挙げている――青年たち、それも特に男子たちは信じられないほど乱暴に扱われていることだ。たしかにソ連権力は青年たちの育成に注意を払ってきたし、教育システムはそのためにかなりの努力と財源を割いてきた。ソ連の教育は対照的な結果をもたらしている。知識の面では、場所によっては（主要都市と優良校）目覚ましい成果を挙げているとともに、他所では程度が落ちる（とくに農村で）。そして最後に不平等さの問題が残る。考えてみよう。特別の学校で教育を受け、そこでは生徒各人が高い知能指数を持つと見なされるノーメンクラトゥーラ（特権階級）出身の子弟と、遠く離れた小都市や農村で暮らす子供たちの学力の間にどんな共通点があっただろうか？　たしかにすべてのソ連の子供たちは共通の知識の量を受容している。読み、書き、算数の能力である。文盲は存在しないことになっている。だが、二つのグループの子供たちそれぞれに開かれている将来への見通しは大幅に異なってしまう。ソ連体制の末期、ロシア人はこの分野でもまたソ連邦創設以来の神話のために多大の犠牲を払ったことを認識した。それは一時期支配的だったプロレタリアートこそ王様との神話であり、良質の教育から「元貴族」、人民の敵であるブルジョワの子弟たちを除外した。それよりも長続きしたのは、諸民族間の友好という神話であった。その名において、ロシア人幹部たちは、すべての非ロシア人をできるだけ速く進歩させ、その過程でロシア化するためにあらゆる周縁地域に送り込まれた。ところが、こうした幹部こそ、しばしばロシア国内で、とくに学校で不足していた。それもモスクワや大都会の学校ではなく、奥深い地方のロシアにおいてだった。この点について、ロシア人はソ連権力の責任だと非難する。彼らの「最も貴重な資本」は、他の民族を支援するために幹部として送り込まれ、そのためにロシア人が犠牲になってしまったわけで、さもなければ、より良い教育がもっと均等に行き渡ったはずだった。こうした教育の欠陥のために、新しい任務に就くべく十分に準備された人々を必要とする急激な変革の時代に、ロシアは不利な条件のまま突入してしまった、とロシア人は考えた。

「最も貴重な資本」のもう一つの浪費は、若者たちが兵役につかされ、肉体的にも精神的にも虐待され、ソ連邦崩壊に先立つ十年間もアフガニスタンの恐るべき条件下で死に追いやられていたことだった。ソ連邦時代に存在し、いまなおロシアで続いている兵役——そうした習慣は一朝一夕には根絶できないのだ——は、ソ連体制の最もおぞましい面の一つだった。とくに暗い印象を与えるのは、それが単にスターリン主義の最も悲劇的な時期に結び付いているだけでなく、いつでも同じ原則、同じやり口に基づいていたことである。その結果、兵役は若者たちの人格を破壊してしまった。兵役期間は一般に二年、所属部門によっては三年と長く、社会的・国際的に同化させるためとの名目で出身地から遠く離れた任地に送られ、休暇さえも認められない。厳格な制度ではあるが、それでもまだ許容できる。許容できないものは外にあるのだ。「根性をたたきこむ」ためと称してあらゆる階級の将校や下士官が新兵たちに加える暴力だ。のちにはこの口実さえも忘れられ、デドフシチーナと呼ばれるありとあらゆる絶えざる報復暴力と新兵いじめの慣行だけが残った。ペレストロイカ（立て直し）時代までは、新兵たちは、こうした暴力行為を訴え出る術を持たなかった。だが、しごきによる自殺や事故死が次第に多くなり、兵役期間中の死亡事故率があまりにも高くなったために、沈黙の壁にも亀裂が入り始めた。兵役義務はソ連人の全生活の中でも最も危険な体験であると非難された。そこで、兵役義務に従うことを拒否するケースが広がり始めた。そのような態度が、ありとあらゆる重大な結果をもたらすにもかかわらず、である。八〇年代にソ連帝国のある地方では兵士の脱走事例が同年代の兵士の四分の一に達し、それに医療上の理由による兵役免除のケースが付け加わる。医療上の理由による兵役免除の取得をめぐり、アジア周縁地域では汚職ネットワークの発展を生み出した。

アフガニスタン戦争は、この問題に新たな広がりを与え、それを突然公けの場にさらけ出した。ソ連の一般社会には理解不可能に見えるこの戦争は、人命の喪失という極めて高い代価を払わせることになる。ここでもまた、戦場で殺されたり、捕虜になって野蛮な状況下で抑留される運命にあるのは新兵たちだった。数年のうちに、アフガニスタンはソ連人にとって、それも主としてロシア人にとって——なぜなら、ロシア人にとっては、脱走したり徴兵免除になることは、中央権力から遠く離れていて、より広範な共犯関係の存在する中央アジアやカフカス地方の同国人に比べてはるかに困難だったから——いったん戦場に行ったら最後で、封印された棺桶に入れられて帰国するか、若い新兵たちが麻薬と精神錯乱で一生回復不能なまで健康を害してしまう国、になってしまった。八〇年代半ば、言論の自由が認められると、軍隊により召集されたロシア人青年たちの運命は激烈な大衆討議のテーマとなり、かつてない広がりを見せた。軍隊は若者たちを破壊し、しかも若者たちをばかげた戦争の劣悪な条件の下で使用しているのだ——これら二つのテーマは政府に批判的なメディアによって取り上げられ、街頭デモに発展し、市民たちの抗議行動を動員した。兵士たちの母の委員会がロシア全土に結成され、彼女たちの息子の入隊を阻止し、兵士たちのアフガニスタンにおける運命について全ての真実を明らかにするよう要求し、アフガン紛争停止さえも要求するまでになった。この委員会はデモを組織した。デモは平和的だったが、数も多く、しばしば政府庁舎の前で開かれた。これらの委員会は、誕生しつつある市民社会の表現である全ての抗議運動の原点になりつつあった。一九八九年以来、こうした抗議運動は体制全体がまさに崩壊寸前にあることを実証していた。数年後、この同じ兵士たちの母の委員会は、こんどはチェチェン戦争反対の先頭に立っていた。

八〇年代末、ロシア社会は総決算の時を迎え、自国特有の悲劇の項目にまさに青年層の虐殺とみなすべきもの——身体的破壊とモラルの荒廃——を書き込む。そして、またもや自分たちに求められた数々の犠牲に比べ、他の民族の人々に対しては比較的寛大さが示されたことを指弾する。

この分析は間違っていない。数十年間にわたり体制が弱体化する間、つまりブレジネフと彼の後継者たちが統治したつかの間の期間、ソ連権力は、周縁地域にまで及んでいる国家的危機を認識してブレーキをかけようと非ロシア人地域には譲歩を示し、要求を軽減した。ロシア人のみが中央権力から自分たちを守ってくれるよう地方の責任者に訴えることが決してできなかった。「ロシアの人的資本」は、少なくともこの年月には、他のソ連邦の諸共和国のそれに比べてはるかにひどい扱いを受け、不運だった。要約すると一九九二年、ロシア社会の政治的楽観主義は紛れもないものだったが、それは住民たちの健康状態と精神状態によって引き起こされる苦悩と不安を土台にして発展したものだった。すなわち住民たちは不健康で、気落ちしており、自分たちの国家を建設する備えがまだ出来ていなかった。にもかかわらず希望がしばらくは優位を占めていた。共産主義体制の終焉、私有財産所有への道が開けたこと、物質的援助と特に発展のための経験の共有を、彼らが期待していた外界へと開かれたことで、それらが当時のロシア人各人が依拠した楽観主義の要因だった。たとえ当時だれ一人、十九世紀末ロシアが経験しつつあった「飛躍的な発展ぶり」に思い到らなかったとしても、この時期にこそ回帰すべきであるとする神話が具現化しつつあった。ロシア人は、一九一四年に始まった第一次世界大戦と一九一七年のロシア革命が彼らを追い払ってしまった進歩への道に立ち返りたいと望んだ。つまり想像の上での「黄金時代」から、希求される「黄金時代」へと。これこそ、いかにロシア人が、ソヴィエト時代の記憶を消し去り、歴史の主人公たちがロシアを後進性から引きはがそうと代わる代わる試みたが相次いで挫折した経緯が記されている偉大な歴史書を永遠に閉じることで、世紀を終えようと夢見たかを示している。

第三章　ロシアの後進性――神話と現実

「ロシアは、文明の大道から逸脱してしまい、何人たりともロシアを正道に戻すことはできない。神のみがロシアの落ち着く先を知っているのだ」とキュスティーヌは彼の著名な著作『一八三九年のロシア』の中で書いている。「ロシアの野蛮性」と後進性を強調する彼らしい乱暴な判断だが、どれほど多くの後世の作家たちが、続く世紀に、いや現代でもなお、キュスティーヌのこの言葉を自分たちの著作の中で取り上げていることか！　歴史の中でも最も困難な時期に、ロシア人たち自身も同じような言葉でしばしば自問するのだが、それも「逸脱した」理由を是が非でも知りたいからであり、あるいはキュスティーヌが助言しているようにみずからの性格が運命的で決定的なものであり、彼らの遺伝子にはそう書き込まれているかもしれないことを受け入れる用意があるからだ。またもやキュスティーヌを引き合いに出させてもらうが、「ロシア人は、全ての彼らの野望に応えるに足るだけの能力を何もかも持ち合わせているわけではない」と彼は書いているではないか？　というわけで、本件は結審することになろう――ロシアの後進性はロシア人の置かれた特殊な自然状況に起因するのかもしれない、と。十九世紀に流行だった仮説、すなわち、民族的特質、いわゆるロシア人の魂あるいはスラブ人の魂に結び付いた独特の歴史、という概念をすんなり受け入れることはできないだろう。たぶん、ロシアの歴史はヨーロッパの歴史の流れとは異なった独特な流れをたどったのだろうし、その結果、ロシアの発展に遅れが生じたのだ。ロシア人はこの後進性という固定観念にとりつかれて生きており、後進性から脱却して先進国に追いつく戦略を創造しようと絶えず努力する意志を表明してきた。その意味では、今日のロシアが直面する問題は、何世紀にもわたりロシア人を悩ませ続けてきた問題である。それをただ指摘するだけでは不十分であり、その背後にあるあらゆるデータと結果を検討してみる必要がある。

人間に敵対する自然条件

まず初めに、ロシアの歴史にのしかかる地理的条件の重みを忘れることができようか？　ロシアの自然条件は、他所におけるよりもはるかに人間の行動様式を形成するのに大きな役割を果たしている。

ロシアの国土の広大さは、発展のためには利点であると同時に敵対的ともなる当初からの与件である。ロシア人の祖先である東スラブ人によって占有され、次いでロシア人自身によって占有された領域は、確かに広大無辺だが、その大部分は大陸の北限に位置している。ロシアがその征服地を南部の土地（クリミア、カフカス、中央アジア）に拡大した十八世紀までは、ロシアはカナダとともに世界で最も北部に位置している国だったが、このことは住民たちの生活に重大な影響を及ぼさずには済まなかった。苛酷な気象、人々が耕作に従事できる期間が極めて短いことが挙げられる。ロシアは常に森林と耕作地の国だったにもかかわらず、である。

多分こうした気候のせいで、また目の前に空間が大きく開けていることもあって、ロシア農民はいつも無頓着だった。土地に注意を払わず、土地が痩せるに任せ、土地が疲弊し切ってしまうと新しい土地に移り、同じように無分別に土地を扱ってきた。土壌の保護という基本原則を一切無視してきた行動を説明するのは、新しい土地を限りなく征服できること、かくも魅惑的な果てしない空間があること、そして多分、ロシア人が生来ある種の流浪癖をもっていることである。敵意に満ちた自然環境の中での厳しい生活は、ロシア人をして絶え間無く、より遠くに空想の繁栄を求めさせてきた。だが結果はご覧のとおりで、ヨーロッパのどこを見ても、ロシアほど広大無辺の土地を持ちながらも何世紀にもわたり農業の生産性が低く、その人口を養うのに不十分なところは無い。ロシアの大歴史学者クリュチェフスキーは、ロシア農民は「彼らを養ってくれる土地を台なしにして、果ては土地を完全に荒廃させてしまうという、他には類例の無い才能を持っている」と書くことになる。

このロシア人の独特な性格のもたらす結果について、同じクリュチェフスキーは記している――疲弊した土地を背後に捨てて処女地の開拓にまた取り組むというロシア農民の止むことのない無鉄砲な行動は、知られている耕作可能な世界の境界を常に押し広げようとする現代版シジフォスの神話である、と。彼は書いている――「ロシアの歴史は、自らをひたすら植民地化する国の歴史である」。

運悪く、ロシアはこのように北方に位置し、苛酷な気候にさらされているが、かなりの数の大河に貫流されているという幸運に恵まれており、これらの大河こそ何世紀にもわたって唯一の人間同士の交通手段の役割を果たして来た。この目覚ましい河川の水路ネットワークは常に国内の行き来を助けた。また、歴史のある段階においては、ふだんは国際交流の大潮流から孤立しているロシアが、大文明圏間の通過地点の役割を果たすことにもなる。このような機会に恵まれるとき、ロシアは目覚ましい経済発展と都市文明の開花の時期を迎え、このような展開はロシアを外部世界にますます開かせた。

文字通りロシア経済とロシア社会が大躍進を遂げたのは、三つの偉大な期間に分けて数え挙げられる。しかし、しばらく飛翔の時期が続いた後に、その度に高揚期は時として国内的状況によって、時として外的状況によってぶち壊されてしまう。こうして外部世界への開放の時期が短かったために、ロシアは継続した進歩の過程を刻むことを禁じられていた。

このような最初の恩寵の時期は十世紀に位置する。ムスリム帝国の大規模な伸張の結果、キリスト教徒の交易は地中海東部から締め出された。北ヨーロッパと近東との間の交易を維持する経路はひとつしかなかった。つまり、ロシア経由のルートである。そのときロシア人の前に、かつて経験したことのない新時代が開けた。人と交易品の移動は都市を出現させ、古きロシアに栄華を極めさせる。ヤロスラブリ、ウラジーミル、スーズダリなどの都市の出現はこの時代に属する。だがこの奇跡は一二〇〇年、突然終わりを告げる。トルコ系遊牧民が軍事的成功の勢いに乗ってビザンツ帝国に至るルートを断ち切ったとき、ロシア経由の交易路は無用のものとなり、ロシアはまた孤立化に戻ってしまう。

一世紀後、ロシアは再び開かれる。当時のロシアで、もっとも輝かしい都市として発展していたノヴゴロドは、ハンザ同盟との交易の要衝の一つにのし上がる。ノヴゴロドの政治的・経済的進歩ぶりがあまりにも目覚ましかったので、当時の欧州でもっとも先進的な都市の一つと見なされていた。ノヴゴロドは、ギリシャの都市国家がそうであったように、まことに民主的な方法で統治されており、ロシア世界そのものがこの都市を取り囲んで組織されていた。しかし、またもやこの幸福な期間も終わりを告げるのだが、それも外部からの干渉のためでなく、ただ単にロシア人を分裂させていた対立関係に起因したものだった。ノヴゴロドの影響力が広がることに嫉妬したモスクワ大公たちは、ロシア北部の全ての政治的センターにみずからの優越性をおしつけるために戦っていたこともあり、ノヴゴロドと外部世界とのすべての絆を断ち切り、ついには十五世紀末にこの都市国家を破壊してしまう。垣間見たロシアの政治的進歩ぶりは――このことについては後述する――当時この国に唯一存在していたヨーロッパ的で文明的な拠点を失うという高い代価を払わせたのである。

国際交易がロシアに門戸を開く新たな機会を与えるまでに、一世紀が経過していた。今度その役割を果たしたのは、交易路を短縮することと新たな市場を獲得しようとした英国であり、北海を経由してロシアに到達することを決心した。両者間の交易は豊かに開花し、その政治的中心はモスクワであり、ヨーロッパであった。ロシアの首都モスクワは、北海と結ぶ航海可能な水路のお陰で、この動きの中心的役割を果たすことになる。河川のいたるところに都市が生まれる。ヨーロッパからの商品がロシアに浸透することで住民たちの生活習慣を変えさせ、ユーラシア大陸の西の部分ともっと親密になろうとの意欲を彼らの間にかき立て、ひいてはヨーロッパの仲間入りを願うように仕向ける。極めて活発な交易関係がロシア人のメンタリティーに及ぼす影響力は、もしヨーロッパに向かっての開放がもっと永続的なものであったら、より深いものになったことだろう。だが、これに先立つ何世紀もの間に起こったのと同様に、その絆は突如として断ち切られた。動きに歯止めをかけたのは、過去にもそうだったように、ロシア側から発した動きだった。外からの競争力の脅威に不安を抱いた地元の商工業者たちは公権力を突き上げ、外国商人に与えられていた特権に終止符を打たせた。

またもや対外開放の好機が失われたが、それでもその痕跡は残ることになる。段階毎に誕生した都市の数は増える一方だ。たしかに都会生活を享受できたのは為政者と行政機関、軍関係者の特権だったが、未開発地域と農耕活動が住民たちにとって支配的部分を占めていた。だがこうした開放の時期の記憶は失われなかった。対外交易と、農耕社会には異質だった経済的ダイナミズムの体験は残った。活発な活動の時期についての記憶はロシア人の過去に刻み込まれ、「遅れを取り戻そう」と試みる度に努力の成果を支えることに役立つ。

このようにロシアの自然環境は苛烈で人間に敵対的だったが、時として変化を促すことになり、ロシア人に永続的な歴史の枠組みを構成する二つの傾向を発展させた。すなわち、農民を常に新たな生活の手段を求めて新たな地平線へと出発させ、植民化をはからせる本能である。その一方で、機会あるごとにロシアの空間を対外交易に、つまり外部世界に開こうとする意志がある。というわけで、自然によって与えられた制約と可能性のプリズムを通して見るならば、ロシアは、つまるところ他の国とほとんど似通った自らのイメージを与えることになる。

モンゴルの夜※、もしくはモンゴルの平和《パクス・モンゴリカ》

※モンゴルの夜。ロシアの諸文献では、「タタール」を用語とする。この呼称は、当初は、モンゴル族の一部族を指していた。

時は十三世紀、一二三七―三八年、ロシアの運命は突如として揺らぎ、他の諸国の運命と同列視されることを停止する。またもや、ここでも地理的条件が決定的役割を果たす。天然の境界を持たず、広大な空間があけっぴろげで、現実には無防備だった。これこそ、あらゆる征服者を誘惑するものだ。当時すでにアジアの大部分を征服した強力なモンゴル軍が、かれらの野望をかきたてる欧州へと長駆進撃するのに格好の道筋を提供する住民を抱えたこの土地を見逃すだろうか？　ジンギス・ハーンの孫であるバトゥ・ハーン率いるモンゴル軍はロシアに侵入し、キエフから北部の諸都市へとかけて道筋をすべて破壊し尽くした。ノヴゴロドのみが自然の奇跡的とも言える介入によって破壊を免れた。春の河川の大洪水による増水によって、モンゴルの騎馬隊はノヴゴロドの町に近づくことを阻まれた。だが、ノヴゴロドを含めてロシア北部全域が金帳汗国（キプチャク・ハーン国）の支配下に置かれた。モンゴル隊はキエフを破壊し尽くしたので、廃墟となった南部を後にした。自分たちの糧食にもこと欠く哀れな農民層には目もくれず、モンゴル軍は都市を支配することを望んだ。こうした都市は毎年上

納金を払い、モンゴル軍に若い兵士を差し出さねばならなかったが、しばしば子供まで含まれていた。

モンゴルの支配は長年にわたることになる。モンゴルの支配は、ロシアに、ロシア人のメンタリティーおよび統治方法にかなりの痕跡を残すことになる。まず最初に――実はロシアの後進性の決定的要因となるのだが――ロシアは、政治的にはロシアとして存在することを止めた。そして、この状況は二世紀半も続く。ロシアの諸公たちは、たしかにそこに留まっていた。モンゴル支配者たちは、征服した領土を管理することを迫られるような負担の多い占領方式を取らなかった。征服者たちは反対に、彼らに「協力する」ロシアの諸公の上にのっかり、住民とその支配者である自分たちの中間者の役割を諸公たちに押し付けた。だが、ロシアの諸公たちの方は、中間支配者としての身分に与えられた権限を保持し、それを十分に享受するためにはモンゴル人支配者の認定を受けねばならなかった。これこそ、大公たちの服従と協力の代償なのだ。大公たちはヤルリクと呼ばれる文書を授与されるが、これは特許状であり、主君によって封臣として正式に認可されたことを示す。以後は彼らが徴税吏による主君のための貢税徴収を見張り、民衆の憤激をなだめる役割を果たすことになる。もっとも職務に熱心で、占領者である主君にもっとも多額の上納金を納め、もっとも大人数の徴兵をした大公は主君の保護を受け、内紛の際にはライバル派の大公に対して主君の支援を受けることになる。このように、占領者と被占領者である大公との間に奇妙な関係が成立するわけだが、真の犠牲者はロシア人民なのだ。

こうして、土地の諸公を統治に関与させるモンゴル人のやり方は、長期にわたり政治的結果をもたらした。いまや占領協力者に成り下がった諸公たちを目前にして、人民がかつて彼らに抱いていた信頼感はとっくに消えうせ、同様に、国家的権威の概念も損なわれた。農民の目には、権威なるものは暴力や搾取と同一に映った。というわけで、無政府主義的傾向とすべての権力に対する拒否反応が強まり、すべての権威の代表者にたいする反抗的機運が高まって不幸な農民たちの心に宿るようになったとしても、そしてロシア史の展開の中で、いく度となく姿を現したとしても驚くにはあたらないのではないか？

他の政治的結果も生まれた。ロシアの諸公たちの気短な性格は、九世紀以来というもの全権力を掌握するために争い合ってきたが、モンゴル人はそれを巧みに利用したために、内部対立は激化する一方だった。この期間を通して、個人の、地元の利害の方が侵略者に対して力を合わせて抵抗しようとする意志をはるかに上回った。おかげでモンゴル人の支配はかなり容易になり、全体の利益を優先させようとする態度こそ国家の形成と民族の発展を支えるものなのだが、それに長期間にわたりブレーキがかかってしまった。

またモンゴル人による統治は、ノヴゴロドで特に顕著で多くの都市でもモンゴル侵略以前には特徴的だった民主的権限の諸要素を後退させてしまう。十一世紀にキエフ・ロシア国家が衰退の兆しを示し始めた時、多くの都市では人々によって構成されるヴェーチェの名で呼ばれる人民集会（民会）をすでに保有していた。こうした民会は通常、諸公に対して諮問的役割を果たしていた。だが、ノヴゴロドで、プスコフでは、民会は大きな権威を持つようになり、法律を制定したり、それを諸公に押し付けるまでになっていた。モンゴルによる支配は、こうした「議会」から存在理由を奪い去り、消滅させてしまう。

征服による直接的な影響に加えて、より永続的で、しかも邪悪な他の影響も付け加わることになる。二世紀半にわたる外国の支配は、当然のことながら消し去ることが困難な痕跡を残したにちがいないことから、ロシアの歴史家たちは長いこと、モンゴルがロシアにもたらしたものは何だったか、について論議を重ねてきた。ある者は、ロシアは、占領者たちに、政治的に強化され中央集権化された国家社会へと後年ロシアが変革したことに恩義があるとしている。この概念は、世紀の転換期に一時的に流行したユーラシア論の根底にある。つまり、モンゴル人がロシア人にそのことを気付かせ、後に利用することを手助けした、との説である。モンゴルの遺産を理想化する者たちに対して、大多数の歴史学者は、ロシアにおけるモンゴルの影響はアラブ人が西洋に及ぼした影響に比較することはできないとのプーシキンの説に与する。というのは、モンゴルは「いわばアリストテレスと代数学を抜きにしたアラブ人」であり、従って、ロシアをより豊かにする文化をもたらす術を持たなかった、と詩人は書いている。

いずれにせよ、二五〇〇年間続いた占領は間違いなく人々に痕跡を残したし、そのような遺産を無視することはできない。まずは言語にである。ロシア人は侵略者から金融面での多くの表現を拝借している（お金のことはジェーニギ、少額の貨幣はコペイカ、国庫と国庫番のことはカズナおよびカズナチェイ、関税はタムガ、税関はタモジニャなどなど）。仮借なく貢税を取り立てたモンゴル人は、ロシアでは戸数ではなく、頭数（人頭税）で課税した。効果的に税金を取り立てるために、モンゴル人は哀れな民の数を正確に知る必要があった。ロシア全史で最初の人口調査が実施されたのは、彼らのお陰である。

　だがモンゴルの遺産の中で、もっともおもしろいのは、国家の政治機構と固有の所有制度に関するものである。ジンギス・ハーンは後継者たちに、当時の他のいかなる国も比肩できない効率の良い政治構造と政府の統治方式を残したのだった。このモンゴル方式は、イデオロギー的概念の産物であり、当時としては前例がないとは言えないものの、きわめてまれだったが、二十世紀にはよく見かけるものになる。モンゴル体制が目標としたのは、絶え間無い戦争により世界帝国を樹立することだった。そして、各地に帝国の権威を君臨させ、あまねく平和と社会秩序を実現すると称していた。それが掲げる二つのスローガンは、絶対権力者ハーンの庇護の下での正義と平等であった。そのように組織され、正義と平等を保証されたあわれな人間たちはこうした恩恵を受ける代価として、常に、全面的に国家に、すなわちそれを体現するハーンに仕えなければならなかった。

　一方、臣民の全能の主であるハーンは、帝国の土地の所有者でもあった。ロシアの歴史家グラドフスキーによると、モンゴル流の所有の概念は、キプチャク汗国によって樹立された帝国が崩壊した後もロシアの諸公によって採用されていた。十三世紀以前、ロシア諸公は、ある種の政治的主権を要求していたが、土地の所有権までは要求しなかった。諸公たちはハーンに仕えるようになった時、ハーンの名代として彼の権利を享受したのであり、従って所有権も手に入れたのである。ハーンが打ち負かされ、追放された時、諸公たちは自分たちが後継者であり、従ってハーンの権利の当然の保有者であると名乗りを上げた。そのために、それまで存在していた所有権を分割した。同様に、諸公たちはモンゴル人から軍事組織を受け継いだ。徴兵による中央集権化された単一の軍隊組織、ハーンの勝利を確実なものにした戦略・戦術である。最後には、モンゴル人の覇権保持に大いに貢献した郵便制度、極めて効果的な諜報機関なども、その利点を認識したロシア人の後継者たちの下で生き延びた。

モンゴル人の残した遺産は、行政面では国家の絶対権限やハーンを利する私有財産の没収に現れ、ひいてはさまざまな手段を使っての徹底的な抑圧に痕跡を残している。占領者の権力乱用、年貢の未払いに対する村落の焼き払い、住民の虐殺などといった報復行為は激高する人民の暴発や散発的な反乱を引き起こし、そのことがまた、より残酷な抑圧を招いた。キエフや北東部の諸都市では知られなかった死刑制度がモンゴル人によって導入され、続いてロシアにおいて保持された。体罰や取り調べでの拷問も同様である。モンゴル語からの借用語であるパラチ（死刑執行人）という表現によって記憶に止められている。

プーシキンが強調しているように、モンゴル人による占領は、政治面では見るべきものをもたらしたが、文化的にはなにも貢献しなかったという極めて対照的な決算表を残しており、そこから読み取れるのは、モンゴル人による占領は長期間にわたりロシアを西欧から断絶し、ルネッサンスや宗教改革をもたらした西欧の歴史的発展という偉大な運動にロシアが参画することを禁じたことだ。当時、ロシアの歴史が遅れをこうむったことは異論の余地がなく、歴代のハーン国による支配がその唯一の理由ではないにしても、少なくとも主たる理由の一つである。だがこの決算表に以下のことを書き込むべきである。すなわち、占領者による暴力と絶えざる要求への反対がロシア人の間に高まり、常に互いに敵対してきた諸公たちもライバル意識が不毛であることを理解するようになり、次第に自分たちの間でモスクワ大公が優位にたっていることを受け入れるようになった。ロシアの歴史学の父であるカラムジン*はそのことを明確に表明している――

＊ニコライ・カラムジン（一七六六―一八二六）。ロシアの作家であり、歴史家。『ロシア国家史』を書いた。

「バトゥによるロシア侵略は、我が国を動転させた……だが、この災難は良いことの萌芽、つまりロシアの統一の始まりを内包していた……モスクワ公国がその強大さを獲得できたのは、ハーンたちのお陰である」。

そしてニコライ・トルベツコイ*は結論付ける――

＊ニコライ・トルベツコイ（一八九〇―一九三八）。言語学者。

「ロシア人は、彼らの帝国をジンギス・ハーンから継承したのだ」。

モンゴル人からの遺産とそれがロシアの発展に及ぼした影響についての判断がどうであろうと――たとえば征服者モンゴル人のおかげで発見されたロシアのアジア的使命、もしくはロシアが外界から引き離されてきたこの二世紀半の間に急速に発展した西欧との間の格差――集団の意識の中では、モンゴルの支配は苦痛に満ちた思い出であり、失われたアイデンティティと廃止された民主的構造の思い出なのだ。つまり、ロシアが西欧に追いつくために幾世紀にもわたって苦闘した歴史的な格差の記憶なのである。

再発見された主権

ロシア人にとって、モンゴル支配下の数世紀は長い夜にも似ている。けれども、ロシアがこの長い夜から抜け出して独立した生き方を見つけ、なかでもキエフ・ロシアの栄光が消滅して以来失われていた統一が戻ってきたのは、ハーンがモスクワ大公たちに与えた厚遇に負うところが大きい。他の公国に対するモスクワ公国の勝利は、またもやロシアの歴史的変転の中でかなりの役割を演じた地理的条件によると同程度にモスクワの大公たちの政治的資質によるところが大きい。モスクワ大公たちは、かれらのライバルである他の諸公よりも巧みに地位上昇に不可欠なハーンたちのひいきと、モンゴル人の存在および彼らの収奪に憤る人民の支持とをうまく組み合わせる術を心得ていた。

まず地理的条件である。国家統合の役割を果たすのに、モスクワ以上に好条件に恵まれた都市があっただろうか？　キエフ・ロシア崩壊以来、人口と権限が集中していたロシア北東部の中心に位置していたモスクワは、当時ロシアのもっとも活気にあふれた部分であったこの地域を移動する唯一の交通手段であるボルガとオカという大河の合流地点にあるという地の利を得ていた。その地理的条件ゆえに、モスクワは国のすべての部分にアクセスでき、時が来れば全土を支配できる位置を占めていた。

モスクワ大公たちは巧みに占領者モンゴル人の信頼と支持を勝ち取り、その結果、モンゴル人は次第にかれらの貢献の見返りとして大公たちに第一級の協力者の身分——最初は非公然だったものの、後にははっきりと認証された——を与えた。十四世紀始め、傑出したプリンスで、天賦の商才を持ち、同時に偉大な愛国者でもある人物がモスクワ公国のトップの座にあった。イワン一世、別名カリタ（莫大な資産を指して「金袋」の意）である。近隣の諸公に対するみずからの権威を確固たるものにするために、イワン一世は一三二七年、ハーン国と軍事同盟を結び、トベーリでモンゴルのくびきに抗して蜂起したトベーリ公と人民の反乱を鎮圧することもためらわなかった。かように徹底した協力ぶりは大いに報われることになる。その代償として、イワン・カリタは、主君たちから大公とロシア全土の徴税長官の称号を受領した。彼はまた、諸公たちに評価を下す役割に任じられた。このように、占領者の助力を受けてモスクワ大公は、その政治的優越性と統一ロシアの体現者としての権利をあまねく周知させることになる。いわば主君から叙任されたモスクワ大公は、その身分からして、キプチャク汗国の権力者にアクセスできる唯一の人物だった。こうした理由から、モスクワは十四世紀半ば以来、たしかにまだ占領下にはあるが国の首都の位置を占めた。歴代のモスクワ大公たちは徐々に独自の権力の座を築き、将来モンゴル人を追い出すのに必要な戦力を次第に結集する道を開いた。

こうした服従・協力がもたらした恩恵について語るとき、特記すべきなのはモンゴル人が封臣・協力者に対して尊敬の念を高めていったことであり、その結果、彼らに保護を与えるとともに所領を尊重することになった。モンゴル人は、ロシアの国土に留まっている限り、相手を急襲して土地を破壊しつくし、捕虜を捕らえ、交換するか売り払うなどして、そこから利益を吸い上げることをためらわなかった。それでもモンゴル人たちはモスクワ諸公を大目に見るようになった。このように保護された身分は、ロシアの他の地域が絶えざる不安定な状況下にあるのに比べて歴代のモスクワ公にだけますます安全を保証した。モスクワ大公は、こうしてキプチャク・ハーン国の後継者たちが要求しないのを良いことにして所領を拡大し強化する可能性が生まれたことを知る。たちまち、全く安全に暮らすことを夢見ていた人々にとって、モスクワ大公に帰順することはたまらなく魅力的な将来を約束するかに見えた。ボヤーレ（貴族）たちはモスクワ大公に接近し、彼に仕えるようになる。彼こそボヤーレに繁栄と威厳に満ちた将来を保証してくれる人物ではないか？　抜け目のないロシア人商人たちもカスピ海と黒海に向かう交易路を利用するようになる。タタール人の支配下で既に統一されている空間では、モスクワ大公の保護を受ける商人たちは全く安全に移動し交易を発展させる可能性を与えられた。

モスクワの権威が明確になったこの時期はまた、パックス・モンゴリカ（モンゴル人による平和）がモスクワ大公国の権限と同国政府の活動を助長した時期でもあった。そのことで誤解してはならない。このパックス・モンゴリカは、決して全てのロシア人にとっての平和ではない。大多数のロシア人は依然として恐怖の中でモンゴル（タタール）のくびきに苦しんでいた。だが、この時期を特徴付けるは、長いことロシア諸公国のライバル同士が自己の利益と国益とを混同して争いあったためにずたずたになっていたロシアの国土が統一されたことなのだ。モスクワ大公にとってまたとないチャンスは、侵略者により実現した統一を利用してロシアの主権を守り抜くために必要な軍隊を鍛え上げることだった。

ハーン国による保護がモスクワ大公の唯一の切り札だったわけではない。正教会の支持を得たことも、モスクワ大公が全ロシアを支配する異論の余地のない君主の地位に上りつめることを可能にした決定的要因の一つだ。実は、正教会がモスクワ公国と大公に支持を与えたのは、紆余曲折あってのことだった。キエフ大公ウラジーミルが国民に正教の洗礼を受けることを課して以来、ロシアのキリスト教の中心であったキエフが破壊された後、そこに府主教座を置いていた府主教も大勢に従って北方に移動し、まずはウラジーミルに居を定めた。ロシアの諸公と同じく教会もハーン国の保護を求めていた。それというのもキプチャク・ハーン国は、僧院や教会など宗教施設に免税特権のほか、その他すべての義務を免除したからだ。この特権的身分に安住する教会は、諸公間の争いで一方に与することも占領者に反対する側に立つことも常に避けてきた。だからこそ府主教は府主教座をまずキエフから、どちらかと言えば中立的地点にある町ウラジーミルに移転することを選んだ。当時はまだ諸公がどんな野望を抱いているのか判然としなかったこともある。だが一三二七年、モスクワの優位さがハーン国から認められると、府主教座はモスクワに移され、こうしてモスクワは宗教の中心であるとともに、政治の中心にもなった。それ以来、教会は、モンゴル人のひそみにならって、国家統一と覇権を目指すモスクワ大公の野望を支持した。これらの支持をより所に、巧みな戦術に加えて時として暴力を、常に策略を組み合わせる一貫した政策を取ったことで、モスクワ公国は一世紀のうちに決定的勝利をおさめ、ロシア国家へと変容を遂げた。

　この変容の第一段階は、歴代のモスクワ諸公が掲げた目標である全ロシアの地を結集することであり、長いこと彼らの野望から免れてきたノヴゴロドを征服したことによって十五世紀後半に達成した。ロシア統一化が進行する一方で、モンゴル帝国は解体する。その様々な構成分子の中でクリミア、カザンなどのハーン国が別の運命を要求するようになった。オスマン帝国は旧キプチャク・ハーン国支配下のハーン国を引き寄せ始め、キプチャク・ハーン国の崩壊に貢献した。モンゴル帝国の没落とオスマン帝国の拡大を見守っていたモスクワ大公国は、混乱に乗じて自己の権威を拡大した。ロシア・モンゴル関係に起きた変化の深さは、一四五二年、キプチャク・ハーン国の公子のひとりカシム・ハーンがハーン国を離脱して独立公国を築き、ロシアの主権を認めたことからも測ることができよう！

イワン・カリタの後継者たちによるロシア、なかでもイワン三世時代のロシアは一四八〇年、モンゴルのくびきが終焉したことを正式に宣言し、領土と影響力が拡大する一方の真の国際大国になった。ロシアはその孤立から脱するのか？　みずからにとって必要不可欠な欧州の知識、進歩、文化を取り入れるために欧州に向かって国を開くのか？　三世紀前のノヴゴロドがそうだったように、モスクワ大公国はとうとう西洋世界との接触を再開するかに見えた。この歴史的とも言える十五世紀さなかの絶好の機会だったが、しかし、後が続かなかった。異なる性質だが同じぐらい重要な二つの出来事が、しばし垣間見せた西洋化への道からロシアを遠ざけることになる。

年代的に最初の出来事は、一四三九年、フィレンツェで開かれた公会議と結びつている。キリスト教世界を二分していた両者を集めたものであり、ギリシャ正教徒とロシア正教徒をしてローマ法王の権威を認めさせることにつながった。ここで描き出された教会の統一は、ユーラシア大陸の統一を告げるものではなかったか？　ロシアにとっては、残念なことに、そうではなかった。フィレンツェ合意の調印者であるイジドール大主教が帰国し、同国人に諸教会の統一が実現したと発表したとき、彼は大公とその一派全ての一歩も譲らない強硬姿勢と衝突した。大主教は逮捕され、職を解かれ、別人が任命される一方、一四四三年の司教会議は諸教会の統一に対して控訴権なしの非難宣告を下した。ローマ教会との一切の接触が禁止される。

同時期に、第二の災難！　が起きる。一四五三年、コンスタンチノープルの陥落、トルコ軍のバルカン半島と旧ビザンツ帝国領への進攻によりビザンツ帝国とのつながりが断絶してしまった。ロシアはそこに深く介在していた。オスマン・トルコの勝利はロシアを締め出し、内向させてしまう。

こうしてロシアは孤立の時代を余儀なくされた。ロシアは常に西側に向かって、強く引き付けられる欧州に向かって行動する国境国家だったが、西側に国境を押し広げることは不可能なので、このとき以来、ロシア国家は独自の道を歩むことになり、外部から一切の援助もなければ、本当は必要としていた欧州のモデルに頼ることもできず、ひたすらみずからの構造と組織形態を見いだそうとした。この孤立化は十六世紀以降ロシア国家が取ることになる形態にも少なからず影響を与えたが、この時期にロシアにのしかかった影響にせよ、実体を与えてくれる基準にせよ、しょせん長いロシアの伝統と、モンゴル式国家の経験と、ビザンツ帝国型のモデルに結び付くものだった。

第四章　塞がれる欧州への道——世襲国家※

※ここで用いられている世襲国家という概念は、リチャード・パイプス著『旧体制下のロシア』（一九七四年、ニューヨーク刊）より借用。

モンゴル帝国から生まれたロシア国家は、三つの異なる政治的伝統を組み合わせて急速に形を成して行く。すなわち、モスクワ公国流の大公体制、モンゴル流専制君主制、ビザンツ帝国流カエザル＝法王主義の組み合わせである。こうして専制政治体制が成立し、すでに十六世紀半ばには絶頂に達し、多くのその特色は一九一七年の大革命まで保持されることになる。

イワン雷帝――世襲国家の誕生

実際の政治面では、占領者モンゴル人の体制から新しい国家体制へと変化が直ちに行われた。独立の段階に達するはるか以前から、モスクワの諸公は、ハーンから委託された任務をより良く遂行するために、モンゴル式統治機構をそっくりコピーしていた。したがって、形成中の国家にとって、有効であると気付いていた従来の制度のあるものを取り入れることはまことに自然ではないか？ モンゴル国家が第一の使命としていたのは、税金を取り立てること、力により秩序を保つこと、安全と富を確保することだった。国家が社会と結ぶ関係は、この枠内にのみ止まっており、住民の必要など無視していた。ロシア国家の創設者たちは、政治的には自分たちの果たすべき任務についての備えがほとんどできておらず、ただ目の前にある徴税と抑圧のシステムを採用した。だが、本当の、永続する国家を自在に扱うためには、彼らをして、国家に一つの正統性を与え、一つの教義を備えさせなければならなかった。それらが具現したのは、冷酷無比だが政治的には目覚ましい功績を残した皇帝イワン四世、またの名はイワン雷帝の統治下である。

正統性とは、モンゴル人のハーンから継承したものだけに拠ることができただろうか？ 多分、初期のロシアの君主たちは、ハーンの後継者であると見なされることを喜んで受け入れたことだろう。だが、彼らにとって教会の支持が不可欠であったことから、教会の影響を受けてやむなく拠るべき基準をキリスト教のモデルにまで広げた。西洋のカトリック世界から孤絶していたロシアの君主たちは、そこから範を取ることはできなかった。そこで、ビザンツ帝国の君主の基準に拠るしかない。だが、ビザンツ帝国が敗北・滅亡してからは、そこに拠り所をもとめるのは魅力に乏しい視野に立つことであり、弱さの現れでもある。イワン四世は、なによりも家系の正統性に根拠を置いたロシア型君主の考案者であるが、その家系たるやいささか怪しげなものにもかかわらず、歴代の皇帝が永いこと引き合いに出すことになる。彼らは、ともかく断絶している西洋世界に向けて橋をかけたがったので、自分たちはローマ皇帝アウグストゥスの直系の子孫であり、したがってローマ帝国の伝統に基づいていると主張することで西洋世界とのきずなを作り出すことに懸命だった。見事な家系図がいったん出来上がると、歴代のロシア皇帝は、自分が欧州の偉大な王家と対等であると思い込んだ。たぶん、この血統図が正しいと主張してきたことから、イワン雷帝は一五六七年、英国のエリザベス一世との結婚を思い立ったのだろう。ロシア皇帝がすでに結婚している身であったことからしても、この計画は熟慮の末に打ち出されたものでなかったことは明らかだが、彼が、自分は欧州的性格を備えており、みずから率いるロシア国家もまたそうであると見せたがっていたことを示している。

同時に、キリスト教の系譜もこの正統性を強化することになった。ロシアのキリスト教化の歴史は修正された。この改訂はその後何度も書き換えられ、その結果、年代も実際より前の日付に改められる。ロシアにキリスト教を受容させたのももはやウラジーミル大公ではなく、それよりも数世紀前に使徒アンドレイがロシアをキリスト教に改宗させたのだ、とされた。

最後に、モスクワ第三ローマ論が、この正統化装置を完成させることになる。異端に征服され敗北した古代ローマ教会の後を受けて、さらに異教徒に征服されたビザンティン教会の後を受けて、残るのはモスクワだけで、モスクワこそ第三にして最後のローマであり、真理の保有者であるとともに、他の民族の救済の保証者である、とする。このキリスト教史を修正する解釈は、一五一〇年に修道僧フィロフェイが理論化したもので、その後、ロシアの外では、ロシアの拡張主義とメシア思想の根本思想であり、それらを説明するものと見なされてきた。だが、そう結論付けるのは性急すぎる。フィロフェイの理論は、教会に関するものであって国家に関するものではない。ロシア国家は決して、その対外政策の目標を正当化するのに第三ローマ論を引き合いに出したことはない。

建国にまつわる神話のこの集大成は、創成期のロシアの君主たちが西方で直面している行き詰まりを拒否しようとする意志の強さを立証している。こうした考え方すべて――ローマ帝国という家への帰属、思ったより早めに訪れていたキリスト教化、二つのローマからの遺産を保持しようとする使命感――が開放と西洋と結び付いた歴史的伝統への復帰を求める意欲の現れを証明している。

同時に、イワン四世が築いた政治体制は、あらかじめ明確に設定された法的図式からというよりも、君主自身が垣間見た状況や可能性から生じている。なによりもまずこの国家を特徴付けるのは、権力の専制的概念であると同時に、世襲体制の創設である。イワン四世の生来の粗暴さと破天荒さはつとに知られているが、彼の政治的聡明さを忘れてはならない。彼は自分の見解を文書にして開陳する労を取っており、それらはロシアの専制権力の起源を極めて明確に説明するものである。

イワン四世はクルプスキー公――イワン雷帝のお気に入りだったが、後に逆鱗に触れ、命からがらリトアニアに逃亡しなければならなかった人物――宛の書簡の中で、絶対権限についての概念を擁護している。皇帝は自己の祖先たちに言及し、彼らが無制限に権力を行使したこと、人、物についても完全な権限を持っていた、と述べている。専制君主とは、公的生活において臣下のあらゆる干渉を拒否し、統治するものである、とイワン雷帝は書いている。臣下と奴隷については、両者を混同することをためらわない。この絶対権限なるものを確立するのは難しい。なぜなら、ロシアの自然環境が要求するものと矛盾するからである。人々は皇帝に言う――ロシアは広大な国土を持つが、農業は貧弱であり、河川以外には交通手段を持たず、全ての国際交流の流れの圏外にあり、その上、人民が勝手に移動するという放浪癖に苦しんでいるのが実状である、そんなロシアが難問を解決できるのは、大幅な地方分権化を受け入れ、人々の生活が最悪の条件にならないよう地方のイニシアチブに組織を任せることだ、と。だが逆の場合だと、ロシアという国家を樹立し、過去にはロシアを消滅の危機にさらしてきた同胞同士の対立という危機から国家を守り、貪欲な隣国から国家を防御し、隣国の侵攻を停止させることが必要になる。したがって、最後には、国家の境界を前進させて国家に保護的役割の国境を付与する必要がある。これらを達成するためには、この国家が強力であり、中央集権化され、人々に国家的要請を課し、この計画実現のために現存するすべての資源を動員できる力を備えなければならない。地方分権化した権力という論理と、国家の前進と新天地の植民地化を守るのに必要な中央集権化という論理の間の矛盾は、ロシアの置かれた地理的状況と、それゆえの人間の行動と結び付いているだけに、ロシア世襲国家とそのとるべき方式を形作るのに大きな影響を及ぼすことになる。

だからといって、これら二つの論理の間の緊張関係は決して消えるものではなく、ロシアの歴史上幾度となくそうだったように、ロシアという国家は遠心的傾向と、再組織化しようとする絶えざる努力の間で揺れ動くことになる。幾世紀にもわたる政治生活も、相反する必要性の間で選択を迫られるという難題を消し去ることはできなかったし、二十一世紀の始まりである今日も問題は依然として解決されていない。

独立を取り戻したロシアの初期の君主たちは――その筆頭がイワン四世だが――強力な国家建設の道を選び、この難問に決断を下した。そのことは、ロシア社会とその放浪性と無政府主義的傾向を無視することを意味した。国家とは、他所ではしばしばある種の社会勢力に支持された政治的意志がもたらした成果なのだが、ロシアでは、大公ひとりに係わる問題となってしまう。国家は、社会の傍らに、社会の上に建設されたのであり、社会と共に建設したのではない。問題はもっとある。フランスもしくは英国といったヨーロッパ社会では、国家は、それを体現している人物からほとんど独立した形で発展を遂げてきたが、ロシアでは、同時代にありながら、君主と国家という存在が混同されていた。この政治的混同は、国家、言い換えれば君主と、彼が正統な所有者であると主張する領土上の全てのものを混同してしまうことを伴っていた。土地と人間の所有者であるイワン四世は、こうして絶対世襲国家を作り上げた。マックス・ウェーバーが、世襲体制を絶妙かつ精緻に分析した論文の中で、スルタン主義と表しているものである。

世襲体制が機能するためには、社会の服従が要求された。そこに到達するまでには時間が必要であり、実に二世紀近くもかかった。また、既存権力の中心、または君主の絶対権力にとって脅威となりかねない権威の保持者すなわちボヤーレ(貴族たち)をたたきつぶさねばならなかった。最終的には、住民全てを中央権力の従属下に置き、人民の放浪生活習慣に終止符を打たねばならなかった。

国王の領土から国全体にまで拡大された世襲体制の秩序が現実となるためには、ロシアにおける全てのもの、人間も財産も、権力から派生してただちに場所を占めた官僚機構の管理下に置かれた。ロシア社会は長いこと真の政府なしに生きてきた。モンゴル支配者に対して、ロシア人は、占領者の行き過ぎた取り立てからなんとか逃れようと試みながらも、たしかに貢税を払わねばならなかった。だが、そのことは、いささかも恒常的な政府の権威を構成するものではなかった。大昔から人々の生活の真の支配者は、ある意味で、全ての行動を支配し、絶え間無く人々を移動に駆り立ててきた苛酷極まりないロシアの自然環境であった。未組織で、いかなる秩序も知らないできたこの社会に、強い権力とその代表者たちの権威を上から押し付けることは危険な賭けであった。この革命は、抵抗を伴わずには進行できなかった。反抗を抑圧するには情け容赦ない強い意志と上から指揮する力が必要だった。そこから生まれたのがイワン四世下の国家の組織的暴力である。無制限の権力を付与された警察を皇帝は創設した。ロシア最初の政治警察であり、皇帝は、国土の一部を除いた全土に対する権限を与えた。これがオプリチニナの名で呼ばれる皇帝直轄領であり、ゼムシチナの名称で呼ばれるそれ以外の地域と区別された。ゼムシチナは既存の貴族会などに帰属し、そこには伝統的法制度が保たれていた。

この前例の無い統治体制は、恐怖政治の無制限行使に道を開いたが、疑い無くイワン四世の力を見せつけようとする意図を表すものだった。だが、国家を二つの異なる領土的・政治的領域に分割することは、単に混濁した頭脳が生み出したものなのか？　それともイワン四世が、これこそ世襲国家の条件を整えるための唯一の方策であると考えたからなのか？　もう一つの妄想の存在が、この奇妙な政治的仕組みを説明してくれるだろう。彼の前任者同様に、イワン四世も、さまざまな権限が入り乱れていた占有領地の時代が過ぎ去ったからには、国家建設のためには全ての伝統的権威の保持者すなわち専有領地を持つ諸公たちを打ち砕くことが求められていると考えたのだろう。オプリチニナの権限が及ぶ地理的配分を子細に検討すれば、この仮説の正しさが裏付けられる。直轄領に組み込まれている領土はロシアの中央部に当たり、オプリチニキの名で呼ばれる信仰も法も持たぬ皇帝直結の士族軍団が貴族たちを震え上がらせ財産を奪い、従来の居住地から彼らを追い出してしまった土地である。逆に、旧ロシアの周縁地域、つまりイワン四世の前任者たちによって征服され、それ以前の政治的伝統を代表する者にはいかなる場も与えられない地域では普通法が依然として守られていた。

イワン四世の抱いていた計画は、当時採択されたばかりの他の法令を考慮に入れれば容易に理解できるだろう。それらは貴族たちの降格を狙った彼の政策を完結するものだった。専有領地をもつ諸公や暴力に震え上がっていた貴族たちが全てから遠ざけられていたまさにその時、イワン四世は、モスクワのドヴォリャーネと呼ばれる新貴族集団からなる本物の「新エリート階級」創設を制定した。窮乏化した貴族階級あるいは奴隷の家族も対象となり、一〇六四人のボヤーレの子弟が選抜された。領地を与えられ、彼らは旧来のボヤーレと対置された。こうして従来からのボヤーレは正統性を失い、新しく出現した「階級」にその座を譲るのだ。もう一つ決定的な法令がある。ロシア農民たちがあれほど大幅に援用した移動の自由が漸進的に廃止された。この移動の自由制限はまず国家と君主に奉仕することを義務付けられた者たちに適用された。「奉仕階級」となった数万の人々である。次いで禁止令は住民のより大きな部分にまで適用された。最後には農民層にも及び、一五五〇年から一六五〇年にかけて農奴制が成立した。

ここは、一世紀の期間をかけて成立した農奴制への歩みについてくだくだしく述べるべき場所ではない。重要な点は別にある。ロシアにおける農奴制の成立が、同じようなプロセスをたどった西ヨーロッパでのそれと取り巻く条件が異なっていることだ。ユーラシア大陸の両部分で農奴制が成立した時期はたしかに同じではない。ヨーロッパでは十三―十四世紀であり、ロシアでは二世紀以上も遅れている。だが何にも増して留意すべき点は、西ヨーロッパでは、農奴制は中央集権国家の崩壊と大土地所有者層の権力拡大によって引き起こされたことである。そして十六世紀に国家が再構築されたことにより農奴制は廃止された。反対にロシアでは、国家の強大さと、国家の意志と、国家の必要に応じて農奴制は生まれた。国家の利益にのみ結び付いた独特な構想に起因していた。土地は豊富だが、人手が不足している国で一定の税収を確保することであり、それによってロシアの全活動を掌握しようとする願望がそこにはあった。遅ればせの農奴制であり、農奴にも税金を払わせようとする奇妙な制度の漸進的導入は二つの要因に助けられた。すなわち、イワン四世が始めた徹底した恐怖政治が消滅した後も存続した力にすぐ訴える方式と、外部世界とヨーロッパの発展についての無知によってである。この遅ればせの農奴制導入こそロシアの後進性の明白な表れであることを、当時のロシアでだれが気付いていただろうか？　そして、この国とヨーロッパの他の地域とを分け隔てる溝が広がりつつあることも？

農奴制が最終的に成立したのはイワン四世がこの世を去ってからかなり後のことだが、ロシアの政治体制の大筋はすでに描かれていた。世襲国家はすでに存在し、新しい奉仕階級によって支持され、彼らを昇進させることで忠誠心を確保し、力を拡大しつつある官僚機構に依拠していた。新興エリート階級に直面して、恐怖に駆られた伝統的権力は十八世紀まで沈黙を守ることになる。そして、混乱期を除けば、ロシアは、発展する西ヨーロッパには馴染まないこの体制を変革することはいささかも無かった。

国境国家から帝国へ

世襲国家形成に続いて、独立を奪回した時期に、近代ロシアの輪郭を予知させる重大な変化が加わった。国境のない国家は、そのことできわめて脆弱であるが、みずから国境であろうと望むことによって、その境界と居住する人々の可動性のお陰で一つの帝国になって行く。国を挙げて前進しようとする動きは、いくつかのモチーフに従っている。まずは厳しい自然条件から生まれた社会的慣習である。ロシア農民は、新しい土地を求めて絶え間無く移動を続けた。農民は、まず処女地に向かって前進し、次いで、しだいに他の住民と出会い、衝突を引き起こした。その時、この放浪の民は、入植者に変身する。イワン四世は直ちに理解した。国家の援助と、その軍事的手段なしでは、農民たちによる領地獲得のための前進に未来は無い、と。イワン四世は、農民による自発的運動を支持することを決意したが、報復心に燃えロシアに舞い戻りを策するタタール・ハーン国中枢部の脅威にさらされている国家の安全を守りたい気持ちが加わっていた。領土防衛と獲得したばかりの独立の持続を確固たるものにするという至上命令に応えるために、イワン四世は軍事改革に取り掛かり、常設軍の第一陣である近衛連隊を創設した。南部国境に要塞を建設し、砲兵隊を充実させ、タタール人の襲撃を抑止するという当初の狙いの布陣を完成した。

防衛戦略から征服を目指す戦略への移行がごく自然に行われた。一五五一年、繰り返されたタタールの襲撃に挑発され、いまや敵が大規模攻勢を準備していると確信したロシア人は、のしかかる脅威に終止符を打つために最も近接するタタール国であるカザン・ハーン国を攻撃した。一方、この攻撃のためにロシア軍がボルガ河中流に集結したのを見て、クリム・ハーン国のタタールは好機とばかりモスクワを占拠しようと試みた。だが、ロシア軍はタタール軍を撃退することに成功し、たちまち一五五二年にカザン・ハーン国を占領し、続いてアストラ・ハーン国を占領して一五五六年に併合してしまった。ロシアの南下策による征服を免れたのはオスマン帝国の保護国となっていたクリム・ハーン国だけで、同国はモスクワに対する攻撃を繰り返したが、いつも失敗に終わっていた。クリミア半島への進撃を止められたイワン雷帝は、矛先を北西に向け、バルチック海とヨーロッパへの道を開こうとした。一連の勝利の結果、ロシアはエストニアの城砦とリトアニアのポロツクを占拠した。

こうして一五五二―一五六三年の一〇年間のうちに、ロシア国境は南方および北西に向かって移動した。この進出からイワン四世は二つの教訓を引き出すことになる。一つは、順調に進軍しているのに途中で止まってはならない、さもないと出発点にまで押し戻されてしまうということ。もう一つ、とくに重要なことは、ロシアは自分で勝手に進出の方向を選ぶことはできない、なぜなら、例えばモンゴルのように報復を企んでいる国や、ロシアが海路もしくは西洋に向かうルートを獲得することを阻もうとする国々に取り囲まれているからだ。

イワン四世は実際に、その軍隊をいくつかに分けて対応せざるをえなかった。一方ではクリム・ハーン国と対決しなければならなかったが、クリム軍をついに打ち負かすことはできなかった。他方では、ポーランド人、スウェーデン人、リトアニア人からなる西方連合軍と対決することになったが、これらの連合軍は別々に行動していても、ロシアを封じ込め、バルト海から遠ざけることを望む点では一致しており、ロシア軍が南方戦線で困難な局面に立たされているのに付け込んで、ロシア軍に手痛い打撃を加えた。一五八三年、ロシアはスウェーデンと取り決めを結ぶことを余儀なくされ、北西で獲得したもの全てを放棄し、バルト海に到達する希望も捨て去ることになる。しかし、同じ時に、もう一つの空間がロシアの野望の前に開けた。東方に位置する広大なシベリアである。ここでは、ロシア人の植民精神と毛皮交易が道を開いた。進取の気性に富む商人ストロガノフ*は毛皮を求めてシベリアに乗り込み、そこでいくつもの事業を起こした。カザン・ハーン国の征服がロシアに大きな飛躍の道を開いた後だけに、彼はイワン四世から広大な領地を取得した。兵営が一か所、救援に呼ばれた入植者たち、いつでも移動に備えている農民たち、彼らがこの極東の地の最初の征服者だった。だが、ここでもロシアの前進に抵抗した国家があり、あの勇名をとどろかしたエルマーク**が指揮するコサック兵からなる征服遠征軍を送り込んでシベリアのハーン国***を攻撃しなければならなかった。困難な戦いで、エルマークが戦死するが、ロシア軍陣地はハーン国の各地に補強された。イワン雷帝はこの地の重要性を理解し、征服した地域を併合した。

*ストロガノフ。十六世紀に、シベリアで毛皮の交易、鉱山業などで成功した商人。ロシアのシベリア植民地化に貢献した。
**エルマーク（一七〇九―六二）。西シベリア征服に貢献したコサック軍団の隊長。ストロガノフ家に雇われていた。
***シベリアのハーン国。シビル・ハーン国のこと。シベリアという名称は、この国名に由来する。

こうして十六世紀末、二重のロシアが成立する。もはや恐怖と従来通りの空間からなるロシアではない。なぜなら、イワン雷帝が押し付けた区分方式、すなわちロシア国土の一部をオプリチニナに指定した制度は、一五八四年、彼がこの世を去ったとき、もはや存在していなかった。そこに在ったのは全く別のジャンルの区分だった――

一方には、ロシア中央部がある。国家と規則により支配され、画一化した諸制度と厳格な身分を作り出していた。そこでは、社会階級の各々が次第に決定的な位置を占めることになる。勤務貴族は、国家が機能し、征服したものを守ることを可能にし、その代わり、生活手段としては君主から褒賞として与えられた領地しか持たない。農民は、国家と貴族たちが任務を果たすために必要な物資を提供する。勝手気ままに移動することに慣れっこになってしまった農民階級が割り当てられた役割を果たすよう仕向けるためには、国家は農民の移転の自由を規制し、ますますもって制限することを迫られる。当然のことながら、そこから生じるのは農民の不満の暴発であり、時として国家を危急存亡の事態に追い込む。

もう一つのロシアは、まさに生成中の帝国であり、そこでは空間でも人間でも機動性に富むことが特徴である。いったん国境を押し広げることを開始したからには、国家と君主はもはや領土拡張に歯止めをかけることをしなかった。なぜなら、ちょっとでも停止すれば、このわずかの小休止の時間にさえも、征服されたかに見えた敵が、あるいは屈服させられても自分たちの敗北を決定的なものとして受け入れる気持ちはさらさらない人民が反旗を翻すきっかけを与えることになるからだ。帝国の拡張は、征服の成果を保持するために片時も警戒を怠らないことだけでなく、さらに征服を重ねるために必要な人的・物的手段を展開する努力を重ねることを特に求める。十六世紀末以来、ロシア国家は、絶えず包囲網の中で生きることを余儀なくされ、その拠点をさらに広げることによって、この包囲網を断ち切るための新しい方策を準備しなければならなかった。一貫して勢力伸長を求めることから派生する物質的負担は、だれよりもまず農民社会の上にのしかかっていた。農民は国家のために重税を払わされ、長年鬱積してきた彼らの憤懣は、時として激発する。

被征服人民、なかでもボルガ河流域の人々は、モスクワから押し付けられた権力機構と折り合いをつけることができず、いつでも反乱に立ち上がろうとしていた。いまだ脆弱なロシア帝国内で平静さを保つために、当局は、国境を「防備する者たち」ならだれとでも折り合うことにしていた。必要に迫られての妥協の結果、新しく獲得した新天地は、ますます中央集権化しつつあった本来のロシアとは全く異なった様相を呈していた。圧迫され、苦しめられていた農民たちは、これまでもそうしてきたように出来る限り開かれた土地に向かって逃亡を図る道を選び、十六世紀中期以降は、国家権力がロシア陣地の防御という至上命令を考慮して締め付けを緩めていた新しく併合された地域へと流れていった。逃亡民たちは、シベリアへ、ボルガ河流域へと、自由な人間として生きることができる土地だと確信して流れて行った。なぜなら、まだいかなる法令もこれらの地域をモスクワにはっきりと帰属させていなかったからである。国家にとっては、シベリアでロシアの存在を固めるために入植者が必要だったし、そこではすでにロシアに利益となる経済活動を展開させていた。ボルガ流域については、モンゴル人が力づくで復帰を狙っているだけに、やはり補強が求められていた。というわけで、国家は、これらの役目を果たすために軍隊と要員を必要としていた。

国境がロシア中央部から遠ざかるにつれて、国境の防御に費用がかかり、困難になった。コサックたちは、ロシア国家にとって貴重な補助軍団になるが、彼らを国境の防衛に参加させるには対価が必要になる。それは、彼らに全面的自由を与えること、である。

コサックは、ロシアの年代記に早くから登場しており、すでに一四四四年に記述が在る。同世紀末には、コサックたちはすでに組織化されていた。たしかに、彼らは向こうみずの冒険家たちだが、帝国との関係、あらゆる形の権威との関係について独自の概念を持っていた。彼らは自由人としての民主的なタイプの集団を形成しており、彼らが服従するのは、集団内部で選ばれた隊長にのみである。勇猛果敢な武人であり、国境を警備しているが、自分たちが守るべき大義については自分たちで決める。守るべき相手は概ねモスクワ公国であった。だが、ロシア国境における複雑な状況を反映して、しばしば中央政府に敵対するものと連携することもあった。コサック社会のそれぞれはアタマンと呼ばれる隊長の指揮下にあり、その政策も、戦闘の目的も、同盟関係もみずから決定する。国家も、国境の支配を失う恐れがあるから、この強烈な独立意識を耐え忍ぶしかない。ロシア国家は、シベリア征服をエルマークと彼のコサック隊に負うているではないか？　自発的に遠隔地にやって来て住み着く農民たちは、とてもそれらの土地を自分たちの手で防衛するのに必要な部隊を編成することはできなかった。従って、新しい土地を見つけて利用したいと血眼の農民たちだけでなく、警察の取り締まりや追及を逃れようとするありとあらゆる無法者たちも混じっている混沌とした居住区で治安を維持する役目はコサックに委ねられていた。中央権力がその権威を強化し、住民たちに強制力を行使して漸進的に農奴制に持って行こうとしているのに対して、コサック共同体は代わりとなる社会的・政治的組織を構成するようになり、時として農民暴動の激発に身を投じ、それを指導することさえもあった。幾度となくロシアを揺り動かした大規模な民衆運動が発したのは、つい最近制圧したばかりの地域からだったとしても偶然ではない。無政府主義化して暴力的な気運の農民たちが、自由の精神と社会的に平等な組織を持つコサックの回りに結集するのを見て、惨めな大衆は強力なけん引力を感じたことだろう。

一五八〇―一六〇〇年のロシアは、きわめて複雑な総体をなしていた。一方では、中央集権化を完成しようとしており、国内的にも国際的にも行動を起こし得る手段を備えていた。国家から知行地を与えられているだけに、いつでも国家の要請に応えようとする階級の人々がいるではないか？　他方には、国家に支配され、自分自身では身を守ることもできない人民大衆がおり、その彼らこそ国家が野望を達成するのに必要な物的手段を国家に確保していた。国家機構はすでに発達しており、比較的に数多くの行政機関が、それまでは無統制のまま出現していた「役所」を組織化し始めた。十七世紀には、これらの役所はプリカズ（複数形はプリカズゥ）の名で呼ばれるようになり、その権限として特別の行動分野（大使の役職など）、又は新規に獲得した領土（カザンまたはシベリアのプリカズ）に及んでいた。この行政組織の発展ぶりを子細に見ると、ロシアでは、当初から、一九一七年の帝政崩壊まで一貫して存続したある種の特徴があることに気付く。まず最初に、自治行政機関が拡大して存在感を強めることを避けようとする当局の意向を示唆するものとして、ある種の管轄を巡る混乱である。実情はその反対で、自治行政機関はお互いの領域を侵食することで、お互いコントロールし、その結果、効率性を大きく損ねた。こうした役所の乱立、相互間に混乱が広がったことがあいまって、急速に体制の官僚化が進んだ。

早い時期から、この体制は大きな弱点をさらけ出した。すでに広大なロシア領土はさらに急速に拡大し、中央権力は新たな土地を占領すると、たちまち現地行政機関から提示される諸問題を全体的な計画図もないまま出たとこで解決しなければならなかった。直ちに現地に代表の肩書を持つ人物を送り込むが、彼らの身分も行動手段も画定していなかった。こうした任命は、実際は功績に対する褒賞としての役職で、その恩恵に浴した者は、暗黙の了解として、現地で生活と行動のための手段を見つけなければならなかった。彼らが通常やったのは、住民たちから不当に金を搾り取ることと権限を悪用することだったが、モスクワは、その権限について明確に規定もしなければ制限もしなかった。

逆に、同じ時期に、現地で自主管理方式が発展するのが見られ、しばしば目覚ましい効果を挙げていた。イワン雷帝は一五五五年以来、住民自治の原則を実施していた。住民たちがある程度の額を国庫に支払うことを受け入れるなら、その代わりに自分たち自身の町村の役人を選ぶ権利を与えられ、こうして選ばれた役人がモスクワから派遣される代官にとって替わった。十六世紀にはこうした自治組織が各地で発展し、中央権力の悪政から逃れ、あるいは抑圧の度合いを軽減するために小規模の共同体を作ることが流行した。

こうして十六世紀末、ロシアの政治体制には際立った多様性が見られるようになる。すなわち増大する中央集権化、比較的自立した地方権限、新しく征服された地域ではモスクワが大目に見る孤絶した専横権力、といったものが並列して存在する現象である。この若き帝国の臣民たちは、時として増大の一途をたどる権威主義的で官僚的な公権力に従い、時として自分たちが選出した公的機関に従い、時として中央権力の代表だが自分たちの要求や決定にはいかなる制限も受け入れない連中に従うことになる。このように多種多様で複雑な組織形態は、領土の広大さと、その拡大の速さによって説明できる。一五五二年から世紀末にかけて、歴代の君主たちにとって、獲得した領土に秩序を与え、首尾一貫した政府体制に組み込むには時間が欠如していたのだろう。このような多様性は、強さの源であると同時に、弱さの根源でもある。まず強さについてだが、その力と柔軟性によって、中央権力は征服した地域の政治組織についてあれこれ考えることに時間を費やさずに征服を継続することができた。弱さと不安定さについてだが、あまりにも場所によって異なる規則に従わされる人々は、その土地で適用される厳格な体制に耐えられず、逆に体制がより厳しくなく、あるいは別な形を取っているところで自分たちの利点を拡大させようとするからである。ロシアの権力は、こうして超中央集権化すると同時に、より非中央集権化に向かう。つまり、中央集権化が進まないか、全然行われていない所では絶えず増大する遠心力にさらされていた。特にロシアの隣接諸国、なかでもスウェーデン、ポーランド、トルコといった強国と、クリミアのように併合の危険にさらされている国は、ロシアの強大さが内包する矛盾を十分意識して国境で絶えず圧力を行使することでロシアの拡張をくい止めようとし、あらゆる手段を駆使してロシアを以前の国境線内に押し戻そうとした。十六世紀中期にモスクワが征服して成立した帝国は、外国勢力への依存から脱却したばかりの国家を国際的強国に変貌させた。だがこの帝国は脆弱で、その内部が未完成なためと社会が抱く根深い不満のために崩壊の危険にさらされていた。また周辺の大国が強力なライバルの出現を拒否していることから、新たな国境線で脅威にさらされていた。帝国なしのロシアは、生き残るチャンスはほとんどなかった。だが、ロシアを救うことになる帝国は、近隣諸国にとってはロシアを耐え難い存在にしてしまう。この矛盾にさらにもう一つの矛盾が付け加わる。すなわち、国境を守るためには中央集権化が必要だが、領土の拡張に伴って出現する非中央集権化と自治を求める勢力に自由な意見表明を認める必要性があることと対立する矛盾である。十六世紀早々以来、ロシアの巨大さは、その強力さのシンボルであると同時に、その組織化、つまり内部での発展に対して絶えずブレーキをかけることになる。これらこそ一九一七年に至るまでロシアの歴史に絶えず伴うジレンマなのである。それは共産主義時代を越えて二十一世紀にまで至っている。

瓦解するロシア

一六〇一年、イワン四世から引き継がれた脆弱な国家機構は崩壊し始める。すべてがそれに貢献する。まずは王朝にかかわる問題で、イワン雷帝の生き残った息子のうちの最年長者だった皇帝テオドールが世継ぎのないまま死亡したことによる。ロシアには王位継承に関する法律は存在しておらず、従って王位継承権を主張する者が多数現われる事態に直面し、混乱と力による対立の局面を迎え、一五九八年から一六一三年にかけて国家の存立そのものを脅かすようになる。さらに社会問題が王朝の危機を悪化させた。危機の根源は、当時の状況によると同時に奥深いものでもあった。一六〇一年ロシアを襲った旱魃と一六〇一—一六〇三年の惨憺たる収穫は恐るべき飢饉をもたらした。皇帝テオドールの後を引き継いだボリス・ゴドノフは「土地の議会」（ゼムスキー・ソボール）と大主教によって選ばれ、当初は民によって歓迎されたが、かつてロシアがほとんど経験したことのなかったこれらの大災害のいわば犠牲者となった。大飢饉は民衆を凶暴な行動に追いやり、街道や都市には職業的な強奪団が出没するようになっただけでなく、飢餓に瀕した集団が政府軍さえも攻撃するようになった。これらの年には毎年一〇万人以上の餓死者が出ており、すでに権力からの苛酷な取り立てに打ちひしがれている社会は憤激の極に達した。正当な手続きで選ばれたボリス・ゴドノフの下の当局は、それに抗することができなかった。民衆の絶望は集団的狂気に転じ、時の状況に合わせた神話を生み出した。ツァーリがこれほどまでに劇的な問題を解決できないのは、彼が本物のツァーリではなくて王位の簒奪者であり、その罪科が神の怒りをロシアの上に招いたのである、と。

やるべきことは真の君主を捜しだし、彼の祖先が築いた王座に彼を据えることである。時はまさに偽ドミトリー事件の当時である。この人物は当初こそ喝采をもって迎えられたが、次いでペテン師だと非難され、殺害された。このドミトリーは誰も知らない別のドミトリーに取って代わられるのだが、ロシアの奥深いところから数多くの王位継承者と称する者が現れ、自分こそ正真正銘のドミトリーであると宣言した。ようやく一六〇六年になって無政府状態のただ中で、リューリクの末裔であるワシリー・チュイスキー公が、消滅した王朝の別の家系に所属すると名乗りを上げて文字どおり王座に飛びついた。国民は、自称ドミトリーが入れ替わり立ち替わり現れることに嫌気が差していたので、政治的安定への復帰を願って彼を歓迎した。ここ数年来、ロシアは急速に崩壊の一途をたどっており、住民たちは、秩序を回復できそうだと思われる王位継承者ならだれにでも付き従うつもりでいた。政治的無政府状態と社会的崩壊に加え、さらに領土的瓦解と外部からの脅威が迫っていたので、この権威の回復こそ緊急を要していたからである。ボルガ河流域の諸都市、モルダヴィア人や南部地方といった度重なる征服で屈服させられた諸部族など最近になって帝国の臣民になった人々は、偽のツァーリのだれそれを救援しようとしたり個人的権力を打ち立てようとするにわか仕立ての首領や冒険者どもの回りに結集した。その結果、ロシアの中央権力もしくはその残滓に決定的打撃を与えた。王座に就いたとき、ワシリー・チュイスキーは各方面から異議を申し立てられ、急造の軍隊にも手を焼いた。

国家はますます無政府状態に陥りながらも、外界からの脅威はあらゆる復権の試みを禁じてしまった。隣接の諸国は、大国ロシアが直面する困難さを推し量りつつ、その崩壊の兆しを待ちながら待機の姿勢に入っていた。ポーランドとスウェーデンは突如として東方の厄介なライバルであるロシアを思いのままにする時機が到来したと思い込む。ポーランド王シギスモンド三世は一六〇九年、ロシアに宣戦布告し、自軍をモスクワに向けて進軍させた。ボヤール会議は大災害の時だけに緊急に政治的解決を図ろうと試み、ポーランド国王の息子ヴラディスラフ公にロシア正教に帰依することを条件にロシアの王位に就くことを提唱した。だが、シギスモンド王はしばらく話し合った後で、この改宗の提案は受諾しがたいと決心した。その上、彼は自分自身がロシアの王位に就くことを望んだが、それはポーランドへのロシアの併合を意味した。ロシア人にとって、カトリック教徒であるポーランド王子による支配も、さらにはポーランドの利益になるだけの両王国の合併などとても考えられなかった。スウェーデン王の軍隊がノヴゴロドを制圧する一方、ポーランド軍はモスクワへ向かって進軍を続けた。ロシアはその時、まさに消滅の危機にさらされているかに見えた。

激発は社会から生まれた。いかなる政治権限も、このような大災難に対応できなかったからである。

ポーランド・スウェーデン連合軍の前進に対する抵抗運動の発端は、一方では正教会であり、他方では断固とした二人の人物、すなわち肉屋のクズマ・ミニンとロシアの対外戦争での歴戦の勇士であるポジャルスキー公の決断にあった。みんなにとって、まさにロシアが生き残れるか否か、である。総主教は国民に呼びかけた――戦おうと立ち上がった人々、すなわちコサックたち（もっともコサックは双方の陣営にいたが）、まだ自由である諸都市、国内の各地で大急ぎで結集された国民軍の周囲に結集しよう、と。ポーランド軍がモスクワを占領すると、総主教は、しばらくの間だけだったが救国政権を体現する存在となった。国土全体――これに反対するいくつかの拠点を例外としたが、それでも全国的にレジスタンスが高まると、これらの拠点も合流するようになった――が祈りを捧げ、断食や贖罪のための苦行に励み、想像の上のことだが神の怒りを鎮めようとし、天の助けを求めた。一六一二年末、国土全体挙げての激発が勝利をもたらした。ポーランド軍はモスクワから放逐され、スウェーデン軍も退却を余儀なくされた。ロシアは救われたのだ。

残されているのは、失われた統一と国内秩序を取り戻すためにロシアに君主を見いだすことである。唯一の正統な機関であるゼムスキー・ソボルが今回もまたその役割を果たした。議会は、フィラレート総主教の息子である当年弱冠十六歳のミハイル・ロマノフに白羽の矢を立てた。少年はその時、ポーランド軍に捕らわれていたが、そのことがかえって選ばれた君主の威信を高めることになる。彼は、ロシア最後の王朝であるロマノフ王朝の初代国王であるが、ロマノフ王朝は三世紀後に、革命によって一掃されることになる。

騒乱の時代の予期せぬ終焉は、ロシアをめぐる展開が数年の内にロシアの完全な消滅をもたらすかに見えただけに、全くあり得ない結末だったが、いくつかの考察を示唆する――

まず、ロシアにとって致命的と思えたこの危機は、確かにロシアの大きな弱点を立証している。すなわち統制不能の広大な国土、領土と権限の分散、本物もしくは偽物のツァーリについてのあらゆる噂や伝説をいともたやすく信じ込み、悪口を言い合い、権力の崩壊に加担した住民の政治的成熟度の欠如などだが、その一方で、おどろくべき再起能力をも立証している。そこでは主役たちが明確に識別できる。まず教会。その権威は悲劇的な時間を支配し、試練の中から強化されて抜け出した。次いで都市の住民、召し使いたち、北部の農民たちで、みなが混乱の最中でも乱れとぶさまざまな気違いじみた主張にもはまりこむことを避けた。

また秩序回復をもたらした二つの要因も脚光を浴びるに値する。宗教的感情と交ざりあった国民感情が以後増大し続けたことであり、もう一つは国家の役割である。社会が結束したのは、教会がロシア正教とロシアに対する二重の忠誠を国民に訴えた日であり、決断した男たちが戦闘の先頭に立った時である。

だが同様に、国家と政府体制、専制政治が、つまるところ民衆の目には秩序と平和の真の保証であったと映った。ただし、この平和なるものは、国内の反対勢力の屈服と外部からの脅威によるものだったのだが。騒乱の時代には揺れ動き、消滅寸前にあるかに見えた国家は、強化され、そこから抜け出した。だが、ここで勝利を収めた国家なるものは、中央集権化され、専制的であり、国土と住民の主人だった。危機を垣間見て恐れおののいたロシア社会は、国家が彼らを大災難への逆戻りから守ってくれるように国家にしがみつくようになる。混乱の時期に出た多くの犠牲者の中に、地方の自治行政機関を挙げねばならない。なぜなら、それらの機関は危機に対して解決策を提示できなかったからであり、存在していたすべての当事者の間を「漂った」だけであり、旋風に吹き飛ばされてしまったからである。一六一三年、ロシアは救われ、再生の途上にあったが、過ぎ去った年月の与えた教訓は統治する者にとって二重であった。すなわち、国家は、その全土において強力でなければならないこと、妥協の時は過ぎ去ったこと。国境の警備に当たり、強力なロシアを決して受容できない外部世界の脅威に対する防壁となるのは国家の責務なのである。すべてのロシア人は、この果てしない国境と、その背後に陣取る強力な隣国を眺めながら自らの脆弱さを共感し、騒乱の時代が終わると、国家の回りに結集する必要を納得するようになる。祖国を救うために彼らを立ち上がらせた国民的激発は、これ以後、かってないことだが外部世界を前にして恐れと猜疑心を抱かせることになる。自らをより良く防衛するという内向きの傾向が強まる。危機のさなかで国民を結集させる役割を演じたことで、この内向性は勝ち誇っていた。教会もこの傾向を強めることに貢献した。ロシアは正教の国であり、隣国はカトリックであるか、プロテスタントであるか、イスラム教なのだ。ここに、隣国を恐れる絶好の理由があるではないか？

大いなるジレンマ――ひとつの民、ふたつの文化

十九世紀にあれほど影響力のあった親スラブ派の思想家たちが、騒乱の時代とそこから引き出すべき教訓について分析するならば、無政府状態に対する秩序の勝利はロシア人自身のなせる業であり、ロシアの民こそ真の国家の救済者であり、その政治体制の創設者なのだ、と結論付けることだろう。民とその文化、これこそ思想家たちのお気に入りのテーマの一つであるが、同時に、ロシアの抱える大問題の一つでもあるのだ。親スラブ派学者たちが民族と同一視するこの民は、本当に民族の核心であり歴然たる代表なのか？　騒乱の歳月は、一六一三年以前にはまだ感知し得なかった一つの民族のるつぼの役割を果たしたのか？　十七世紀の始めには死滅することが約束されていたロシアだが、一六一三年に、ほとんど奇跡的に復活したロシアの将来についての重要な議論がそこにはある。

　この質問に回答を試みるには、この国に現代が幕開けとなる当時のロシアについて、より掘り下げた視野をもつことが肝要だろう。古きロシアの遺産とは何か？　キエフと北部の公国を起源とするロシア、モンゴルの支配下にあった暗い数世紀のロシア、そして最後には騒乱の時代のロシア、それらは、この時期に誕生した現代ロシアにどんな遺産をもたらしたのか？　本当にヨーロッパから排除され、アジアに根をおろしていると見なされるロシアなのか？　あるいは、二つの伝統と、二つの歴史の間に揺れる一つの国なのだろうか？

　まず、ロシアを西洋から区別するのはビザンツ帝国のキリスト教を選択したこと。ヨーロッパ東部

のすべての民衆に及ぼすビザンチン教会の影響は決定的だったからだ。だが、ビザンツ帝国のキリスト教に帰依したことは、だからといってロシアがヨーロッパに無縁であることを意味しない。ビザンツ帝国もまたヨーロッパなのであり、ギリシャ・キリスト教の遺産と、アテネを経由するローマの遺産の双方の受託者でもある。キエフ公国は、全ロシアのキリスト教化の起源となったところだが、少しもアジア的ではない。ひところ最初のロシア国家の起源となったと主張されていたヴァレーグ人、もしくはノルマン人が、そうではなかったにせよ、九世紀以来この地域に存在していたのであり、彼らがキエフ国に仕えることでスカンジナビア世界の伝統をたぶん持ち込んだのだろう。キエフ公国が政治的、文化的に開花していた時代に、キエフ公国の王子たちは一度ならずフランスやドイツの公国と婚姻関係を結んでいる。キエフのアンナの例が最も有名だが、それだけに止まらない。このことからしても、キエフが最も輝かしかった時代、ヨーロッパ各地のプリンスたちの目にキエフは決して異質の世界に属しているとは見えなかったのではないか？　ここで強調しておきたいのは、ヨーロッパ大陸のほぼ全土に広がったローマ帝国もロシアの国土にまでは達しておらず、ローマ世界の法の概念もロシアにまでは浸透していなかったし、他の地域と同じような痕跡をのこしてはいない。創成期のロシアに欠けていて、他のヨーロッパ地域と共有していないものは、法についての同じ概念であろう。ここでも忘れてならないのは、キリスト教への改宗が、ビザンツ帝国という間接的経路を通じてであっても、ロシアは、遅ればせながら全ヨーロッパ人と共有の遺産に参加していることだ。現代ロシアの言語を生み出したスラヴォン語も、ギリシャ語の痕跡を深く残している。ギリシャ語の表現とギリシャ的思考の影響は、十二世紀の偉大な聖者キリル・ド・トゥーロフの雄弁術に見いだされる。これを見ても、この時代のロシアのキリスト教徒のエリートたちが高い発展段階に達していたことを立証している。ギリシャ・ビザンチウムの伝統を受け継いでいるキリルの例は、ヨーロッパの共通の文化に無縁な人物と見なされるだろうか？　たぶん、この創成期のロシアの宗教的、ヨーロッパ的文化は、モンゴル人の侵入と二世紀にわたる彼らの支配により絶滅させられたのだろう。だが、モンゴルの支配が弱まり始めた中世のロシアには、西洋に対する愛着が継続していることを示す兆候が再び現れていた。

完全断絶の期間の後、ヨーロッパとのつながりが恒常的に保持されたのは、宗教生活のおかげだった。中世ロシア最高の宗教人であるラドネジの聖セルゲイの場合がそうである。彼はごく自然に西洋の偉大な聖人であるアッシジの聖フランチェスコを引き合いに出しているが、それは、彼が聖フランチェスコの愛と謙虚さを共有していたからである。同時代の西洋同様、宗教問題はロシアでも知的生活の中心を占めている。ノヴゴロドなど国の西部地域で発展する宗教運動の源流は、聖セルゲイの弟子あるいはその後継者たちである。西洋と同様だが、ただより少ない程度に、これらの宗教運動はある種の合理主義の刻印を残しており、改革の精神によって動かされていた。ロシア教会内部での大討論は、この時期、君主と教会の関係といった政治問題や、教義問題に及ぶことになる。西ヨーロッパにおけるように、中世期にはロシアでも建築術が発達する。当然のことながらビザンチウムに建築術の多くを負っているけれども、外国人の建築家、とくにイタリア人建築家に助力を求めたために、十五世紀のさなかに、西洋流建築とロシア流建築の間に橋渡しができている。タタール人に対する勝利は、早くからロシアの君主たち——イワン一世がその筆頭である——は、できるだけ速やかに西洋流建築芸術の実例と技術を導入することを望んだ。モンゴル侵略による断絶期間にもかかわらず、ロシアは早くも中世時代から、西ヨーロッパ全体をとらえていた芸術運動に臆病ながら合流する文学的、芸術的表現法や考察を提示している。従って、精神的側面が古きロシアにその特殊性を与えているのでもなければ、そのためにロシアがヨーロッパの発展の後塵を拝しているわけでもない。十七世紀初め、ロシアを特徴づけているもの、そしてその延長線上でロシアの発展を圧迫しているものは、国民意識の遅れである。発端は、この広大な国土上に真の国民を誕生させることの困難さだった。国家と国民の関係は、いつの時代にも政治学の専門家たちを魅了してきた。だれもが双方にはそれぞれ未来があることを認めている。しかし、同じ出自ではない。しばしば国家は、国民の助力なしに出現する。時として、諸国民は国家の祝福なしに構成される。だが、通常、国民についての現代の概念は、国家がすでに先在することを想定しており、国家が国民の出現と飛翔を助ける条件を創り出す、とする。ロシア国家は、歴史の流れにつれて試練にさらされたにもかかわらず、久しい以前から存在してきた。モンゴルの支配下にあった幾世紀もの間、占領者による国家の廃絶は、国民の発展に有利な国民感情の高まりを惹き起こすことができた。この高まりは存在したが、しかし、ロシアの政治風景から長いこと国民は不在だった。現代ロシアの時代が到来したとき、ロシアの中に生きていた社会は一つの国民を構成するには程遠かったが、西ヨーロッパのいくつかの国では、諸国民が急速に発展を遂げた。この時間差にはいくつかの理由があるが、そのうちの二つは、とりわけ重要である——

まず挙げられるのは国家と社会の間の距離である。

西ヨーロッパでは、二つの実体は早くから結合しており、共通の企図の回りに一体化していた。たしかに、この企図のイニシアチブを取るのは国家だったが、社会の意志と結び付いており、いわばその意志を几帳面に解釈したものでさえあった。十字軍を率いたのはフランスの諸王だったが、その戦いの正統性を確信した人民を集めた軍隊が主体であり、国家を体現する君主と、その人民との一致を強固にすることで、国民意識の形成を早めることに決定的役割を果たした。ヨーロッパの空間を覆う中世の大聖堂の数々は、たしかに国家を指導する者が建造を望んだが、そうすることで彼らは自らの正統性を確保するために必要とする神に感謝したのである。だが、もし民全体がこの共同の努力に参加しなかったら、もし建築家と建設労働者と石材職人の才能が結集されなかったら、そしてまた、全員の祈りと、こうした大計画が必要とする物質的面での連帯感がなかったら、綿密な計算と均衡に基づいたおどろくべき傑作を天に向かってそびえ立たせることができただろうか？　こうした壮大な集団的企画は、人民を君主の回りに結集させた。だが、人民を君主と一体化させたわけではなく、国家がとるべき方向を示した精神と行動の共同体に所属しているとの意識を持たせたのである。

こうした共通の企画は、ロシアの歴史には欠如していた。十字軍の陰りもない！　確かに、タタール人から解放されるために成し遂げた努力はあった。しかし、初めのきわめて短い期間には、諸公たちはお互いライバル意識を燃やして、自分に都合のよいような取引をしてハーンの保護を求め、自らの権威を打ち立てようとした。一方、人民のほうは、各方面からの圧力を受けて、こうした打算には乗れず、計画の立案者たちと一体化することはできなかった。十五世紀に国土が解放されたことは、確かに、モンゴルに対して軍隊を送り込んだ諸公たちの功績だった。モスクワ大公国のドミトリー・ドンスコイ公は反乱の先例を示した。彼が反乱に立ち上がることができたのは、内政面での指導力に絶対の自信を持っていたからだ。彼がタタール人に対する戦いで守ろうとしたのは、彼の他の諸公への権威であり、ロシアの将来の主人としての地位だったのであり、人民ではなかった。国家の建設は、とてつもない大計画だが、社会のらち外で実現したのであり、社会の激発の結果としてではなかった。

ロシアの民は、自らが関与できるような計画がなかったために、国家を体現する者たちとは無縁であると感じていた。これは、国家そのものが民にとっては無縁だったのと同様である。統治する者と権限が行使される側の人間の間の距離は、もう一つの要素によってさらに拡大されていた。それは、ロシア国家権力の内部で、その定義においても行使においても、外国からきた概念と人々が占めている部分がかなり大きかったことである。こうした外来の人々は民には無関心だった。ロシアはロシア人によって占められている北西部のドニエプル河周辺の空間は、たしかにスラブ人の土地だった。しかし、国家は、その形成過程のさまざまな段階で外国の影響を重く受けていた。キエフの創設者をヴァレーグ人であるとするノルマン理論は排除するにしても、彼らからある種の影響を受けていたことは否めない。ビザンツ帝国からきたキリスト教自身も外部からもたらされたものと認められている。当時のスラブ人はアニミストであり、古くから彼らの出身地の土地に深く根差している実践行動や信仰に結び付いていた。キリスト教は彼らにウラジーミルによって押しつけられたのであり、そのウラジーミルは力によって民衆の信仰から神々を引き離してしまった。このキリスト教なるものは、当初は地域信仰のたんなる変種として受け入れられたのだろうか？　たしかに否である！　モンゴル人たちは、彼らが放逐された後に設立されたロシア国家に彼らの痕跡を残しているのであるが、権威なるものについてのロシア的概念には全く無関係だった。モンゴル人の中央集権化への意志とロシア農民の放浪精神の間には相互理解の可能性は少ない。モンゴル人を放逐した後、イワン三世が当時西ヨーロッパで流行していた芸術的なフォルムをロシアに輸入するために外国人建築家の力を借りた際、ロシア農民は、彼らが慣れ親しんだ木造の教会がしだいに消滅してしまい、石造の建物が続々と建設されることに当惑した。石造建築はたしかにウラジーミルにあるドルミシオンの大聖堂を生み出した古い伝統を受け継ぐかに見えたが、「イタリア風の」装飾に至っては建造物にロシアでは見慣れない全く別の性格を与えることになる。モンゴル人が彼らの支配を押し付ける以前には、ロシアの国家権力は、そのモデルを西洋またはビザンチウムに求めた。モンゴル人による支配が終焉したとき、ロシアの君主たちは以前と同じ執着心をもって、ロシアを外部に向かって開くために、進歩のシンボルであるとされていた政治上、芸術上のモデルを輸入し、これらのモデルをロシアに根付かせることのできる人々をも導入した。

　ロシアが自分たち固有の才能の表現であると堂々と主張できるものは、イコンの芸術である。イコン芸術はモスクワに、スズダルに、ノヴゴロドに展開し、ルブリョフあるいはディオニシー*といった人々が真似することのできない芸術の高みにまで押し上げることになる。たぶん、イコンそのものもビザンチウムからキリスト教とともにロシアにやってきた輸入品だったのだろう。だが、ロシア人たちは早くからビザンチン流伝統に変更を加え、新しい工夫によって独自の芸術を創造した。大衆が文盲であった幾世紀もの間、イコンの具象的な表現は、民衆の意識の中でかなりの役割を果たした。イコンによりロシアの民衆は、キリスト教の教義の基本的要素を会得したのである。たしかに、教会が創った文学作品もロシア独自のものだった。しかし、それらを手にできるのはエリートたちだけだった。もっとも、単純化された作品のいくつかは教会でのお説教を通じて民衆にも届いたことだろう。

＊アンドレイ・ルブリョフ（一三七〇―一四三〇）。ディオニシー（およそ一四四〇―一五〇二）。いずれも、その時代の優れたイコン画家として知られる。

外界からのさまざまな影響、しばしばそれらを伝達するエリートたち、そして全ての人々の意識に訴えることのできるロシア固有の諸要素との間に生じる緊張関係から、一つの結果が導き出され、ロシア社会の統一に長いこと重くのしかかる。すなわち、このロシア社会を全体としてとらえた水平的文化と、国家及びそのエリートたちの垂直的文化もしくは高度の文化との間の断絶である。

ロシアの民衆文化は、現代ロシアにも存続している古きロシア文化そのものだが、たぶん、大いなる豊饒さと魅力を持つことは疑いない。多様な民俗伝承はロシアの広大な大地を反映して叙事詩的な物語や歌、農村社会の労働の日々を語る大衆小説を集大成したものであり、世代から世代へと伝承されて来た。示唆に富み、感動的でもあるこの古き民衆芸術は、諸文化の序列から言えば、真に傑作と目されているものと同列に置くことはできない。だが、どこでも、そして常に民衆芸術は歴史的存在価値を持っている。というのも、それは人々の生活に伴うものであり、同時に民衆の伝統や信仰という垂直的文化を豊かにすることに貢献して来たからだ。その代わりに、エリートたちの文化は、この水平的文化を次第に豊かにし、変革して行き、ついには両者を結合させるに至ったが、だからといって民衆文化を廃することになしに両者を結合させ、高度の文化を生み出した結果、社会全体がそれを受け入れることになるのだった。こうした相互作用はロシアでは起きなかったか、起きたとしてもわずかだった。その理由はたぶん、長い間、ロシアのエリートたちは、社会の他の部分に閉じられた偏狭な階層として留まったために、農民世界出身の新参者を自分たちの間に取り込むことで民衆文化を豊かにすることができなかった。これらのエリートたちが仕える国家そのものもまた、民衆の側に橋を投げかけて権力の概念とその基礎にある諸価値について教え込むことを試みなかった。国家は、その権威を社会に及ぼすことに満足して、みずからの努力に社会の構成員を関与させる意図は全くなかった。ロシアではいくつもの文化が並行的に発展したこと、民衆がそのことで得をしたことも、これで説明がつく。そこでは水平的文化が人間活動のあらゆる領域に浸透し、それら活動に意味を与え、その周囲に社会的結合力を確保しようとした。したがって民衆は、より推敲を重ねた別の文化を探し求める必要はなかったのである。民衆文化と高級文化の間の溝は、ロシア人の生活に恒常的に存在している。こうした溝が永続したからこそ国民意識が進展しなかったのだ。国家の存在は、ロシア人に、みんなが同じ枠組みの中で暮らしていることを示した。だが、そのことだけでは同じ共同体に所属しているとの意識を造り出すには不十分だった。

政治的組織化についての集団意識の遅れは、近代ロシアの歴史の上に極めて重くのしかかってきた。ロシアは、モンゴルのくびきの苦難にさらされ、そこから解放され、再建に取り組まざるを得ず、動乱の時代を越えてもなお再建にかかわっている間は、国家の命運を政治的に担った人々によって達成された努力の成果は、社会にとって理解しやすく、受け入れやすかった。いずれにせよ、権力を握っているものたちは、全ての人間集団の存在が必要とする基本的要求を確実に満たす責務を負っていた。すなわち責務とは、その独立を保証すること、諸活動に合わせて組織された枠組みを与えること、その結果として政治体制を樹立すること、ではなかったか？　だが、古きロシアが消滅し、新しい国家が外部世界と比較されるのに十分なほど強力になり、ロシア社会の遅れを推し量り、力と発展を付与する必要性について決定を下すべき時代においては、統治する者たちが取り掛かっている革命的といえる試みに社会を参画させることが緊急であり、至上命令でもあった。社会は、導かれようとしている道が分かりやすく、容易について行けるものであれば、彼らを指導する権威を受け入れる気になるものだ。しかし、それまでの習慣やメンタリティーが断絶することは、いつの時代でも苦痛に満ちたものであり、留保や反抗さえも引き起こし兼ねない。一六一三年に誕生したロシアでは、権力と、その安定性、継続性の問題はようやく解決し、新王朝の歴代君主にとっては、ロシアが近代国家になるために必要な権力の行使と社会生活にもたらされるべき急進的変化が最大の問題になる。

二つの疑問点がこの問題の底にある。まず、世界におけるロシアの位置についての疑問である。ヨーロッパとの関係はいかにあるべきか。ヨーロッパの国なのか？　ヨーロッパとアジアの間のかけ橋なのか？　いかなる大陸にも、知られているいかなるモデルにも帰属させることのできない国なのか？

ついで追いつくこと、の問題である。ロマノフ王朝のすべての君主に宿っていた確信があるとすれば、それは、まさにロシアの遅れを「取り戻さなければならない」ということだ。歴代君主のだれもが、ヨーロッパのたどった歴史の流れを知らなかった訳ではない。だれ一人、ロシアがミスした発展段階の重要性を過小評価してはいない。ルネッサンス期がそうであり、エリートたちはこの時期のすばらしい開花をノスタルジーをこめて見守った。宗教改革もそうであり、聖職者たちはその反響を感じとり、時としてそこから教訓を得ようとし、模範例として留めようとさえした。

国家、そしてエリートたち、すべてにとって、いや社会にとっても、「前方への飛躍」の時がついに告げられ、ある者たちは、その緊急性に気付いていた。だが、そのような変化のための諸条件が完全に理解される以前に、ロシアはまたもや、ロマノフ王朝の当初の二人の皇帝による統治という暫定期間を経験しなければならなかった。これら二人の君主は、みずからの任務として、改革ではなく、国家の独立と、政治体制を強化することを課した。ほぼ平穏だったともいえる彼らの統治は、新生ロシアの輪郭を描き出し終えたが、しばしの間、やがて彼らの後継者であるピョートル大帝がロシアを急激な転換に巻き込む時期の到来を包み隠すことに貢献するのだ。

第五章　移行——帝国ロシアへ向かって

ロシアの偉大な歴史家のひとり、ミリューコフ*は、ミハイル（在位一六一三―四五）とアレクセイ（在位一六四五―七六）の二人のツァーリの治世だった十七世紀を、過去の慣習は依然として残っているものの、続くピョートル大帝の改革の時代である未来がすでに胎動している「移行の時代」と呼んでいる。

＊パーヴェル・ニコラーエヴィチ・ミリューコフ（一八五九―一九四三）。歴史家。政治家。主著『ロシア文明史概論』。立憲民主党（カデット）の創立者。二月革命後、臨時政府で、一時、外相をつとめる。

ある王朝の始まり――国家と教会を混同

二つの治世は、それぞれ三〇年あまりと比較的長期間だったことで、ロマノフ王朝の当初の君主たちに国家を強化し、ロシアに新たな展望を開く可能性を与えた。

歴代皇帝のうちの初代であるツァーリ・ミハイルは、極めて困難な条件の下で権力の座に就いた。当時、国内の混乱は頂点に達し、王座の踏み段にひしめき合っていた候補者たちの正統性について態度を明らかにする者はだれ一人いなかった。国家は荒廃していた。モスクワと他の諸都市も戦火にさらされ、もはや廃墟でしかなかった。国庫は空っぽであり、国家は破産状態にあった。モスクワ大公国の国境線では、永遠の敵であるポーランドとスウェーデンが鉾を収めようとはしなかった。こうした惨憺たる状況に対応するのに、見つかったのは弱冠十六歳の若者で、彼のひ弱な肩にのしかかる途方もない任務に何ひとつ準備されていなかった。途方に暮れ、孤立無援の皇帝はたちまちゼムスキー・ソボル（全国会議）とボヤールたちのドゥーマに頼ったのであり、ありそうなことだが、自己の権限に制約を加えることにさえ同意してしまったのである。

一六一九年、ポーランドに捕虜として捕らえられていたツァーリの父親がモスクワに帰還したことは、政治体制の展開にはっきりと結果をもたらした。一五八九年以来、ロシアではモスクワに総主教の座が置かれたが、その初代は総主教ヨブだった。ツァーリの父親フィラレートも総主教に任命され、大君の称号を付与された。それ以降、公式文書はツァーリと総主教の双方の名前で作成され、二人とも同等の身分の大君と呼ばれた。たちまち教会と国家の混同がまかり通るようになった。それは、再生しつつあるロシアのアイデンティティは、皇帝にとってもその国民にとってもロシア正教が基準となっていたからである。宗教は、こうして、同時に国家意識を発展させる要因であると共に君主を正統化する方法であり、その臣民との絆だった。ロシアとその政治体制にとって、教会は、双方にとって不可欠なイデオロギー上の基盤をもたらしていた。このことから、君主が、すべての政治的社会的法令を練り上げるのに教会を全面的に関与させた説明がつく。十七世紀のロシアにおいては、現世の領域と精神的領域は分離されておらず、この点で、宗教改革以前から宗教と世俗権を分離させようと意図した西洋の体制と決定的に異なる。近代ロシアの当初において、国家と君主の人格とその合法性の宗教的性格は、近代ヨーロッパでの発展に後れを取るロシアの「時間差」の項目に記載されるべきものである。

だからといって、遅れは無気力を意味しない。政治の領域では新米であったにせよ、ミハイル皇帝は、政府と共に火急の問題を処理する術を心得ていた。コサックたちとは和解したが、その代償としてスウェーデンとの戦いに参加する義務を課した。一六一七年、この連携の効果は目に見えて現れた。すなわちストルボヴォで調印された和平協定であり、その結果、スウェーデン人によって占領されていたノヴゴロドと北部諸州をロシアに取り戻した。だが平和の代償は、大国ロシアにとっても無視できないものだった。というのも、賠償金の支払いを受け入れざるを得なかった上に、フィンランド湾岸に位置する領土を失ったからである。ロシアの永遠の野望である海への出口は、またもや封じられた。

ポーランドとの戦いはもっと長期間にわたった。というのも、ここでは大きな野望を抱いていたのは敵側ポーランドであり、モスクワ大公国側が少しでも弱体化の兆しを見せると、たちまちポーランドの野望をかき立てたからである。ポーランドのヴラディスラフ国王は一六一六—一七年、モスクワを制圧しようと試みたが失敗に終わり、次いで、自分にとって極めて有利な取り決めを結ぶに至った。というのも、彼はスモレンスクとロシア西部の一部を手中に留めたからである。ロシア人の捕虜たち――その中には未来の総主教フィラレートも含まれていた――は、こうした交渉の結果、釈放された。このことは、確かにロシアにとっては大いに満足すべきことだったが、領土の喪失を補うべくもなかった。けれども、後述するが、大規模な捕虜たちの釈放は、ロシア人としてのメンタリティーを発展させることで現実に後遺症を残すことになる。ポーランドは一六一八年の協定にもかかわらず依然として脅威であり、ヴラディスラフ国王はロシアの王座を征服したいとの野望を抱き続けていた。彼がそれまでに征服した領土は保持しつつも、年来の野望をはっきりと放棄したのは、二年間にわたる新たな戦争の後の一六三四年になってからだった。

ミハイル皇帝は、隣国との和平のためには領土上の犠牲を払ってもやむをえないとすることを外交の鉄則としてきただけに、南部でも同じような行動を取ることを試みた。しかし、ドン河流域のコサックたちは、皇帝にもっと大胆な態度をとることを強要した。この作戦は当初こそ成功を収めたが、やがてロシアは後退を余儀なくされる。コサックたちは独自のイニシアチブで戦い、アゾフ海に面するアゾフの砦をトルコ軍からもぎ取り、トルコ軍の度重なる反攻にも持ちこたえた。彼らは忠誠の証しとして砦を皇帝に差し出した。突然、皇帝は、彼にとっては前例のないジレンマに直面することになる――トルコとの戦争の危険を冒してまでアゾフの砦を併合するか、それとも、バルチック海では苦杯をなめただけにロシアがあれほど待望してきた海辺の拠点をみすみす放棄するのか、である。とるべき態度に躊躇した皇帝は一六四二年、ゼムスキー・ソボルに諮問したが、そこでは代議員の大半、特に都市部からの代議員たちは、トルコとの対決の危険とアゾフを保持するための軍事的、財政的代価を理由に併合に反対した。またもや、海への足掛かりを持つという夢がついえた。代議員たちにとっては、平和と経済再建のほうが重要だとする論が勝ったのだ。

こうした政治的慎重さが、しばしの間、モスクワ公国から外的危険を遠ざけ、国境における平和は、すでに確立された国内秩序を強化した。これらこそミハイル皇帝の選択がもたらした幸運な結果であるが、領土を失い、野望を忘れ去ったことの代価が高いものであったことは言うまでもない。だが、こうした英知も国庫を立て直すには程遠かった。皇帝は公債を乱発し、新規の租税を創設したので、社会不満をつのらせ、やがてそのつけが回って来ることになる。結局のところ、この種の措置は実効を持たず、一六四五年に皇帝が死去したとき、国庫は、彼が一六一三年に王座に就いたとき同様、絶望的なまでにからっぽだった。

あれほど当初は困難だった皇帝の治世を総決算するなら、内外の平和の探求と獲得であったと要約できるが、決して容易なことではなかった。だが、国家における教会の役割がかなり進展したときでもあった。最後には、この時期から国王の人格と権威についての宗教的ともいえる性格という考え方が重きをなした。灰燼から再生しつつあったロシアの生命を支えた国家宗教的イデオロギー——ここで「イデオロギー」という言葉を使用することが許されるならばだが、ほかに言い換える表現があるだろうか——がこの時代に形をなし、十八世紀まで存続する。このイデオロギーは、続くピョートル大帝に、近代世界の中で調和しないロシアの異質ぶりを際立たせてきた国家体制と、ほとんど聖職者的性格を帯びていた権力の行使ぶりからロシアを容赦なく引き離そうとする意欲を与えることになる。

西方への開放の意欲

一六四五年、初代のロマノフ王朝皇帝が没したとき、その継承は一六一三年の騒ぎを再現するかに見えた。ミハイルの息子である新皇帝アレクセイは優男のあだ名があるが、彼もまた弱冠十六歳に過ぎなかった。彼は、父親が敷いた路線にロシアを保持するべく運命付けられているように見受けられた。聡明で、極めて敬虔であり、教会のあらゆる典礼を厳格に守ることに注意を払う人物であるこの優男には、刷新者の面影はない。しかし、彼が受けた教育の産物であるこうした特徴——彼はもともと総主教の孫ではなかったか？——の陰には、西洋に強い好奇心を抱く人物が潜んでいた。そこからおのずと生まれる方向や選択の道は、後にピョートル大帝が望んだ急激な変化を容易にすることになる。

アレクセイの治世は三〇年余りだが、すべての面でコントラストに満ちている。

第一章は、先代の治世に逆戻りする。すなわち、財政上の困難とその社会的結果である。いかにして国庫を満たすか？　国家を機能させるのに必要な資金をどこに求めるか？　永遠の解決策である税金と新税の徴収に頼らざるを得ない。塩に対する課税は、欧州全体でもそうであったように挑発的だと受け取られ、人民大衆の怒りを買った。教会が喫煙を禁止していた煙草についても同じである。皇帝の顧問たちは、そこからかなりの税収を得られるとして市販を決定した。いずれの場合も民衆はいきり立った。税金を上乗せされるだけでなく、教会の禁止令に公然と違反するよう求められたからだ。善悪をはっきり言うところと見なされていた教会だが、原則としては平等であると見なされていた二つの権力の間で教会が優位を占める傾向にあり、当時は特にそうだった。次いで、新たな財源を常に模索するアレクセイは一六五六年、純銀の貨幣に代えて銀に銅を混ぜた合金の貨幣の鋳造を決めた。不幸にしてこの作戦は激しいインフレを招き、その余波で一六六二年に民衆の暴動を引き起こした。人民はまた、皇帝の取り巻き連中の間で汚職がはびこっていることに憤激した。あまりにも若年で皇位に就いた皇帝は、融和的で意志が弱かったからである。こうして増大する民衆の不満は、一六四八年のモスクワ暴動を初めとする大都市での一連の暴動を引き起こしたが、なかでも特にノヴゴロド、プスコフなどの住民は、かつて地方権力が自治権を享受していた時代の生活のことを忘れてはいなかった。

　暴動に次ぐ暴動で、ロシアはついに一六七〇年、重大な試練を迎えた。ドン河流域のコサックの頭目ステンカ・ラージン*は、それまではボルガ河下流域やペルシャにまで至る略奪遠征を繰り返していたが、にわかにボルガ河上流域を目指し、その道すがら農民、現地部族、都市の細民を扇動して「貧者の革命」を宣言し、富裕層や地方権力への不服従の責務を掲げた。彼の軍団は道すがら同調者を巻き込んで厚みを増し、シンビルスクに到達するころには二万人近くに膨れ上がっていた。だが、権力の打倒を目指したラージンだったが、その権力との対決は、彼にとって不利な結果に終わる。中央政府が反乱軍鎮圧のために派遣した正規軍は十分な装備をしていたのに比べ、彼に従った不満分子の寄せ集めである軍団の装備は貧弱（コサックの銃、部族のサーベルから農民の長柄の鎌まで）であり、規律を欠き、反ツァーリの神聖な団結のはずが、お互いの利害が対立していた。一六七一年、ついに政府軍が勝利を収めた。中央政府軍はステンカ・ラージンを捕らえ、将来の反乱分子への見せしめとしてモスクワで公開処刑にした。

＊ステンカ・ラージン、本名ステパン・ティモフェーヴィチ・ラージン（一六三〇—七一）。ドン河流域の下層コサックの出身。

だからといって、この運動の重要さを過小評価するのを控えよう。人々の記憶を新たにする歌や物語が何よりの証拠だが、ステンカ・ラージンは、たぶん悪党であるにせよ集団の意識の中では、なによりも貧民と被抑圧者の反乱の指導者であり続けた。彼こそ長い反乱の歴史に最初にその名を刻印した人物なのだ。反乱者たちは、彼らの行動によって、苛酷な収奪で民衆の生活を容赦なく悪化させた権力を指弾し続けた。貧しい人々の目に、ステンカ・ラージンは、不幸の中での友愛と反乱の正当性を体現してきた。つまるところ、彼はロシアの大衆と現地の諸部族を彼の運動の中で結集する術を心得ていたのであり、彼の〈行動〉は帝国の周縁地域で被征服民族の解放を訴えた最初の呼びかけと受け取られるのだ。一九一七年の革命の中で、二世紀半前にステンカ・ラージンによって実現されたプロレタリアートと植民地の被抑圧民族の連合が広く、たびたび言及された。

国庫を満たすこと、民衆の度重なる蜂起を抑圧することという目標を挙げるだけでは、皇帝アレクセイがロシアを新時代に適合させようとした努力を要約することにはならない。一六四九年、アレクセイは帝国法典（ウロジェーニエ）をまとめたが、これは一五五〇年にイワン雷帝が練り上げた法典以来のモスクワ公国の諸法令を整理する最初の試みだった。このロシア法体制の全面改訂が進歩を示していることは、疑いの余地ない。法典は、ばらばらの慣習法、地方の自治主義、地方によっては採用していた外国からの法規の借用などを一掃した。こうした調整は不可欠だった。数十年後、ピョートル一世がとりかかる近代化を準備するためである。多種多様な集合体を体系化することなしに、いかなるヒエラルキーもなしには、ロシアの抱える法的・行政的無政府状態は拡大する一方だったからだ。この一六四九年の法典は進歩を立証するものであり、一八三五年まで効力を保つことになる。

だがアレクセイの治世を画することになる二つの出来事が国の将来に重荷となってのしかかる。すなわち、ウクライナのロシアへの併合であり、総主教ニコンによる宗教改革である。

ヨーロッパに向け踏み出した一歩――ウクライナ併合

一六五四年、ロシア南東部全体の均衡を脅かす宗教危機と内外での紛争のあげくにウクライナはモスクワ公国と統合したのであり、しばしば用いられる「併合」という用語はここでは不適当である。国の将来という問題が提起されたとき、ウクライナはポーランドの支配下にあった。二つの事態がそこから由来する。まず宗教問題である。正教の国ウクライナで、カトリックの国ポーランドは一五九六年、ユニアト教会（東方帰一教会）――すなわち東方教会の典礼と慣習およびスラボニア語を保持するカトリック教会――を創設することで正教徒のローマへの合同を推進した。以来、二つの教会がウクライナでは共存することになった。ポーランドに支持されるが現地社会には異質なユニアト教会と、迫害されるが依然として信徒の支援を受けている正教会である。

こうした教会の分裂は、ドニエプル河沿岸のコサックにも広がる。彼らは常に騒乱を起こすので、ポーランドは彼らをよりよく統括するために二つの陣営に分けた。一方は公けの「登録」方式により、身分と政治的自治権を認められ、優遇された。もう一方は、低い身分に落とされた。ポーランド政府は、第一グループのコサックがウクライナでのポーランドの政策を支持し、ユニアト教会に力を与えることを期待したが、コサックたちは支持をためらった。屈辱的な扱いを受けた第二グループのコサックたちは、カトリックとポーランドに反対する敵対派農民の側にくみした。そこから絶えざる混乱が生じ、反乱と鎮圧が多発して強烈な反ポーランド感情をかき立て、ついにはすべてのウクライナ・コサックを「民族派」かつ正教徒陣営に走らせた。

一六四八年、度重なる蜂起が容赦なく鎮圧された後に、コサックの頭領の一人ボフダン・フメリニツキー（一五九五―一六五七年）は「ウクライナ解放戦争」を開始する。彼は、いつでも軍事的冒険になら参加して自分たちの立場を強化しようとするクリミア半島のタタール人を引き込む。周期的に蜂起したウクライナ人は、正教の大国ロシアに統治権をウクライナにまで広げるよう要求した。最初に要請されたのは一六五三年ミハイルだった。次いでアレクセイも要請されたが、自国の所領をいささかなりとも失いたくないポーランドとの戦争を回避するために、幾度となくウクライナ側の申し出を拒否した。しかし一六五三年、この問題を討議するために招集されたゼムスキー・ソボルは、いかなる高い代償を払おうともウクライナをロシアの保護下に置くことを決断するよう皇帝をつき動かす。

ロシア人がそうしたように、ウクライナ人も自分たちの将来を真剣に討議することなしには決定しなかった。一六五四年一月、ペレヤスラフで軍人、地方権力の代表を集めた議会（ラーダ）は、ウクライナという国の地理的位置と文化を考慮に入れて最も賢明な将来の解決策について論議した。三つの国に取り囲まれているウクライナは、独立を保持できないので、保護者を必要とした。ポーランドを選ぶことはローマ教会中心のキリスト教に参加することを意味する。トルコを選ぶことはイスラム教徒からの圧力を意味する。残るはロシアと正教だ。ラーダのメンバーたちはモスクワとの結合を選び、皇帝アレクセイに忠誠を誓った。ポーランドにとっては、受け入れがたい選択だ。敵対行為が再開されると、ロシアの立場は危うくなり、スウェーデンはこの情勢に付け込んで戦闘に参加した。

ロシアは間一髪のところで災難を逃れ、一六六七年に至って、当時の困難な軍事情勢からすれば予想以上に有利な講和をポーランドと結ぶことに成功した。ドニエプル河がロシアとポーランドとの国境となることにする。ロシアはドニエプル河の左岸に位置するウクライナ領を取得し、ポーランドは右岸を取得する。この講和条約の最も目覚ましい点は、キエフの地位を巡る部分である。ロシア・キリスト教の発祥の地として名高いキエフは、ドニエプル河の右岸に位置しているにもかかわらず、以後二年間はモスクワの管轄下に置かれる。キエフにしても、一三年間だけツァーリに譲渡されたスモレンスクにしても、これらの年月が経過した後も、取り決め通りにポーランドに返還されることはなかった。一六八六年、ロシアとポーランド間の条約は、最終的に二都市をロシアに帰属させることを決めた。こうしてロシアの過去と現在がついに一体となったのである。

この合併の後、何ひとつ簡単になった訳ではない。ウクライナは依然としてトルコが食指を動かしている領土であり、皇帝アレクセイと彼の後継者たちは、そこでロシアの存在を確固とするために、トルコ軍と一六八一年まで戦わねばならなかった。さらに、ロシア併合の父であるコサックの頭領（ヘトマン）ボフダン・フメリニツキーが一六五七年死去したとき、ウクライナ人たちは内部分裂を起こし、ある者たちはペレヤスラフでの選択を問題視した。権力抗争の一環でもあった。ロシア擁護派とポーランド擁護派、さらにはトルコとの連携派さえも登場して長年にわたり抗争を続けることになる。しかし、ロシアにとっては、ウクライナは帝国の貴重な延長であり、一六五四年以降は、モスクワでは、だれ一人ウクライナ問題を再燃させることを受け入れる者は居なかった。ウクライナ問題で確固たる態度を取ったこと――他の問題では逡巡しがちだった皇帝アレクセイも一貫していた――は実を結んだ。その背景に、彼の「西洋派」傾向があったことは説明がつく。

常にヨーロッパに幻惑されていたこの皇帝の目には、ウクライナとの結合は、ヨーロッパと地理的に接近することを意味していた。なぜなら、この結合は、ロシアの知的面での発展に大きな結果をもたらしたからである。ウクライナでは、ロシアの権力は、複雑で極めて多様化しているウクライナ社会を、社会的には発展が遅れているロシアに統合を図るという問題に直面した。新たな国境を防護し、騒乱が継続する領土で平和を保持することは、軍事的手段でも、行政面と金銭面での支援でも高くつくことが明らかになる。ロシア自身もまた、頼りにできる同盟者を選ばねばならなかった。モスクワの権力は、コサックの頭領たちが農民を隷従させるのを手助けしたが、農民の反乱という代価を支払わねばならなかった。

だが同時に、ロシアはウクライナで、すばらしいエリートたち――聖職者、軍人、行政官――を発見し、たちまち自己の権力機構の中に組み入れてしまった。ロシア人の同僚に比べると、これらのウクライナ人は全員が極めて西洋化していた。政府機構の中で、軍隊で、ロシア人と交じり合うことにより、彼らはヨーロッパ的なアイデアと慣習をロシア人にもたらしたが、特に、それまで幅を利かせてきたロシア的概念の均質性と特異性をぶち壊してしまう政治原則をもたらした。

正教会もまた、近代化を目指すウクライナの聖職者たちの影響を受けた。ウクライナの聖職者たちは、正教の一大センターであるアトス山と、西洋のすべての偉大な知的、精神的潮流に開かれた精神が支配的だったコンスタンチノープルに結び付いていたからだ。合併した時、キエフは一大神学センターであり、その名前からしても傾向を暗示するスラヴ・ラテン・アカデミーのような諸機構を持っており、新思潮をロシアに普及していた。これらの諸機構はロシア人学徒を養成しており、そこで教育を受けた学徒たちはまた、ロシア帝国の中心部に、それまで知られていなかった西洋思想を直輸入した。その代わり、ウクライナもまた、ロシア化しつつあるエリートたちによって、ロシア人のメンタリティーを変革する格好の道具の役割を果たした。

しかし、ウクライナが貢献した西洋化、近代化もロシア社会全体にまでは到達しなかった。エリートたちのメンタリティーを変えさせはしたが、ロシア社会の奥深くは、こうした文化的展開には無縁だった。そのもたらした結果は二重構造である――

一方では、こうした「垂直的」文化が大衆の民族伝承や習慣を豊かなものにする代わりに、ロシア社会の大部分の「水平的」文化とエリートたちの高尚な文化の間の溝はさらに深まることになる。またもや、ロシア人民は、エリートたちをヨーロッパに向けて開かせ、東洋的文化遺産の拒絶をもたらした変化こそロシア人の出自にたいする裏切り行為であると恨みに思うのだ。

他方では、エリートたちのメンタルな地平線が広がったことはロシア国家の掲げる目標の見直しをもたらすことになるが、同時に、大衆の意識に不安の種を蒔くことになる。十七世紀の終局までは、人民とエリートたちを隔てる心的な距離にもかかわらず、両者の間を繋ぐものが存続していた。すなわち、正教をめぐる合意、全員によって受け入れられている諸価値を伝える共通の言語――聖職者の権威と民族的伝統への尊敬、政治的、社会的保守主義――そして、さまざまな水準で生活様式と過去から受け継いだある種の習慣を共有しているとの意識である。豊かであろうと貧しかろうとロシアは、その衣服も存在の仕方も東洋的ロシアの伝統に基づいていた。そこへ突然、西洋的様式が乱入してきて、庶民を自分にそぐわない精神的、物質的様式と直面させたのだ。当時のエリートたちが、隣国ポーランドが導入に貢献してくれた西洋的生活様式と慣習を模倣する――外観的に、見かけだけにせよ――につれて、ロシア社会は分断され、不変と信じていた宇宙が崩壊するのを目の当たりにして途方に暮れた。当時のロシア社会があれほど深く、永続的に分裂してしまったのは、西方への開放が引き起こした精神的動揺の結果であるが、それと同時に、ロシア正教会がそれまで覆い隠してきた弱点がキエフの影響により白日のもとにさらけ出された結果でもある。

大いなる分離

この分離騒ぎを理解するには、ロシアの独立に向かってのためらいがちな歩みに戻ってみる必要がある。モンゴル人による支配、キエフ・ロシアの大センターのロシア北部への移転、さらにはビザンツ帝国の崩壊は、ロシア正教会を、その本源の影響から引き離してしまった。内向きになったロシア正教会は、第三のローマであると確信して、自らの孤立ぶりを意に介さなかったが、凡庸な教会についての知識は憂慮すべきものだった。この期間を通じて、ロシア正教会は自らが強力だと過信して、自分自身の知的資産だけで生きて行けるし、物質的に満たされ、貴族階級の領地を常に侵食しているのだと思い込んでいた。この孤立と、ある種の無知の結果は以下のようなものだ――ギリシャ語からの誤訳とスラボニア語からの単純な誤記が典礼書にちりばめられており、典礼にも奇抜さが入り込んでいた。十六世紀初頭から、学識のある修道士がそれを是正しようとしたが、成功しなかった。だが、十七世紀には、こうした教会の怠慢は、ロシアの状況とそぐわなくなっていた。領土的拡張は小国モスクワ大公国を帝国に成長させ、唯一の正教大国にロシアという国土の境界を越えた宗教的責任を付与した。帝国の威信、教会の権威は、規律の回復にかかっていた。すでにロマノフ王朝の初代皇帝はこの問題について懸念しており、これに対応するための委員会に委ねていた。典礼書の文章や典礼そのものを大々的に改変することを決めるのは皇帝アレクセイの仕事だった。

新しい総主教ニコンは一六五二年に選出された。彼の意志と皇帝のそれとがあいまって、この問題を議事日程に乗せた。総主教の計画は、実のところ謙虚なものだった。彼が意図したのは、聖典の文章の真実を回復すること、典礼の改革にとりかかること、いささか注意力散漫な聖職者の威信を回復すること、だった。ニコンの提案が広く知れわたるに及んで、国中が沸き立った。一六五四年、一六五六年と続いて開かれた二つの主教会議は、総主教の救援に乗り出し、学識のある修道士たちが彼の見解を支持するためにキエフとアトス山から呼び寄せられた。しかし、総主教反対派は、論争に招集された宗教当局者の意見を聴くことを拒否し、モスクワ大公国の宗教を彼らに伝えられたままの姿で保持する意志を表明した。それ以外は、異端であり、ニコンと皇帝が代弁者である反キリストの試みに由来する、と彼らは断言したのだ。

ロシアでの宗教論争は、当然のことながら、読者に夢物語と響くことだろう。ロシアの一般大衆の中で、都市のエリートたちの間でさえも、いったいだれが、ハレルヤを二回、あるいは三回唱えることに賛成か、反対か、さらに十字を二本指で、あるいは三本指で切るのか、について正当に意見を表明できるだろう？　ここで問題になっているのは、たしかにキリストの二つの本性、あるいは三位一体についてであるが、改革を拒否する者たちも三位一体は受け入れており、他方、教会もまたキリストの二つの本性を認めている。実際、改革支持派と反対派の間には教理上あるいは教義上の相違はないが、双方の間には大きな混乱が存在していたのであり、一六五八年にニコンが皇帝と決別したことでさらに深まった。

この時、国家元首と教会の長との間で起きた紛争は、総主教の傲慢さによって引き起こされたものだった。彼は総主教の座に就いたとき、皇帝アレクセイの寵愛を受けており、皇帝はかつて総主教フィラレートが呼ばれたように大君に任命した。だが、ニコンは、ロシアの権力について、正教の世界では通用していなかった独自の見解を発展させた。彼は、国家に対する教会の優位を、つまり皇帝に対する総主教の優位を主張したのだ。もはや皇帝アレクセイも、これを容認できなかった。正教会もまた、自己の権限を過大視している総主教を我慢ならなかった。正教会は一六六六年、一六六七年と二回にわたり新たに主教会議を招集した。主教会議は、改革については承認したが、ニコンに対しては、改革の精神と自己の意志とを混同しており、ひいては皇帝の座を奪おうとしていると非難し、彼を罷免する必要があると結論した。ロシア人に残されたのは、主教会議の決定に屈服するか、それとも正教会と決別するか、の選択だった。

分離――ロシア語でラスコル――は、決定的となった。「古信者たち」（古い信仰もしくは古い儀式の信奉者）は、全面対決の態度を取り、完全に行き詰まりとなった。迫害され、司祭も教会組織も奪われ、法的な死か自殺に追いやられ、避難先の僧院を守るために武器を取って戦った彼らは、最も知られた例である長司祭アブクム*の例に倣って、比類のないヒロイズムを身をもって示した。彼らを非難した主教会議が一六六六年に開かれたことからして、どうして彼らが屈服できようか？　数字の上から明らかなように、すべての聖職者の会合を支配したのは、まさに反キリスト主義ではなかったか？

*長司祭アブクム。二度にわたって教会から追放され、一六八二年に火刑台上で処刑された。

初期の分離派の子孫たちは二〇〇〇年現在のロシアにいまだに生存しているが、この分離主義については、いくつかの論評を要する――

第一に、ヨーロッパにおける宗教分離運動の歴史の中での、その特異性である。ロシアでの分離主義は、キリスト教徒である民衆から沸き起こった変革への欲求に耳を貸さなかった教会権力に対する信徒たちの反乱であった宗教改革とは、まったく反対のものだった。ロシアの分離主義は、それとは反対に、信徒たちの反乱は、正教会によって提案された改革に対する根源的な拒否に根差していた。この違いをどう説明したらよいか？ より全般的な説明によって、この疑問を部分的にではあるが説き明かすことができるのではないか？ モスクワ大公国の伝統から生まれた保守的で儀式を重んじるロシア社会が、ロシアを西方に向けて開放することが引き起こした激動に態度を硬化させたのだ、と言えるのではないか？ 忘れてはならないことだが、ラスコルとはロシア固有のものであり、ウクライナ人にとっては異質なものであった。

第二の論点について述べる――議論が激烈であったことと、両陣営とも一歩も譲らなかったこと。たぶん、西洋においても、改革は激烈で暴力的だったのだろう。しかし、ロシアにおける改革支持派と反対派の対決で特徴的だったのは、双方の過激主義であり、いかなる妥協をも排したことである。さして重大ではない問題点についても、ニコンは、教会側の人間であるにもかかわらず、そしてコンスタンチノープルの総主教さえも、彼に、同輩に対してはもっと思いやりをもつべきだと勧めたにもかかわらず、いっさい譲歩を拒否した。ニコンは、改革の精神についてと同様に、その文言についても闘い、この混同ぶりが彼の失脚をもたらした。「古信者たち」は宗教的内容そのものが問題にされているわけではないにもかかわらず、ひたすらモスクワ大公国の伝統に固執したが、このことは、ロシアにおいて、いかなる変革への試みに対しても絶えずブレーキをかける不変の保守主義が存在することを立証するものであり、これこそ変革の推進者たちをしてモスクワ文化を破壊するために暴力に訴える道を選ばせた。ラスコルと、それが原因で十七世紀半ばのロシアで起きた対決のかなたにあるのは、ロシアを改革することがいかに困難であるかという現実の姿だった。だが、ここでロシアで起きた大激変の社会学的様相に場所を譲るとしよう。これこそ、将来にその結果が及ぼす影響の広がりを説明するからである。伝統擁護派は、単なる強烈な保守主義者だったわけではない。彼らの間からは、十八世紀初め以来、高名な家系や企業家集団を輩出しており、そうした人々の活動こそ当時から、そして続く世紀にロシアの経済発展に決定的な役割を果たしたのである。ロシア北部に定着した「古信者たち」の共同体は、その地に正真正銘の市場と手工業センターを創り出し、そこで流通経済を発展させ、相当な富を築き始めた。後になると、繊維工業――十九世紀の産業発展以前にはロシアの最重要産業だった――の大半は「古信者たち」の手に握られることになる。彼らは外国から機械や技術者を導入することによってロシアをヨーロッパの技術と技術者に開いた。ここにラスコルの大きなパラドックスがある。信仰の面では狂信的なまでに保守主義の擁護者だった彼らは、経済の面では並外れた近代化主義者であることを示し、ロシア経済に目覚ましい推進力を与えることになるのである。それを越えて、彼らは、ロシアを最も極端な近代化の道へと開くことに貢献することになる。二十世紀への転換期に、印象派の傑作絵画を次々に取得したロシアの大商人たちは、ラスコルの英雄たちの子孫だったのだ。例えばモロゾフ家がそうだ。しかし、彼らは、経済的な成功にもかかわらず、古信者である彼らの祖先たちの宗教的選択に常に忠実であることを示すことになる。

こうした分離主義のポジティブな面に比べると、根本からネガティブで、将来に重くのしかかる結果をもたらす二つの側面をここに挙げねばならない。「古信者たち」は権力に迫害され、火刑台の脅しにさらされ、疎外された結果、あらゆる不満分子の隊列に合流し、みずからの孤立によって、文化間を隔てる距離にもかかわらず保存されて来た社会の構成要因を断絶させてしまった。他方、分離主義は、社会で最も勇気があり活動的な分子の排除を招くことで、公式教会から多数の信者を離反させるが、実はこうした信者こそ、教会に対して、社会とその深い願望に開放を望む気風を吹き込むことができたのだった。教会はそうした願望を受け入れず、狭量さと不寛容さによってますます硬直化してしまった。教会には、続く数十年間にも、教権と世上権の共生に終止符を打つときが来たと国家が決定する事態に直面する備えがいささかも無かった。

皇帝アレクセイの治世は、これまで見て来たように、決定的な展開の痕跡をとどめている。さらに彼の功績として、彼が奨励した二つの路線を挙げるべきである。すなわち、ゼムスキー・ソボルに対する君主の権威の強化と、西洋との関係拡大である。二つの展開は、ロシアにおける政治の在り方とメンタリティーの近代化を準備するものだった。

ゼムスキー・ソボルについては、これまで幾度も述べてきたが、詳しい説明に値する。この議会は、三つの部会を集めていた。すなわち勤務貴族、聖職者、一般貴族だが、通常は都市住民の代表をも含み、時として農民代表も含まれる。会議は、皇帝の要請で招聘されるが、彼が国家全体にとって必要だと判断した問題について皇帝と討議するためだ。三部会は先ず、部会毎に討議するために集まり、次いで全体会議がひらられた。その人数は二〇〇人から五〇〇人と変動があり、そこではいつでも公務貴族が重きをなしていた。これについては、フランス革命前の旧体制下での三部会を考えればよい。

イワン雷帝は、彼の改革案もしくは帝国の拡張について討議するためにゼムスキー・ソボルを招集するのが常だった。会議は一六一三年にはツァーリにミハイルを選び、ロシアの新しい王朝にロマノフ家を提案した。ロマノフ王朝の初代皇帝も会議を最大限に活用し、彼の任期中に懸念を呼んだ財政上の問題や、ロシアの国際関係に関する問題を規則正しく議会に提出した。皇帝アレクセイは、この「土地会議」の場で彼の新法典や帝国内で発生したトラブルについて討議したが、ウクライナをロシアの支配下に組み入れることについては、会議に圧力を行使して決定させた。しかし、この国家の代議機関を招集する慣例はしだいに失われた。ピョートル大帝は無視したし、女帝エカテリーナは立法委員会を設置して、彼女自身の改革案を推進した。

ゼムスキー・ソボルは、したがって、モスクワ・ロシアの歴史に属するものであり、帝国の歴史にではない。それが消滅したことは、専制政治体制が進歩したことを立証している。領土の奪還の時期と動乱時代の後に、歴代ロシア君主たちは国民と、つまり国民の代表と折り合いをつけることを迫られたが、会議の代表は、政府により任命された十六世紀を除けば代表選出制を享受したので、提案したり、決定する権限を付与されていた。そのような訳で、一六四九年制定された会議法典の出発点は、ゼムスキー・ソボルのイニシアチブだった。ウクライナをロシア帝国に併合したときも同様で、皇帝は、ロシア領土の拡大よりもロシア・ポーランド間の危機を回避することに心を砕いていたので、併合に気乗り薄だった。従って、ゼムスキー・ソボルが自らの意志を押し通せると考えていたころは、アレクセイと彼の後継者たちは、できるだけ会議のイニシアチブを削り、選出議会の圧力を抑制することを望んだ。フランスの歴史でも同様な現象が起きたのではなかったか？　すなわち、三部会は、十七世紀初頭から一七八九年の革命までの間のほうが、より結束していたのではなかったか？

皇帝アレクセイのもう一つの特徴で後継者たちに受け継がれたのは、ヨーロッパに対して絶えず好奇心を抱いていたことだった。アレクセイはポーランドから、ウクライナから、スウェーデンから芸術家と職人たちを呼び寄せ、交易を奨励した。こうしたロシアへの来訪者は、すべて、ロシアにヨーロッパ的な慣習や知的影響を持ち込んだのだった。一六五二年、ツァーリは、外国人たちにモスクワのとある街区に住みつくことを奨励したので、そこは「ドイツ人街区（ネメツカヤ・スロボダ）」になった。彼が死んだとき、そこには約一万五〇〇〇人のさまざまな国籍の外国人が住んでいた。死の少し前、アレクセイは宮廷内に劇場を創設し、その監督をドイツ人宣教師に委ねた。そこでは、時としてロシア演劇も上演されたが、特に外国の演劇が上演されたので、次第にロシアに浸透して行った。企業精神旺盛な人々が英国から、スウェーデンから続々と乗り込んできて、モスクワにガラス製品工場や、最初の金属工場を創設した。アレクセイのヨーロッパの王室との繋がりがいかに強く緊密だったかを示すために、皇帝は、ロンドンでチャールズ一世*が処刑された後、報復手段として英国商品のボイコットを命じた。首をはねられた国王をしのんでの連帯感情の現れだが、それ以上にヨーロッパの王制への思い入れが強いことを示すものだった。若いロシア人を「異端の国」で勉学するために送り出すアイデアも示された。後にピョートル大帝が実現させることになる。

*チャールズ一世（一六〇〇―四九）。英国王。清教徒の議会と対立、清教徒革命を引き起こす。戦いに敗れ、裁判にかけられ、斬首刑に処される。

西方からやってきたこれらの外国人と接触して、モスクワのエリートたちは変化した。彼らは、ロシア正教会が禁止している喫煙や、嗅ぎたばこの吸引を覚えた。人々は髭を剃ったり、髪の毛を短くしたり、時としてヨーロッパ・モードから着想を得た衣服を着用するようになった。こうした影響は、たしかにモスクワや、開けていることで評判になっている一、二の都市の域を出ていなかった。しかもその影響は、エリートたちに限られ、ロシアの一般大衆は、こうした「異端の」風俗に怖じけづいていた。こうして一般大衆とエリートの文化の間に存在していた溝はしだいに深まり、外部に示す行動や物質文明の違いは、ロシア社会をますます分裂させることになる。モスクワ大公国が近代的なロシア帝国にその座を譲ろうとしているまさにその時に、国家全体を発展させるためには社会を結集する必要があることは歴然としていた。その課題を負うことになるのは、ピョートル大帝である。

第六章　近代ロシアの始祖——ピョートル大帝

ロマノフ王朝初期の国王たちと異なり、ピョートル大帝は、直系によってでも、平和的にでも、王冠を手に入れた訳ではない。この点について、ヴォルテール*は、こう書いている——「まさに功労の代償としてである。その際の帝国の利用の仕方は、最も文明化した国々の慣例よりもはるかに優れたものだった」。ピョートル大帝は、長男でもなければ、皇帝アレクセイの跡を継いだツァーリで早世したフョードル三世の先妻だった女性の嫡男でもなかったが、ともかく彼は目覚ましい才能の持ち主であった。ところが、後継者として序列の第一位にあった人物（異母兄弟のフョードルのこと）について、ヴォルテールはさらに次のように書いている——「すべての点において、天に見放された人物だった」。ピョートル大帝が本当に王座に就いたのは、しばらく異母姉（ソフィア・アレクセーエヴナ）と王座を共有した後であり、次いで、影響を受けやすく、悪い取り巻きに囲まれていた母后（ナタリア・ナルイシキナ）と共有した後のことだった。一六九四年、二十二歳のときにようやく国家の頂点に立ち、始まったばかりの彼の親政に刻印を残すことになる路線を確定する二つの目覚ましい方策を実施した。すなわち、帝国としての国力強化と、ヨーロッパに向けての開放、だった。すでにこの時に始まり、以後一貫して彼の優先課題となる路線である。

＊ヴォルテール（一六九四―一七七八）。フランスの啓蒙思想家。専制体制や教会に対して、鋭い批判の目を向けたことで知られる。フリードリッヒ大王、エカテリーナ二世らにも影響を与えた。多くの著作があるが、『カンディード』（一七五九）、『ルイ十四世時代史』（一七五一）が有名。

幸運な治世の始まり――二つの勝利

母后の死去後、ただちに王座に着いたピョートル大帝は、依然としてトルコが支配するアゾフの要塞攻略に乗り出した。ツァーリ・ミハイルがいったんは断念したいわくつきの攻撃目標である。この砦こそミハイルに、黒海への道を開くはずだった！　ピョートル大帝は、野心に欠けていた彼の前任者たちが手をつかねていた領域で、ついに勝利を収めたのだ。

彼にとって、三重の意味で象徴的な意味をもつこの勝利は、国民の集団意識の中に、たちまち例外的な位置を彼に占めさせることになった。先ず、アゾフを征服したことで、ピョートル一世は、それまでロシアに重くのしかかって来た地理上の不運を打ち破った。それまでは大陸の強国でしかなかったロシアは、ついに海洋強国になったのだ。ロシアはたちまち、対外遠征に欠如していた艦隊をもつことになった。ロシア社会は、目の前に開けている野望の対象地域が突然拡大することで勝利に沸き立った。だが、アゾフ奪回はまた、トルコとイスラム教に対する復讐であり、ビザンツ帝国破壊に対する一種の反撃でもあった。つまるところ、かつてロシアが機会を逸してしまったのだが、宗教の回りに人民と国王を結束させる十字軍の再現だった。最後になるが、モンゴル人に対する最後の、決定的な成功でもあった。モンゴル人こそ、ロシアを西洋からと、ヨーロッパの発展の重大な時期から切り離したことで、ロシアの歴史から二世紀半を収奪した元凶だからである。全てのロシア人は、これらの暗い世紀にこそロシアが絶えず追いつこうとした遅れの原因があることを理解していたし、片時も忘れることはなかった。こうした「追いつくこと」の第一段階が、まさに、失われていた独立の回復であり、アゾフ要塞の奪取もその到達点だった。この勝利に際して、若き君主は人民の心と正教会の同意を勝ち得ていたに違いない。二つの切り札だが、後に、そのいずれとも彼の近代化政策は衝突することになる。

だが、ピョートルは、彼の計画の全体像を描き出す以前に、彼の意図する西洋に向けての開放と結び付いた、もう一つの成果を達成した。一六九七―一六九八年に、西欧に送り出された大使節団である。

君主の例としては、これまでに、このような使節団に自ら参加した例はない。ロシアのツァーリであるピョートル一世は、お忍びで、身分を隠してヨーロッパ歴訪に出発した。彼に随行したのは二五〇人で、彼同様に、西洋がロシアに教えることのできるもの全てについて学ぶためである。彼は全ての国を訪れ、国王に、ブルジョワたちに、普通の職人たちに会ったが、どんな経験をも見逃すまいと懸命だった。このおどろくべき大旅行の果てに、彼はロシアに八〇〇人以上――主としてオランダ人――を連れ帰り、ロシアに役立たせ、ロシア艦隊の建造を手伝わせ、ロシアがまだ知らない技術を教えさせた。ピョートルは、ロシアの遅れに手厳しい評価を下した。つまり、ロシアが停滞している間にヨーロッパが達成した全てのこと、二つの宇宙を隔てる溝の深さ、そして、「文明」世界に「追いつく」ためにロシア国民が払わなければならない努力の無限さを思い知ったのである。外国滞在から、彼は、眼前にある外国の姿への畏怖感と、ロシアの野蛮な面を全廃しようとする確固たる意志をもち帰った。手初めに取り掛かったのは、ロシアの後進性の外観を一掃することだった。

すでに、アゾフ奪取と西欧視察への出発の間にも、ピョートルの臣下たちは、「ロシア的特徴」なるものがいかに彼の気に障っていたかを垣間見ることができた。彼は外国人たちと一緒にいることに喜びを見いだし、彼らと同じような服装をした。ピョートルは、外国に旅行するときも商人の服装をした。たちまちロシア人民と教会は憤った。君主にふさわしい格好もせずに世界を旅行するとは、いったい彼は君主に値するのか！　君主がドイツ商人に見まがうばかりの格好で、しかも外国語でしゃべるとは、いったい王冠に何の意味があるのか？

その憤激の度合いがまた一段と高まったのは、帰国して間もなくピョートルが、ロシア人の生活で際立った外観上の特徴に情け容赦ない戦争を宣言したときだ。彼は、彼に会いに来たボヤーレ（貴族）のひげを自分自身の手で切り取り、聖職者および農民以外ひげをたくわえることを禁止した上、ひげを保持する者たちには特別税（いわゆるひげ税）を払うか、時として危害を加えられるとの罰則を課した。

ピョートルはまた、ロシア人の伝統的な服装であるカフタン（襟なし、長袖の長いゆったりした衣服）の着用を禁止し、その代わりにドイツ風衣服の着用を押し付けた。違反者に行き会うと、彼自身の手で長い裾を切り取った。彼は出掛けるときには必ずかみそりと鋏を携行し、ともかくロシア風のもの全てを目の敵にした。ピョートルの改暦で知られるように、彼は、暦を改変し、西洋で流行していたキリスト生誕を起源とする暦を採用したし、公式にたばこ販売を許可した。

アゾフ要塞奪取の輝かしい思い出にもかかわらず、臣民の生活習慣を変えさせようとするピョートルの高圧的なやり方は、ロシア国内に困惑と怒りさえも引き起こし、ロシア社会に恰好の噂話を提供した。すなわち、彼は、フョードルの息子の皮をかぶったアンチ（反）キリストではないのか？　もっと悪いことに、ロシアの敵どもが西欧大旅行中のツァーリを誘拐して殺害し、偽物のツァーリにすり替えたのではないか？

ヨーロッパに出現した新たな大国

盛り上がる敵意にも、噂にも、そして極端な苛酷さで抑圧したいくつもの陰謀にも無関心そのもので、ピョートルは、さっそく根本問題に取り掛かった。ロシアの後進性である。だが、このロシアの後進性を打破することを目的とした諸措置について検討する前に、それらの背後にどんな論理があるのか、考えてみよう。ピョートルは、改革の全体像について一つのビジョンを持っていたのか？　それとも、諸改革そのものが、ロシアの国力を発展させようとする――すなわち、戦争遂行手段を備えようとする――彼の意志そのものがもたらした結果なのか？

戦争は、確かに、ピョートルの治世を通じて続き、真の意味での平和が訪れたのは一七二四年の一年間だけで、そのほかに時の流れの中で、ここかしこに数カ月間の休戦の時期が散らばっている程度だ。

ピョートルが西欧大旅行から帰国した後に始まった一連の戦争の中で、最初の戦争がスウェーデンに対するものだった。南下政策以前に、彼は、ロシアの敵国それぞれについてその重みと、勝利の暁にはロシアの国力に決定的な利点をもたらし得る紛争がどれであるか、子細に検討した。ロシアに禁じられているもの、すなわち海が、常に海が彼の構想の背後にあった。その鍵を握っているのが、トルコとスウェーデンの二カ国だった。アゾフ要塞がロシアの手に入り、条約によって所有が保証されると、ピョートルはトルコ戦線を放棄して、今度はスウェーデンに立ち向かった。宿敵スウェーデンこそ、彼の戦争意欲をかき立てる恰好の相手となった。当時、王座に就いたばかりのスウェーデン国王カール十二世は弱冠十五歳にすぎなかった。ピョートルは、そのような敵を手っ取り早く打ち負かし、バルト海を手中に収めることができると思い込んでいた。だが、敵王は若年ではあるが軍事面では天才であることを彼は知らなかったために、ナルヴァの戦いでは敗戦に次ぐ敗戦の打撃を被ることになる。そのカール十二世がロシア戦線から身を転じ、より重要視していたポーランドを攻撃するという大誤算を犯さなければ――そのカール十二世は敵ポーランドを過小評価していた――ロシアは敗戦の痛手から決して立ち直ることはできなかっただろう。ピョートルはこの機会を利して兵力を立て直し、スウェーデン側が無防備のまま放棄していたフィンランド湾に向けて進攻した。一七〇三年にサンクトペテルブルクを、一七〇四年にはクロンシタットを創設することで、ロシアは北西部とリボニア地方（バルト海東岸地域を指す）への地歩を固めて行った。その一方で、ピョートルは、自らの征服をさらに広げるための艦隊を急造する挙に出た。

この成功は、短期間に終った。その理由の第一は、ポーランドの抵抗が終息したので、カール十二世は対ロシア問題にかかり切ることができたからである。また、ロシア国内でも、過去にもそうであったように反乱が相次いで対外戦争の推移にまで脅威を及ぼした。アストラハンで、次いでドン河流域で、最後にはボルガ河流域で反乱が相次いだが、それらの反乱を指導したのは、こちらでは近衛兵であり、あちらではコサックであり、さらにはバシキール人たちだ、という具合だった。こうした反乱は、中央権力から広大な領土をもぎ取った。続発した反乱の原因となったのは、さまざまな不満が結合したからだ。ある場合は、改革反対派と中央政府の暴力の犠牲者となった人々との結合である。他の場合は、「古信者」とステップ（草原地帯）での迫害から逃れた農奴たちの結合だった。さらには、ロシア流の生活様式を押し付けられることを拒否した外来人たちが結束したこともあった。一七〇五年から一七一一年にかけて、ピョートル大帝は、これらの反乱を同時に鎮圧せねばならず——彼は、限りない残忍さで臨んだ——、同時に、スウェーデン軍の攻勢にも対応しなければならなかった。彼を救ったのは、カール十二世の首尾一貫性のなさだった。スウェーデン王は、モスクワに向けて進撃する代わりに、ウクライナに休養を取りに出掛けたが、彼は、そこで首長マゼパ*の指揮するコサック軍団によって兵力を増強した上でモスクワ攻略に取り掛かるつもりだった。またもやコサックたちがロシアの将来の審判をつとめるはずだった。だが、マゼパに従う者はわずかしかいなかった。確かにコサックたちは、少しもツァーリのことを好きでなかったが、スウェーデン人のことがもっと嫌いだった。おかげで、ポルタワの会戦で両軍が決定的な対決をしたとき、ピョートルは過去の敗戦の屈辱を晴らすことができた。四万の大軍を率いて二万八〇〇〇足らずのスウェーデン軍と対峙し、敵を圧倒した。こうして海に到達する道がついに開けたのである。だが、まだ何一つ、勝ち取った訳ではなかった。ポルタワの会戦後、わずか一年足らずのうちに、トルコがロシアに対して宣戦布告した。休む間もない戦闘で疲弊したロシア軍は、この新たな敵に包囲され、ピョートル自身も間一髪のところで逃れたのだった。こうなると敵側と交渉せざるを得ず、アゾフ要塞を返還し、南方艦隊保持を断念せざるを得なかった。この手痛い敗北は、ツァーリをして戦争を放棄させるどころか、さらに戦争努力を北方に向けて、つまりバルト海に向けさせることになった。そこではスウェーデン軍に対するロシア海軍の優位性を誇示することができ、フィンランドを圧倒したので、勝利を重ね、ついには一七二一年のニスタット講和条約によって、スウェーデンに全面敗北を認めさせた。ロシアは、バルト海に快適な足掛かりを獲得した。あれほど夢見ていた有名な「海に面した窓」である。

＊イワン・ステパノヴィチ・マゼパ（一六四四―一七〇九）。スウェーデン王カール十二世と連携してロシアから離脱を計ったが失敗、亡命する。

これら立て続けの戦争は、驚愕するヨーロッパに、第一級の強国が大陸の西に出現したことを見せつけた。ニスタットで和平が結ばれた後、ピョートルは、元老院から大帝の名称と皇帝の称号を受けた。ロシアは、こうして帝国になった。

国力強化のための改革

だが相次ぐ戦争は、結果としてヨーロッパにおける政治的均衡をくつがえしただけではない。ピョートルが思い描く軍事的野心に見合うだけの国内改革を彼に強いることになった。当時、彼が取り組んだ諸改革は、基本的には近年の紛争の中で浮き彫りにされた人的および財政的必要から生まれたものだった。この問題は、しかし、決して新しいものではなかった。モスクワ公国が、ついでモスクワ国家がロシアの領土を広げるにつれて、どの君主も認めざるをえなくなった。すなわち、ロシアは、そのような強大さも、増大する一方の領土的野心に見合うだけの軍事的手段も持ち合わせていないことだ。オスマン・トルコ、タタール人、ポーランドのいずれにしても、対決した相手は、けっして軍事的にロシアより良い装備をしていた訳ではなかったが、それでも対決の結果は、ロシアにとって、しばしば惨憺たるものだった。ピョートルが王座につく以前から、この問題のために任命された調査委員会は、ロシアに近代的軍隊を備えさせるための最良の方法はなにか、論議していた。

戦争と領土拡張を自己の権限を確固たるものにする手段としていたピョートル一世にとっては、この問題は、ことさら重大さを帯びていた。彼は、自らに課された第一の任務は、果てしない国境線の防御と自らが企図した作戦を成功裏に遂行することのできる常設軍をロシアに付与することだとしていた。彼の功績として、先ず何よりもこの野望の実現を挙げねばならない。一七二五年、彼が病没するとき、ロシアは二一万人の常設軍を保有するまでになっており、さらに一〇万人以上のコサック兵もしくは外国人傭兵と、二万四〇〇〇人の海兵隊を擁していた。ほかに、いかなるヨーロッパの国も、これほど強大な軍事力を持ち合わせていなかった。だが、貧しいロシアに取っては、なんたる負担だったか！

このような兵力をいかにして集めるか？　それらの維持をどう確保するか？　回答は、君主にとって明白だった。国が機能する仕組み全体を改革すべきだ。近代化した国家のみが、富国強兵策の重荷に耐えることができたのだ。こうして、軍事的野望と、国内そして国外とも強力さを持続発展させることと、国家の広大な近代化計画の間に絆が生まれた。この近代化計画こそ、つまるところ一七二五年にピョートル大帝となったピョートル一世の統治を規定した。

改革の問題とは、先ずは、いかにして諸改革を財政的に支えるかの問題である。いかにして財源を得るのか？　この質問には一つしか答えはない。税金。ロシアの人民は、すでに、ありとあらゆる手段で税金を搾り取られていたが、以後さらに、きつく搾り取られた。全てが税徴収の口実となった。ひげ税、養蜂税、印紙代、はては棺桶にまで税を課した！　特に徴税制度は、かつてモンゴル人がロシアに対して課した徴税方式に戻る改定がなされた。さしあたり人頭税であり、だれもこれから逃れられなかったが、所帯当たり、もしくは耕作地当たりに課せられる税金については、ロシア人にはなんとか抜け道もあった。ロシアがモンゴル征服者から解放されると、ロシアの君主たちは、以前の課税方式を再導入した。一七一八年、絶えず財源の必要に迫られていたピョートル大帝は、かつての占領者が設置した徴税方式の利点を発見したのだ。こうなると、もはやだれも厳しい税金の取り立てから逃れることはできなくなった。税金逃れを防ぐために、政府は、かつてモンゴル人がやったように課税の基準となる戸口調査まで組織した。

こうした課税方式の改革は、かなりの反響を呼んだ。まずは人頭税制度は以後、永続的に維持されることになる。また、効率上の理由から、地主たちが耕作農民の人頭税支払いの責任を負うと宣言されたため、小作農民に対する地主の権威を増大させ、農奴制の強化につながった。最後に、戸口調査以後は、納税義務者の目減りを防ぐために、農奴所有者の書面による許可なしには農奴たちは移動できないとする法令が施行された。国内用パ、ス、ポ、ー、ト、制度なるものは、後にロシア帝国を、さらにはソヴィエト体制を特徴付けるものとなるが、その萌芽は、納税者をがんじがらめにしておこうとするこうした当時の規定にあった。このように、住民が中央権力に対して従属関係に置かれる体制には、モンゴル人時代からソヴィエト権力に至るまで一貫した継続性が見られる。

一七一八年以降導入された人頭税［ロシア語でポドシナヤ・ポダチ。年齢にかかわらず、全ての男性人口に個々にかけられる税金］は、下層階級のみを痛撃した。しかし、社会の残る階層も、権力側の厳しい要求にさらされなかった訳ではない。その反対である。貴族たちは十六歳から終生にわたって国家に仕えなければならなかった。貴族たちは、武官と文官に分かれていた。こうした公務に就くべき階層を効果的に使うために、ピョートルは二つの重要な改革を決意した。一つはその教育の確保であり、もう一つは官位を定めたことである。手初めに、官位の等級が拡大された。

十八世紀初頭、ロシアの貴族は、ほとんど教育は皆無の状態が特徴だった。ツァーリは、公務に仕えるロシアのエリートたちと、ヨーロッパの同類の間には深い溝があることを認識して、学校を設置し、貴族階級の子供たちは、国家の任務につく前に、五年間の教育を受けることを義務付けた。この改革により、国家は、それまでの十六歳以上でなく、十一歳以上の子弟を公務に義務付けた。こうした強制的教育の恩恵について、だれもまだ納得していなかったので、この措置は、官職に就くことを義務付けられていた階層の人々にはきわめて不評だった。

第二の改革で官等表（チン）が確立されたが、これは、ピョートル大帝が軽蔑し切っていた無知と保守主義によって立つ貴族階級の伝統的特権をぶち破るためであり、個人的長所と貢献の度合いによって昇進を決めることになる新しい階級に貴族たちをどっぷり浸すためだった。この改革に取り組む前に、ピョートル大帝は、西ヨーロッパで採用されているシステムを真剣に検討した。こうした熟慮から生まれた官等表は、いくつかの原則に基づいていた――

――公務を三つのカテゴリー、すなわち武官、文官、そして宮内官に分割する。それぞれが十四の官等に分けられる。

――武官と文官に分け、それぞれのグループごとに官等と昇格の等級を定める。

――官等表に載っている全ての者は、最下位から始めることを義務づける。

――最後に、国家に仕える平民出身者は、官等表に規定されているある等級の官位に到達することで一代貴族、次いで世襲貴族になる可能性が与えられる。

こうしてエリート層が広がる。ここで、将来のレーニンになる若き日のウラジーミル・ウリヤーノフが、父親および祖父が官位を占めていたことから世襲貴族の称号を声高に要求したことを忘れることができようか？

貴族には官職に就く義務があるからといって、軍務に就く義務を免れる訳ではない。そして、その軍務は変更され、重くされた。兵役制度の改革は、ピョートル大帝の治世下で打ち出された重大な改革策の一つだった。ピョートルは、一種の国民皆兵制度を組織した。いつの時代にも兵役に就かされてきた貴族にとって、兵役義務の新機軸は、終身制であることだ。貴族たる者は、人生の最後まで連隊を去ることはできなかった。全ての他の社会階層——聖職者を除く——も兵役に就かされた。軍隊はまず徴兵を終身制としたが、一七七〇年の制度改革で、兵役を二五年に短縮した。この兵役義務は、徴兵者とその家族を農奴から解放することで償われたが、だがこの措置も、決して徴兵への人気を高めることにはならなかった。ピョートル大帝にとって、徴兵制度には、近代的軍隊の養成に必要な人員を確保できるという利点があった。この点において、彼はヨーロッパ人にとってモデルとなった。ヨーロッパ大陸の他の地域では、兵役義務は、傭兵だけでは十分な兵員を軍隊に供給できなくなった戦争の場合に履行された。全体として、兵役義務の原則がヨーロッパで一般化したのは、むしろ十八世紀末、フランス革命後のことだった。

こうした改革はしばしば不評だったが、それでもロシア国家を変革していった。一七二五年、ロシア国家は、良く訓練され、良く装備された強力な軍隊を保有していた。骨の髄まで戦士だったピョートル大帝は、自ら軍隊のマニュアルの編集や教材の選択に目を配り、軍隊に最も近代的な兵器を供給できる軍事産業の発展を図った。彼は、軍事戦略や装備に関するあらゆる最新の情報に通じていた。

いま一つの重大な変化は、官僚制に関するものだった。官僚の数が増え、官吏たちの教育水準も高まり、よりよく国家に貢献できるようになった。平民出身者たちが大挙して政府官庁に入り、社会階層のレベルを高める可能性が出てきたことは、この時代の大きな利点の一つである。それに伴う昇進や特権を目指して狂奔することが官職に就く多くの者たちを知的に不毛にし、価値ある人間たちを経済活動から遠ざける結果になったにしても、である。企業精神に富む自営業者の階層が存在しなかったことは、たぶん当時は、全ての努力が国家官吏の道を目指して収斂していたことに起因していた。

しかし、ピョートル大帝の改革は、近代的軍隊と国家機関を構成することに止まっていない。国家自身、つまり公的権力と君主の権限そのものをも彼は改革しようとした。そこにもまた、取られた諸措置の全体が、わずか四半世紀のうちに、ロシアに独自の風貌を与え、それが革命に至るまで保持されたのである。

近代化国家

国家も軍隊も機能させることのできる人材を思うままに活用できるようになったピョートル大帝は、もはや前任者たちが掲げた原則に従ったり、彼らが残した諸制度によって統治を続ける必要はなくなった。彼は、近代国家についての概念をヨーロッパに求めることにした。ピョートルがモデルとしたのは、何よりもまずスウェーデン国家であり、それをライプニッツの意見と助言によって補完した。ここでわれわれの眼前にあるのは、モンゴル人を放逐して以来、完全な混乱が国家と君主の関係を支配していたロシアにとっては、革命的といえるビジョンである。近代性を熱望したピョートル大帝は、この混乱に終止符を打った。彼は、君主という人格に対する国家の優位性を確認するとともに、同時に、君主たるものは国家に仕える僕（しもべ）の最高位者であるとした。彼は、国家の行動に前例のない目標を定めた。すなわち、公共財産と全体の利益である。彼の考え方では、国家とは、単に力の道具ではなく、ロシアと社会を変革する特権的な役割を演じるものであり、人々の運命を改善する責務を負ったこの大事業にロシア社会が関与することを彼は望んだ。公共財産と私有財産は、彼の考えの中では、どちらも重要だった。ピョートル大帝は、歴代のロシア君主の中で初めて、社会を彼の行動のパートナーと見なして呼びかけ、全体の利益と個人の利益とは緊密に結び付いており、そのいずれも諸改革の成功にかかっていると説明した。

　彼は、社会にじかに呼びかけ、自分の計画に関心を持たせるために、早くも一七〇三年、ロシア最初の新聞『ベードモスチ』〔文字通りの訳は報知。しかし、ここでは、フランス語訳は、「ガゼット」とすべきだろう。〕を創刊した。驚くべき新機軸であり、国中にめざましい文化的変化をもたらすとともに、特に積年の政治的タブーを打ち破った。国事については、国内、国外を問わず常に秘密にされてきたが、それらが突然、公表された。それ以来、国家および政府の様式も変化して近代化に向かうことになるが、この近代化が結果的に君主の権限を侵食することのないようにされた。なぜなら、これこそピョートル一世の政治計画の二重の特質だったからだ。彼は、ロシア国家が、彼の最初のヨーロッパ旅行の際に丹念に観察した文明開化諸国に似ることを望んだ。だが、同時に、彼は自分の全ての権限を保持するつもりでいた。彼は確かに、専制体制をたえず脅かす民衆の暴動と君主の正統性への挑戦という長い伝統を意識していた。この思いは、彼を常にさいなむことになる。

　ピョートル大帝の前任者たちは、社会から生まれた機構を保持し、時として創り出した。ボヤーレたちのドゥーマであり、ゼムスキー・ソボルである。ピョートルにとって、これらの議会は、あまりにも過去のシンボルであり、組織化された国家の中では存続できるものではなかった。従って、それらは消滅した。空白が生まれたために、そこを新しい機関で埋めなければならなかった。一七一一年、彼は、君主が不在の場合に代行する暫定的機関である元老院を創設したが、それはたちまち恒久化した。国家の最高機関である元老院は一七一二年以降、一〇人のメンバーから成り、ピョートル一世が自分の目と呼んだ宗務総監を介して皇帝に直結した。官庁については、あまりに多すぎ、権限も不明確だったので、一七一七年に九つのコレギア（参議会）に場所を譲った。参議会はよく定義された使命を持ち、省庁――もっともこの呼び名は一世紀後のアレクサンドル一世の治世下で採用された――の体裁を整えていた。

　国土の広大さ、そこに住民によって受け入れられる権力機関を設置する必要性は、ほかに二つの野心的な改革案を思いつかせたが、それらが実際に適用されることはなかった。一七二〇年に採択された市の改革は、当時いくつかのヨーロッパ諸国で実施されていた原則をロシアに導入した。それは、選挙を一般化したものだった。だが、それを実現するには、行動を起こすことに関心をもち、十分に教育を受けた要員を欠いていた。一七一九年の県レベルでの改革は、その骨子は目覚ましいものだった。中央権力を全土に広げるという微妙な問題に対応したものだ。一七〇八年以来、ロシアの領土は県に分けられていたが、効果的に管轄するには大きすぎた。一七一九年には五〇の郡が創設され、それらがさらに郷に細分された。郡や地方の権力機関は、経済発展、教育、公衆衛生の面で、かなりの自治権を持っていた。ここでもまた、地方行政を変革しようとする法令の実施は、さまざまな不可能事にぶつかった。人員の不足、長年の慣習の重しが、ピョートル大帝の意図が直接伝わる中央部から離れるにつれて全てのイニシアチブを麻痺させた。一つだけ、この改革の重要な点を留意する必要がある。それは、行政権と司法権の分離である。

こうして国家の変革を目指した諸措置は、効果のほどはちぐはぐだった。中央国家は抜本的に改変され、その機構上から見ると、ドイツ諸公国あるいはスウェーデンに似ていた。しかし国家の奥深い所では、条文や決定にもかかわらずモスクワ公国の伝統が存続していた。国家と地方諸機関との間の食い違いは、エリートと人民の間に横たわる溝を深めるだけだった。サンクトペテルブルクもしくはモスクワの人々と、ロシアの辺鄙な地方の人々とでは、眺める国家が異なっていた。二つの国家的「時制」が事実上共存していた。ロシアの両首都といくつかの重要な都市では、人々はヨーロッパの多くの国家とほとんど似通った国家の時代に生きており、このことは都市住民を西洋化し、そのメンタリティーと、権力と市民の間の関係についての概念を変えることに役立った。しかし、他の地域では、人々はまだ皇帝アレクセイ時代のモスクワ大公国に生きており、伝統的に慣れ親しんだ国家権力の様式しか知らなかった。国家の頂点で起きつつあった変化について彼らが知ったことは、あたかも遠い宇宙のかなたでの出来事であり、あるいは外国からやってきた堕落に、悪魔の吹き込んだ邪悪に属するものに思えた。

国家に屈服した正教会

正教会に対するピョートル大帝の政策は、正教会と国家の間の関係をほとんど変えず、君主権力の正統性の概念およびその正統性の周囲に、それと共に作り出された国家的統一の概念を際立たせることもなかった。西欧大旅行を終えてロシアに戻ったピョートル大帝は、宗教的寛容さという考えを持ち帰ったが、同国人には本当に理解されず、正教会によっても追随されないまま適用しようと努力した。

ロシアは単に多民族国家であるだけでなく、特に多宗教国家だった。領土拡大と国内改革、中でも前皇帝の治世下の総主教ニコンによる改革の結果である。ピョートル一世は、その気質からして、開かれた精神からして、ごく自然に正教会を憎むようになった。彼は、正教会が保守的で、無知で、教会財産に執着しており、一言でいえば、彼の全ての計画へのブレーキだと判断していた。正教会は、彼にとっては、彼が臣民たちの意識から一掃したいと望んでいた古きロシアのシンボルだった。ピョートル一世は、教会制度を変革する前に、正教会の存続の条件そのものについて真っ向から非難攻撃した。彼によると、聖職者は怠け者で、昔からの特権から利益を得て、全国民の義務である税金も兵役の義務も何一つ果たしておらず、土地と人間の所有にひたすらしがみついている。教会への批判者であるピョートルは、さまざまな教派のキリスト教徒たち——正教徒およびローマ・カトリック教徒——の間に均衡を保ち、それまで禁止されていた混合結婚を許可した。同時に、「古儀式派」との和解にも努めた。それというのも、彼は、彼らが英雄的に迫害に耐え忍んだこと、そして、彼らには企業家精神があることを知っていたからである。だが、彼の努力もむだに終わった。「古儀式派」は、彼が差し伸べた手を退けた。彼らは、自分たちだけが真理を保持していると確信し、彼らの目には、その真理こそあらゆる抑圧や犠牲よりも貴いと映ったからである。

　皇帝が劇的にまで縮小しようとしたのは、国家における教会の地位であった。これを行動に移す機会が到来したのは、一七〇〇年、総主教アドリアンが死亡したときだった。アドリアンは保守的精神の持ち主として知られ、改革に公然と反対した。アドリアンは、これらの改革はロシア正教の良心の精髄そのものを破壊してしまう、と主張していた。ピョートル一世はアドリアンの死去に乗じて後任の総主教の選出を認めず、穏健で皇帝に逆らわないウクライナ出身の大主教を単なる総主教代行に任命し、教会の実務を任せた。この総主教の空席は二〇年間続く。ようやく一七二一年、皇帝は教会の新組織に関する教会条例を発表した。これは、まさに一つの革命だった。総主教制は廃止され、シノド（宗務院）によって取って代わられた。宗務院は、まさに国家の枠内で行動する官僚機構もしくは宗教省である。そのトップの座に置かれた宗務総監は、聖職者出身である必要はなく、大体においてそうではなかった。ピョートル大帝の統治以前は、ロシアにおける権力構造はツァーリと総主教というしばしば同等の重みを持つ二つの権威を並列に置いていたが、しばしば教会が支配した。一七二一年以降、ロシアでは君主というたった一つの権威しか認められなかった。こうしてビザンツ帝国もしくはモスクワ公国の伝統との決別が完了した。それは一九一七年まで継続することになる。奇妙なことに、権力についてのあらゆるロシア的概念を覆したこの措置は、教会当局からも聖職者からも抵抗なしに実施された。

残るのは君主の正統性の問題である。幾世紀もの間、教権と世上権の混同が、それ自体で一つの回答をなしていた。権力の神聖な性格はだれにも受け入れられる原則だった（少なくとも分離まではそうだった。というのも、「古儀式派」は、「真の信仰」の名の下に、分離後は君主とすべての権力の不当性を宣言したからである）。混乱の時期においても、この正統性の問題視は、君主に正統性を否認するのではなく、現在の君主が偽物ツァーリであり、暗殺されたか隠されている本物のツァーリだけが正統な権力保持者であると断定していた。ピョートル時代以前から、繰り返し襲う危機が人間の理性を越えた神聖な性格を帯びる正統性の原則を揺るがし始めていた。皇帝が教会を支配するようになると、教会は、もはや過去のように君主の正統性の保証人では無くなった。その上、ひげを生やさず、西欧流の服装と行動をとり、あっけにとられた臣下の目の前で街中をかけめぐる君主とあっては、神に似た存在ではなくてもロシア風イコンに描かれた聖人たちの宗教画に通じるどこか遠く聖なる人物像をしだいに失ってしまった。

新しい言葉で君主の絶対権力を正統化する理論を打ち出したのは、これまたウクライナ人の大司教テオファン・プロコポヴィチだった。彼は、ロシア最初の政治理論家であり、ともかくグロチウスやその他の理論書から学んでいた。十七世紀ヨーロッパの膨大な書物の山に頼りながら、彼は、絶対政治権力なるものは、超自然でない人間本来の状態にある人間が他の人間たちと対峙するときに不可欠となると断言した。君主とは、ちょうど一家の父親のようなもので、彼が臣下にもたらすあらゆる面での安全と絶えざる進歩から生じるモラル上の権威を備えている、と。このように定義された権威は、人間の進歩の産物であり、自然状態から社会的状態に移行した結果である。もしピョートルが打ち出した行政上の改革の一部が人材と適用する知識の欠如のために死語に終わったとしても、国家と、絶対権力と、君主とその臣下との関係についての概念は、疑問の余地の無い政治的進歩を表している。ロシア社会は、この瞬間から、西洋流の発想によることが否定できない一つの体制に身を置いたのである。

西洋への夢

武人であり、政治家であるピョートル大帝は、西洋化が単なる制度上の問題だけでなく、経済・社会文化の変革をも意味すると考えていた。したがって、彼は軍事産業を奨励するだけでなく、私企業と、国家企業のネットワークを発展させようとした。常にヨーロッパに耳を傾けながら、政府の介入と国内生産の保護とを結合させた重商主義の利点に目をつけた。一七二四年、彼はロシア国内で非の打ちどころのない新機軸を実施した。関税である。彼が奨励したのは、繊維産業、金属産業、鉱山資源開発に及んだ。産業発展を加速させるために、彼は外国人専門家に助けを求め、彼らがロシア国民にヨーロッパとその技術についてより良く理解させるよう計らった。ツァーリ・アレクセイがその道を開いたのではなかったか？　海運業と海軍の構築、運送を容易にするための運河の掘削、これら全てが経済的飛躍をもたらし、ロシアに企業家精神を生み出し、ヨーロッパと交流するもう一つの手段である対外貿易を進展させた。社会をヨーロッパ化しようとする意欲はまた、より近代的な教育制度を発展させるための努力として現れた。一七二五年、ピョートル大帝は科学アカデミーを創設したし、また実業学校を設置するなど、ロシアでの数学と精密科学についての知識を高めようとする絶えざる気配りは、皇帝ができるだけ早くヨーロッパが持っている知識を国内に取り入れ、同時に一般大衆にも基礎的教育を身につけさせようと望んでいたことを示している。だが彼の目には、知識だけが全てではなかった。彼は、国民に西欧的な外観を強要した。洋服、刈り込んだひげや髪の毛、である。国全体が彼の命令に従った訳ではなかった。しかし、彼の死後も、公務員や都市住民は「ヨーロッパ・モード」に従っていた。

ついにロシアには、将来へのモデルとして一つの都市がそっくり提供された。ピョートルはバルト海の海岸に帰着した途端、そこに新都市を建設し、ロシア国家の政治的文化的中心を移すことを決心した。自然の地形もさえも彼の描く夢に敵対的であるにもかかわらず――なぜなら、だれが当時、湿地帯に将来のサンクトペテルブルクを建設できると思っただろうか――ピョートルは、全ての障害を無視して、この気違いじみた計画をたゆみなく遂行した。宮廷、国家の諸機関、知識のセンターが新しい首都に移転された。新しいことに取り組もうとする全ロシアがそこに拠点を置き、礎石の一つを拠出する形で貢献を迫られた。森に覆われた国であり、木造建築に巧みで、石造建築は例外的だったこの国で、なんたる挑戦だったことか！　基礎杭で覆われた沼地に出現したイタリア風の都市は、古きロシアからの断絶を目に見える形で示すしるしだった。ある意味では、この都市は、二つの文化の間に広がるばかりの溝を確証するものでもあった。だが、ピョートルは確信していた。首都の構築は、ロシアを単にモスクワ公国の過去からだけでなく、アジアの歴史的重みからも引き離すことによって、ロシアを決定的にヨーロッパに向かわせるのだ、と。

ピョートル大帝とは何者なのか？　彼は、ロシアに何をもたらしたのか？　彼の死後すぐに、彼に対する評価は決して一本にまとまっていなかった。あるものたちには、ピョートルは未来の人間であり、ロシアを西欧へ、未来へと引っ張った人物だった。他のものにとっては、アンチキリストであり、真のロシアにとって敵だった。「進歩への奉仕者として、ピョートルは普通の精神の持ち主だった、粗野な人物とは言わないまでも」と作家ソルジェニーツィンは書いている。リチャード・パイプス*は、皇帝に対して、同じように厳しい視線を向けている——「彼は政治権力に関心を持っていたのであり、西洋化にではない」。一方、クリュチェフスキー**は、ピョートル大帝の成し遂げた業績の矛盾について次のように要約した——

*リチャード・パイプス（一九二三—）。米国のロシア問題研究の歴史家。元ハーバード大学教授。『ロシア革命史』などの著作がある。

**ワシリー・オシポヴィチ・クリュチェフスキー（一八四一—一九一一）。歴史家。社会、経済面を重視する歴史家で、専制政治には批判的だった。『ロシア史講話』は高く評価されている。

「ピョートル一世の改革に向けての行動は全て、情け容赦ない強制の鞭をふるわなければ実現しないとの確信を内心伴っていた。彼は、国民がまだ奪われている恩恵を力によって押し付けようとした……ピョートルの改革は、専制君主と彼の国民との間の熾烈な闘いに刻印されていた……この専制と自由と文化と隷属状態の融合は、いわば、あの正解不可能とされる円積問題の政治版にほかならない」。

つまり、ピョートル大帝の近代化への夢の人的代償について沈黙を守ることができようか？ 絶え間無い戦争、いくたの飢饉、反乱と抑圧、未開の土地へ向けての脱出、強制労働――ロシアの格言によれば、サンクトペテルブルクは、建設に狩り出された農奴たちの人骨の基礎の上に建てられている――すべてが数字のうえに反映されている。十七世紀末、ロシアは動乱の時代の人的損害からやっと立ち直り、約一六〇〇万の人口を抱えていた。それが一七二四年には、三〇〇〇万人近くも失った！ この恐るべき数字こそピョートル大帝がロシアを変革するために強制した暴力の反映であり、アレクサンドル・ゲルシェンクロン*がロシア史上に見られる「追いつく」ための全ての試みに対して下した判断の核心にあった。彼は書いている――野蛮さから脱出しようとする意志は、常に新たな野蛮さをもたらしている、と。しかし、世紀が変わると、近代化の成果のみが注目を集めた。十九世紀の自由主義者たちが、次いで二十世紀を激動させたレーニンが、この近代化の成果全体を称賛し、そのために用いられた極限の手段は確かに残念なことだが、しかしやむを得ないものだった、と判断しているのだ。

＊アレクサンドル・ゲルシェンクロン（一九〇四―七八）。ロシア生まれの米国経済史家。『歴史的パースペクチブで見た経済的後進性』などの著書で有名。

ピョートル大帝がこの世を去ったとき、ロシアは、ツァーリ・アレクセイが後継者たちに遺したものをもはや何一つ持っていなかったことは否定できない。古いロシアに立ち返ることもまた、不可能だったことは否定できない。ヨーロッパとロシアは歩み寄ったのであり、たとえ、それが新興大国ロシアとその国内発展ぶりをヨーロッパがもはや無視できなくなったからにしてもである。だが、ここに依然として二つの問題が生じて来る――

第一の問題は、急進的な改革者だったピョートル大帝は、いったい、どの程度ロシアを、それ以前のロシアから完全に断絶する功労者だったのか？　あるいは、彼はどの程度、ツァーリ・アレクセイがすでに輪郭を描き、ウクライナ併合が助長した展開を、自分の責任として引き受けたのか？　彼は、アレクセイが始めた古いロシアから近代ロシアへの移行を完成しただけではなかったのか？

第二の問題は、彼の業績の堅固さについてである。上から実行された改革政策はまた、社会に依拠し、社会的願望によって導かれたのではないか？　ピョートルのロシアでは、そうではなかったことは明白である。君主の意志と社会の意志（あるいはいまだ社会の「無気力」）の間の距離は、少なくともモンゴル時代から二つのロシア文化を隔てる距離と相伴うものである。まさに、その反映である。ピョートル大帝の諸改革は、疑い無くエリートたちに波及し、彼らの行動を変え、ある程度は彼らのメンタリティーをも変革した。だが人民は、いまや権力から遠ざけられている教会が暗黙に改革への不承認を示していることに力を得て、この事業に対して距離を置いていた。そこにピョートル大帝の残した遺産の最大の弱さがあるのではないか？　この弱さが、彼の後を受けてエカテリーナ二世、アレクサンドル二世、アレクサンドル三世が異なる方法で模索した「遅れを取り戻す」ための試みに重くのしかかり、ひいては状況が政治の領域でロマノフ王朝最後の皇帝に乱暴な試みを強いることになったのではないか？

特に、いかに幸福な結果が想定されていたにせよ、壮大なる計画のためには暴力に訴えることも辞さないことによって提起されるモラル上の問題を回避することが可能か？　たぶん暴力は、ロシア史上、いく世紀にも亙って出現するのに事欠かなかった。だが、イワン雷帝を例外として、ピョートルほど自らの意志を押し付けるために計画的に国家の暴力に訴えた君主はほかに例がない。ピョートル大帝から遠く離れた後継者としてボリシェヴィキたちは、彼の前例を引き合いに出し、公然と――かれらの間では暗黙に、だが――暴力は、全体の利益の名の下に行使されるのであれば正当であると宣言することになる。たとえ、社会がそのような意識を持たず、あるいはこうした概念を拒絶していてもである。

第七章　啓蒙専制君主制から専制君主の復活へ

ロシアにおいて、しばしばそうであるように、一七二五年ピョートル大帝の死去は、権力闘争と、不安定さと、死んだ君主の継承を危うくする怪しげな統治の新たな長い時期へと幕を開けた。一言で言うと、三七年に及ぶこの空位期間は、三人の女性、十二歳の少年、低年齢のこども、精神障害者からなる六人の専制君主が継続した時期だった。

エカテリーナ二世――啓蒙専制君主

エカテリーナは、いささか問題のある方法――自分の夫を愛人たちの手で殺さねばならなかった――で権力を奪取したが、国の反応は慎重だった。一七二五年に始まった次々と代わる君主のワルツの新たなエピソードであろうか？　怪しげな正統性をなんとか強化しようと大急ぎで準備した戴冠式も、この国民の不安をそらすことはできなかった。だが、まだ歳若い女帝は、たちまち自分が単に君臨するだけでなく、国を統治するつもりであることを見せつけた。一見したところ、彼女が取りかかった仕事は、ピョートル大帝が取り組んだものの延長線上にあった。国家組織の改革、積極的な外交政策、西洋に「追いつこう」とする終始一貫した意欲である。だが、エカテリーナが用いた手法は大いに異なっていた。

エカテリーナ二世は、四年ほどの待機期間中に将来への準備と国内体制の強化を図った。ロシアという国をより良く理解するために国内中を旅行し、適切な顧問たちを回りに集め、貴族たちには報酬として土地と農奴を分配した後、自分の権威が十分確立したと判断して一大計画に取り組むことを決めた。一六四九年の会議法典以来、一度も再検討されなかった法律を体系化するために法典編纂委員会を招集した。さまざまな改革と発展を考慮に入れるためには、全てを見直す必要があった。エカテリーナは自分自身の手で、委員会宛の訓令（ナカース）を執筆したが、その中には彼女の考えが凝縮されていた。

この訓令なるものは、法令のプログラムではなく、むしろ社会が目指すべき理想を解説したものであった。女帝は、自分が文通していた啓蒙哲学者、百科全書派、モンテスキュー*、グリム**などから学んでおり、この訓令の中で、まさに政治革命を奨励する計画案の形で自分の見解を提示していた。すなわち、ロシアに立憲制度を導入することである。たぶん委員会内部で配布された訓令の最終版テキストは、もっと緩和された内容になっていただろう。女帝は、モンテスキューを引用しつつ権力の分立について言及した。実際には、彼女は専制君主制の機能を改善するような手続きを勧告するに留まった。個人の権利については多弁を弄しながらも、農奴制についてはさほど非難せず、ただ農奴たちが虐待されないようにと願望を表明しただけだった。女帝お気に入りの作家たちが強固に擁護していた犯罪学の面での人道的諸措置については彼女の都合がよかった。死刑制度は、彼女の前任者であるエリザベータ女王が先に廃止していたので、死刑の原則に反対し、拷問の慣行を非難することは容易だった。

＊モンテスキュー（一六八九―一七五五）。仏啓蒙思想家。『法の精神』で三権分立を唱え、専制政治を批判した。
＊＊ヤコブ・グリム（一七八五―一八六三）。独言語学者。

緩和された内容であっても訓令は、ロシアだけでなく、いくつかの欧州国に爆弾のような衝撃を与え、とくにフランスでは訓令の流布が禁止された。

法典編纂委員会という奇妙な機関については、ある意味ではピョートル大帝によって廃止された旧ロシア時代の議会を復活させたものだった。五六四人の代議員からなり、元老院およびその他いくつかの機関から任命された二八人を除けば選出された議員だった。そこにはさまざまなカテゴリーが代表を送り込んでいた。所領貴族、都市住民、国有地農民、コサック、少数民族などである。そこに欠けていたのは聖職者と農奴たちだった。啓蒙思想に忠実だったエカテリーナは、この全国評議会から正教会を排除していた。正教会は宗務院の代表一人を送り込んでいるだけであり、つまり国家官吏であった。

この評議会は一年半にわたり開催されたが、いかなる成果もなく散会した。会議が進むにつれ、政府は、こうした会合が内包する危険を察知した。農奴制についての討論は激烈で、根本的な改革がないために、ロシアが発展できないでいることを示した。さまざまなカテゴリーの代表は、自分たちの利害の食い違いを露呈しつつ激しく対立した。すでに「階級の対立」を思わせる事態を前に、いかなる国家的政策に取り組むべきか？ エカテリーナは、戦争を口実に評議会を解散させた。

しかし、この社会との対話は無駄ではなかった。女帝に、臣民たちと彼らの抱える問題についてより良く知ることを教え、その結果、彼女にさまざまな改革を示唆することになる。特に、訓令のリベラルな調子と評議会での作業の挫折の間のギャップは、当初の期待が大きかっただけに、フラストレーションを生み出し、このことが少なからずロシアのインテリゲンツィヤの出現に貢献することになる。

農奴制について論議されたというエピソードが呼び覚ました希望は、二つの結果をもたらすことになる。農民の不満が突如として衆目にさらされたことに不安を抱いた所領貴族は、農奴たちに対する態度を硬化させた。失望した農奴たちは、いつものように反応した。まずは逃げられる者は逃げた。特にポーランドに向かった。さもなければ即座に蜂起した。ある意味では、エカテリーナはリベラルな言説によってパンドラの箱を開けてしまったのであり、そこからは一七七三年、ロシア帝国の歴史上最も劇的な反乱の一つが飛び出した。かのプガチョフの乱である。確かに、これは、この種の反乱としては初めてではない。しかし、その人的動員の規模といい、波及した領土の広がりといい――モスクワさえも一時は脅かされた――前例のないもので、ロシアの政治体制と国家の統一さえ危機にさらされた。

ウラルのコサック出身であるエメリアン・プガチョフ*は当初、地方の不満を体現していたに過ぎなかった。しかし、彼の掲げる大義のためにロシアの一部分が急速に燃え上がった。ウラルの鉱夫や労働者、農奴たち、権力と決して和解しなかった「古儀式派」たち、バシキール人やタタール人といった少数民族までが反乱に合流した。古い神話が、たちまち再登場する。プガチョフこそエカテリーナの夫ピョートル三世であり、殺人者の手を逃れていたのではないか？　本物のツァーリが皇位保持者に対して立ち上がり、社会正義の名の下に彼に従うよう国民に呼びかけたのだ、と。社会によって支持された地域で、プガチョフは、ロシアという国家に反抗して――女帝に対してだけではなく――新しい国家を打ち立てる措置を取ったのだ。彼は農奴を解放し、現地の官僚たちを処刑し、新しい責任者たちを選出させた。

＊エメリアン・イワノヴィチ・プガチョフ（一七四〇―七五）。ドン河下流の下層コサック出身の元将校。ピョートル三世を僭称して反乱を起こした。一七七五年一月、モスクワに移送され、公開処刑された。

反乱者たちにとって幸運だったのは、ロシアがエカテリーナ二世の下での最初の戦争である対トルコ戦争の最中に反乱行動が起きたことだ。だが女帝にとって幸運にも一七七四年、つまり反乱勃発一年後にロシアはオスマン帝国と講和を結んでいた。プガチョフ率いる軍勢はあまりにも数が多く、寄せ集めで、その上統率が取れていなかった。そして軍勢に付き従っていた農民たちは、形勢が少しでも悪くなると意気阻喪し、逃亡した。そこでエカテリーナは優位を取り戻したので、ウラル地方に逃げ込んでいたプガチョフ支持派は勝負あったと判断し、彼ら自身の手で首領プガチョフの身柄を政府軍に引き渡した。

どちらにとってもこの反乱でこうむった人的犠牲は多大なものであった。プガチョフは檻に入れられてモスクワに護送されたが、道中に民衆から侮辱を受け、モスクワで裁きを受け、処刑された。反乱分子に対する死刑判決は多数に上り、刑罰の軽い者でも鞭打ち刑に処せられた。二万人以上の反徒が戦闘で死亡したが、政府軍側の死者はその十分の一に過ぎない。反徒たちは領地や小都市に侵入したときに貴族たちを家族ともども二〇〇〇から三〇〇〇人殺戮し、数百人の将校たちを殺した。モラルの面でも反乱の代価は高いものだった。エカテリーナ二世は寛大な裁きを訴え、拷問を避けるべきだと主張したが、その実、恐るべき弾圧と死刑が復活されたことにより、リベラルな女帝というイメージは、抑圧と流血の中で秩序回復を図った情け容赦の無い君主のイメージの陰に隠れてしまった。人々は、彼女の訓令に見られる改革派の言説と、それが実行されなかったことを対比して偽善であると非難したが、プガチョフの乱に続いた報復行為によってさらに非難の声は高まった。死せるプガチョフは、生前以上に人々の心に影響を及ぼしたのである。彼は、すべての人民に社会正義を望んだ人物だった。当時のロシアで、これ以上に大きな波紋を呼ぶテーマは他にあり得なかった。

一七七三―七四年の反乱はエカテリーナに、法典編纂委員会での討議の際に得た考察を確認させた。すなわち、ロシア行政機関には欠陥があり、改革が急務である、と。キチュク・カイナルジャ条約*でオスマン帝国との間に平和が樹立されたことで、女帝は、懸念の種であった三つの国内問題に努力を集中させる余裕ができた。それは地方行政、貴族たちの運命、農奴制であった。

*キチュク・カイナルジャ条約。オスマン帝国との間に締結された講和条約。戦争でのロシアの圧勝を受けて、黒海沿岸の要塞のロシアへの割譲、ロシアに黒海とエーゲ海での航行権を与えた。

改革するための力

二大文書と二つの改革がエカテリーナの「追いつくこと」への貢献を構成することになる――

一七七五年の地方改革は地方自治体に改革をもたらし、以後一世紀近く存続することになる。この改革は三つの指導理念に基づいていた。すなわち地方分権、権限と役割の合理的な分配、地方貴族たちを権力に参画させることである。司法機関も再編成され、改革の枠内でつくられた公正裁判所は、些細な紛争を即時に処理することで裁かれる者と裁判とを近づけることを使命としていた。こうした行政上、司法上の改革は、エカテリーナが英国もしくはバルト諸国で知り得た制度に、つまり例によってヨーロッパ風にロシアの実情を適合させようとしたものだった。

だが女帝はまた、中央行政と地方行政とをより密接に結び付けることを考えていた。そのアイデアは正しかったが、実施は難航した。まず第一に、貴族階級は各地で圧倒的な重みを持っており、それを削減されることに同意する気は無かった。つまり、他の「階層」との紛争の種だった。次いで、地方行政機関における中央権力代表の権限が少しも明確にされていなかった。中央権力の行き過ぎを緩和することこそ彼らの役割だったはずなのに、かえって権力を濫用したのである。

司法改革についても、また法律との関係が明確に規定されていなかった公正裁判所についても同じことが起きた。「良心の裁判所（ソヴェストノイ・スード）」とも呼ばれた公正裁判所は、法律の条文にもとづくよりも裁判官の良心にもとづくものとして知られ、見なされていた公正さの基準にもとづいて判断すべきものだった。本当のところ、成文化された法律の欠如こそこうした原則にもとづいたことを説明している。だが、その結果、ロシアでは真の法治国家成立が遅れてしまったのである。こうして良心に関する勅令が法令の代行をすることは、後に十九世紀のロシア知識人たちにとって、さらにはそれ以上にボルシェヴィキたちにとって貴重な概念を生み出すことになる。すなわち、モラル上、あるいは社会的な権利が形式的な権利、つまり法律より優位に立つという概念である。

一七八五年、エカテリーナ女王は都市憲章と同時に公表された貴族憲章を公布することにより改革の事業を完成させた。すでに一七六二年に彼女は、将来に重くのしかかることになる宣言の中で、貴族を兵役の義務から免除していた。憲章は、貴族階級に対して認められていた公民権と諸特権を確認し、さらに拡大した。憲章は確かに、既存の慣習に革命を起こしたものではなかったが、それらに法律上の力を与えた。それはまた、貴族の経済的権利を拡張し、当時は君主から独立した階級を構成していた貴族たちのモラル上の地位をヨーロッパの貴族たちのそれに合わせた。

このように貴族階級に認められたすべての権利は、その代価を農奴に支払わせていた。事実上ヨーロッパ全土に広がっていた農奴制は、ロシアとウクライナに法的に拡大した。農民――農奴を含めて――の身分についての計画案が諸改革の練り上げの際に検討されたが、ついに陽の目を見ることはなかった。ところが、同様の努力が商人など都市部で生業をもっていたすべての人々の利益のためにはなされたのだった。

エカテリーナ二世は、一七七五年と一七八五年の二つの憲章から派生することなのだがエリートたちの自治を発展させ、かれらを公的生活へ参加させることでこれらの「階層」と中間的集団を強化することによってロシア社会の構造を次第に変化させようと望んだ。これらの改革が目標を達成しなかった――そのことは歴然としているが――としても、それは、以下に掲げる二つの理由からだった――

第一に、君主のイニシアチブの賜物であるが、社会階層や同業者組合といった君主により強化され、もしくは創設されたものの運命は、それらが調和が取れて機能するためには、結局は君主もしくは国家の能力にかかっている。そうなると、改革とそれがロシア社会に及ぼす影響は、ひとえに君主にかかっていると考えざるを得ない。つまるところ、こうした変化をもたらした専制君主制が強化されることに通じる。

この失敗の第二の理由は、獲得された諸権利の尊重を保証する安定した法的枠組みが欠如していたことだ。まだ確立されていない法制度に取って代わったのは、権力であり、官僚的専断だった。また、これらの改革に欠けていたのは、政府体制の見直しだった。エカテリーナ二世はそのことを考えていて、例によって英国型のモデルや、仏議会制度にさえも範を求めていた。その上、彼女の心からは、ゼムスキー・ソボルの伝統も完全に消えてはいなかった。彼女は元老院の見直しと同時に、帝国評議会の創設計画も練り上げていた。幾度となくこの問題についての宣言が出されたが、そのいずれも陽の目を見ることはなかった。しばしば緊急に迫られた対外政策に気を取られ、女帝は進行中の改革案のことすら忘れてしまっていた。

ピョートル大帝同様にエカテリーナ二世は、絶えずロシアの対外的力を発展させることに注意を払っていた。しかし、ピョートルとの違いは、彼女が対外政策を、自分の権限強化とロシアの変革のための手段と見なしていたことだった。ともかくエカテリーナ二世の統治は、絶え間無い戦争も、対外目標の新機軸も痕跡を残していない。パーニン*を筆頭とする彼女の顧問たちは、前例のない新たな同盟関係を考え出したが、その命運は短いものだった。エカテリーナ二世は主としてポーランドとトルコとの問題に精力を傾けたが、スウェーデンとの敵対関係はその大半が過去に属していたとはいうものの彼女の在位中にもロシア・スウェーデン戦争（一七八八—九〇年）が起きている。在位期間中、対外政策での二つの決定的な出来事は、トルコに対する二回の戦争（一七六八—七四、一七八七—九二年）と三回にわたるポーランド分割だった。

*ニキータ・イワノヴィチ・パーニン（一七一八—八三）。伯爵。外交官出身の政治家。外相をつとめる。

対トルコ戦争は、ようやくロシアに、あれほど渇望していたクリミア半島と黒海沿岸の一部（ドニエプル河の河口まで）と「ギリシャ計画」の名で呼ばれる大いなる夢をもたらした。この夢は、オスマン帝国を決定的に打ち破り、コンタンチノープルを解放し、トルコが領有していたヨーロッパ地域に一大キリスト教帝国を樹立することだった。この壮大な夢の中では、第三のローマ*という考えは一度も言及されてはいない。結局この計画はたちまち消えうせ、一七九二年第二次トルコ戦争に終止符を打ったジャッシー条約調印後は、エカテリーナ二世は、ロシアが南部において、ようやくその国益を保証する国境に到達したと考えた。

＊第三のローマ。滅亡したローマ帝国とビザンツ帝国に代わり、モスクワ・ロシアがその後継国家として、世界を終末の時に至るまで支配する、という思想。

エカテリーナ二世の対ポーランド政策もそれに劣らず効果を挙げた。というのも、ロシアが獲得した領土は主として旧キエフ国の一部で、ウクライナ人と白ロシア人が居住者の大半を占めるロシアが渇望していた地域だったからだ。(それに続いてロシアは一八一五年、ワルシャワとポーランド心臓部を奪取することになる。エカテリーナ二世の対ポーランド政策がポーランドの主要部分の征服への道を整えたのである)。ポーランド領土内でのロシアの存在はきわめて抑圧的で、帝国の新たな臣民の宗教的、民族的信条にはまったく無頓着だった。確かに、ロシアだけがポーランド解体にかかわった訳ではない。ロシアは他の二人の侵略者であるオーストリアとプロシャと共にこの分割を成し遂げたのである。両者はすでにピョートル大帝時代にこの分割計画を考えていた。だがポーランドを取得したことはまた、ロシアの歴史と欧州の歴史の上にも重くのしかかることになる。わずか数十年の間に、「ポーランドの悲劇」に対して取るべき態度と、この国を揺るがした大蜂起こそがロシアのエリートたちを分裂させ、彼らを自らの政府から遠ざけてしまったのである。

エカテリーナ二世の治世をいかに評価すべきか？　実際に近代化への前進を刻印したといえるのだろうか？　文化とメンタリティーの領域では、答えは疑いもなく肯定的である。改革の効果が不十分にせよ、注目すべき研究書『エカテリーナ二世のロシア』（一九八一年）の著者イザベル・ド・マダリアガと共に、この時期にこそ新しい社会の輪郭が形作られ、インテリゲンツィヤなるものが陽の目を見たのであり、私有財産と自由主義なるものの概念がエリートたちの意識の中に芽生えたことを認めることができるのである。文化的生活への女帝の情熱が彼女をして公教育ならびに私立学校での教育や文学、出版、年鑑（当時は雑誌を指す）、「思索クラブ」を奨励した。当時、フリーメーソンの組織もロシアに根を下ろして啓蒙思想を広げたほか、その他各種の心霊団体も出現した。すべてが通信手段の発展と、新しい思想の広がりに貢献したが、こうしたことがロシアの後進性の認識をますます加速させた。近代教育に熱意を燃やしていたエカテリーナ二世は、因習から脱した教育制度の発展を助長しようとした。大学の創設を奨励し、科学アカデミーを改革した。公衆衛生も彼女の最も懸念したことの一つで、病院を新設し、医薬の分野でロシアが自立できるように製薬産業を発展させようとした。最後に、経済の面では、エカテリーナ二世は、ピョートル大帝よりも私営企業や交易の自由化に賛成だった。

多分、エカテリーナ二世の治世の最後の時期は、標榜されてきたリベラリズムの後退をはっきり示していた。フランス革命とルイ十六世の断頭台での処刑は、彼女の目には絶対主義王政に対する挑戦と映ったのであり、あれほど敬愛していた哲学者たちを彼女から遠ざけることになった。エカテリーナ二世は、こうした哲学者の著作をロシア領土内で禁止するまでになった。多分、彼女は、ロシア社会の抱える大問題である農奴制度に真っ正面から取り組む気はなかったのだろう。この問題の重大性は意識していたものの、プガチョフの反乱に刺激されてのことだが、彼女は、ロシアが既存の秩序とそれに結び付く社会的物質的均衡を危うくする改革の危険を引き受ける行政的手段も財政的手段も持ち合わせていないと考えていたのだろう。

同様に、モンテスキューの大の愛読者であったエカテリーナ二世は、法律の面でもロシアの遅れを十分認識していた。彼女の司法制度改革も究極の狙いは、裁判を民衆に近づけることにあったが、このような目標は、ロシアでは過去の慣例の対極にあるものだった。彼女がロシア社会と官僚主義の内部で司法というものへの考え方を根本的に変えることに失敗したとしても、それは、権力とその圧力の外にある正式な法という考え方がこの国ではまだ根付いていなかったからである。法律研究の発展と、しかるべく法律を学んだ人材の養成が、法というものの概念に対する社会の無関心を軽減するようになるのは十九世紀になってからだった。

エカテリーナ二世の権力の重要な特徴は彼女の改革にも痕跡を残しているが、その統治下では軍部の重荷と軍事上の懸念が後退したことだ。イザベル・ド・マダリアガがいみじくも書いているように、ピョートル大帝時代の軍国主義の後を受けたのはロシア権力の非軍国主義化であり、民間人とその利益に対して新たに注意が払われるようになったことだった。

たぶん、エカテリーナ二世の治世の最大の利点は、権力と市民との間の関係を進展させたことにある。暴力や強制措置は減少し、私生活と個々人の利益の領域が拡大して公的生活の領域が縮小した。たしかに失敗も数多く、評価を曇らせるところがある。すなわち汚職、エカテリーナ二世の奔放な私生活につながる行き過ぎた出費、そして、とくに農奴制を保持し、さらに拡大したことが挙げられる。しかし官僚制度はより開かれたものとなり、社会の一部——以前よりもより良い教育を受け、情報に通じた人々——を安心させるまでになった。

こうして全てお膳立ては整い、未解決の問題が後継者の注意を集めることになる。民衆の願望が表明され、要求が高まる。ようやくロシアの変化が求められ、事なかれ主義や改革の不履行はもはや許されなくなった。

スフィンクスの改革の夢

エカテリーナ二世の治世と「解放皇帝」アレクサンドル二世の治世の間に存在する三人の君主は、それぞれ彼らなりに以前の改革者たちが残した遺産について考慮し、もはや無視できなくなった諸問題に独自の回答をもたらした。

エカテリーナ二世の跡を継いだのは息子パーヴェルだが、彼こそロシア史の中でも最もとらえがたい人物の一人である。アバンギャルドの君主か？　それとも狂った専制君主なのか？　彼については、まことに相反する判断が下されている。彼の統治は、派手な快挙で始まった。戴冠式の日、パーヴェルは、農奴が主人に対して労働すべき日は週三日を越えてはならないと布告した。次いで、彼は土地なき農奴の売買を禁止した。こうして彼が持ち出した制限条項により、農奴制の問題全体が再び提起された。しかし、パーヴェル一世は首尾一貫していなかった。なぜなら、彼は、こうした措置と同時に、農奴制をロシア南部にまで拡大し、国家の土地を、すなわち農民たちをお気に入りたちに分配したからだ。実のところ、彼は進んだ考えに突き動かされていた――彼はロシアに憲法を付与しようとしていたのだ――しかし、それ以上に憎悪からだった。つまり、母親に対する憎悪であり、短い治世の間に彼がしたことは、母親の業績を台なしにすることだった。また貴族への憎悪であり、そのために彼は農奴たちの利益となる措置をとったのであり、その実施にあたって体罰を復活させ、貴族を中央、地方行政機関からできるだけ追放した。彼の対外政策も、さらに混乱を極めていた。当初は反仏だったが、治世の末期にはフランスと接近する一方、コサックの助けを借りて、こともあろうに英国の鼻先でインド征服に乗り出すことを思いついたのだ！　パーヴェルが暗殺により皇帝の座を追われたのも、彼の側近によって企まれ、英国によりけしかけられ、資金まで出してもらった陰謀によるものだったとしても、決して驚くには当たらない。

エカテリーナ二世は孫のアレクサンドルを溺愛し、スイス人の教育者ラ・アルプ[*]に教育を任せて、実の息子パーヴェルを皇位から外してまで皇帝の座に付けたいと望んでいたが、パーヴェルの死で、一八〇一年三月、そのアレクサンドルがパーヴェル一世の跡を継いだ。当のアレクサンドルは、父親が命を失った陰謀の秘密に加担していたのか？　以来、二世紀近くも丹念に詮索されてきたが、真相はいまだに明らかになっていない。だが、そのアレクサンドル一世自身の謎めいた最期が、この疑問に答えてくれるかもしれない。すなわち、アレクサンドル一世は、言い伝えられているようにロシア南部で自然死を迎えたのか？　それとも権力を放棄して隠修道士テオドール・クズミッチに姿を変えて永遠に姿を消したのか？　彼の最期を巡る謎は、アレクサンドルが父親を殺した暗殺者たちの共犯者であり、彼の人生最後の選択が悔恨の念によるものだとする人々の説を生み出した。謎は依然として残るが、ロシアにおける偽者そして本物のツァーリたちを巡る長い物語に新たなエピソードを付け加えるものと見ざるを得ないのではないか？

*フレデリック・セザール・ド・ラ・アルプ（一七五四―一八三八）。スイス人。アレクサンドル一世の教育係。

解明されないまま、この最期を迎える以前、ロシアは、予測不可能だったパーヴェル一世とは大違いの若き君主に魅了された。前にも述べたように、ラ・アルプに教育されたアレクサンドルは、この教育係からリベラルな考えを吹き込まれていた。その上、まったく哲学に偏った教育を受けていたので、彼はロシアの現実についても、理論的知識と自分自身の行動が展開する環境との間を隔てる溝についても、何ひとつ知らなかった。たちまち彼は改革者たろうと志し、彼の側近委員会を形成する四人の友人たちの助けを得て、まず農奴制の廃止を決心した。彼はまた、フランスの例に基づいて共和制の利点についても考えた。さらにロシア版人権宣言を公布することを夢見た。しかし、現実主義が勝ちを占めた。これらの野心的な計画のどれ一つとして彼のインナーサークルの域を出ず、その無益さに業を煮やしたアレクサンドルはそれを解散してしまう。

だからといって、これらの若い友人たちが仕事を失った訳ではない。彼らの注意は、エカテリーナ二世が絶えず懸念していたロシアの知的面での遅れに集中していたので、アレクサンドルは臣民の教育を計画の筆頭課題に置き、それに巨大な予算をつけた。こうして多数の学校と、いくつかの大学が開校した。祖母同様に、若きツァーリも教育問題に熱中し、最も先進的な提案を取り上げた。この領域での彼の成功については疑いの余地がない。

だが、教育がすべてではない。国家の問題が残る。

国家とその機能を改革すること。一体、ロシア国家の君主のだれが、これらの改革にすでに取り組んでいなかっただろうか！　一八〇一年、アレクサンドル一世は、ピョートル大帝の作ったコレギア（参議会）を、よく組織された本物の省に変革した。だが彼は、この総体に近代的装いをあたえるべき改革の前で、後退りした。すなわち閣僚会議の構成についてである。結局、皇帝は、各閣僚ポスト保持者と直接に交渉する方式を続けることになる。

数年後、当時の皇帝の顧問だったミハイル・スペランスキー*は、求められていた憲法の計画案を彼に提出した。この計画案の基礎には二つの鍵となるべきアイデアが横たわっていた。地方の独立行政と、全国立法議会の創設である。計画案はたちまち放棄され、アレクサンドル一世は結局そこから抜き出した措置をいくつか手元に留めただけだったが、それらは重要性を持っていた。ナポレオンのモデルを真似た国務会議の創設、年度毎の予算案の練り上げ、そして特にロシア官僚機構内部での採用と昇進の基準を進歩させたことで、その結果、採用試験の実施と功績の評価で充実したものとなった。

＊ミハイル・スペランスキー（一七七二―一八三九）。伯爵。啓蒙思想、自然科学にも造形の深かった政治家。国家評議会の創設、内閣制度、官僚制の基礎を作った。また、憲法の計画案を起草・提出した。『ロシア帝国法律大全』『ロシア帝国法典』も彼の指導の下で編纂された。

憲法の計画案が実らなかったとしても、ロシアに憲法を付与しようと夢を抱いたこと自体がアレクサンドル一世の治世を特徴づけている。側近委員会のメンバーの一人であるニコライ・ノボシルツェフ＊は一八二〇年、帝国憲法草案なるものを練り上げたが、これはスペランスキー案の主要点を取り入れたもので、全ての君主にとって大切な中央集権主義を考慮に入れた連邦主義を、ある程度それに加味していた。この草案は、かなりの自治を享有できる一二の州に帝国を分割することを勧告している。この草案は実行に移されなかったものの、一八二五年十二月に一気に吹き出すことになるさまざまな連邦制提案を招くきっかけとなった。

＊ニコライ・ニコラエヴィチ・ノボシルツェフ（一七六八―一八三八）。伯爵。

最後になるが、この治世の利点として挙げられるのは、ロシアのために、改革への野心に適合した法典を練り上げようとしたことである。この作業を委託された委員会を支配していた考えは、ロシアの既存の法律――法令及び慣例――では近代的体制の基盤を作るには不十分である、とするものだった。編纂者たちは、西ヨーロッパの既存の諸法典、なかでもナポレオン法典の集成に取り掛かった。ロシアの伝統からあまりにも掛け離れたこの試みは、しょせん失敗に帰する運命にあったが、それでも、こうした法典なしにはロシアは真の近代化への努力を実現させることはできない、との確信は残った。やがて、ニコライ一世がこの仕事を再始動させることになろう。改革への意欲をかき立てられながらも、アレクサンドル一世は、なぜ彼の野心的な計画を完遂できなかったのだろうか？　ここでもまた、外政が内政での飛躍をぶち壊してしまったのである。ナポレオンが国際舞台の前面を占めていたこの時代に、強力な国家の皇帝であるアレクサンドル一世は際限ない野心をあらわにして、ヨーロッパでの諸紛争の圏外に止まることはできなかった。ヨーロッパの将来の構築について独自の見解を持っていただけに、彼には我慢できず、治世の当初から神聖同盟を提唱したのだった。

ロシアはしばらくの間、ナポレオンの相次ぐ成功と征服に折り合って行かねばならなかった。しかしツァーリは、西部戦線での休戦期間中を利用してロシアの主権をグルジア全土にまで――一八〇一年にグルジア東部領土を併合していた――拡大したし、ペルシャとの戦争で北カフカスの一部を奪取した。これらの征服こそ、その後長く続くカフカス諸民族の抵抗運動の発端なのであり、抵抗を指導したのはイスラム教指導者シャミーリ*だった。今日なお、チェチェン人がロシアに突き付けている民族問題の根源である。一八一二年に、一体だれがカフカスのイスラム教徒の小民族たちの民族感情が、征服と巨大ロシア帝国への併合を生き延びることができると想像しただろうか？　二十一世紀を迎えてロシアが直面する問題の根源について考察する中で、ソルジェニーツィンはこの征服に広く紙面を割いて述べている――「ロシアにとっては何の効用もない危険な侵攻であり、次々と新たに出現する罠にはまり込んでしまった」。今日チェチェンで展開されている作戦を見て、だれがソルジェニーツィンに異論を唱えられるだろうか？

＊シャミーリ（一七九七―一八七一）。イスラム教指導者。北カフカス地方のダゲスタン、チェチェンの山岳民族の戦

闘的なイスラム教徒集団を率いてロシア軍と戦った宗教指導者イマーム。のちに降伏。メッカへの出国を認められ、メディナで死亡。

これが全てではない。アレクサンドル一世はこの間、バルカンとスウェーデンでの素早い戦争でベッサラビアを統治下に加え、ドナウ河流域の公国モルダビアとワラキアを支配下に置いた。そして、永遠の敵であるスウェーデンからフィンランド全土をもぎ取った。北アメリカでも、ロシアはすでにアラスカを獲得していたが、間もなくカリフォルニアまで砦が建設されることになっており、極めて混乱を極めた時代であったにせよロシア帝国のダイナミズムを立証していた。

一八一二年、ナポレオンのロシア遠征（ロシア側では祖国戦争）は、ロシア帝国の拡大に終止符を打った。アレクサンドル一世は当時、自らが欧州の皇帝であろうと欲し、そのために、国際的活動が内政から彼の注意をそらしてしまった。彼の目には、フランス革命に魅了されたエリートたちが台頭してくるのが見えず、一八二五年にデカブリストたち*が権力奪取を試みるのを予知できなかった。

*デカブリストたち。一八二五年十二月、貴族出身の将校たちが専制体制と農奴制度廃棄を掲げてクーデターを決行した。ロシアの十二月（デカーブリ）からその名を取っている。

このクーデター計画を支えた思想は、また、その失敗をも説明するものでもあるのだが、しばし立ち止まって振り返ってみる必要がある。陰謀は失敗に終わったので、彼らの思想が現実には生かされていないが、改革の野心に燃えた統治が終わろうとしたまさにその時、採用された改革案は、結局ほとんど痕跡を留めていなかったというロシアの当時の状況について教訓を得ることができる。しかし、ロシアがその統治システムにある程度の近代化をもたらし、より良く訓練されたエリートたちが深い意識を持ち、権力を前にして自主性を獲得しようとする域にまで達していたことは、アレクサンドル一世の功績である。謎に包まれた君主であり、「スフィンクス」とか「王冠を戴いたハムレット」とも呼ばれるが、ともかくロシアの後進性を埋めようと努力した者たちの系列の中に、しかるべき位置を占めることができよう。

専制主義の復活——ニコライ一世

ロシアでは、皇位継承をめぐり、数多くの危機が生じてきた。一八二五年十二月に生じた危機は、権力とそれに異論を唱える者との間の関係の断絶を示している。というのも、初めてエリート層そのものが蜂起したからである。一八一二年の祖国戦争で名を上げたロストプシン伯爵*は、この運動について、おもしろいが、まことに適切な定義を下している——「かつて反乱は、貴族たちの座を奪おうとする靴修理屋から起きたものだ。それが今日では、わが偉大な貴族たちが、そろって靴修理屋になりたがる」。このような展開の理由は、よく知られている——

*フョードル・ワシリエヴィチ・ロストプシン（一七六五—一八二六）。将軍。伯爵。フランス軍がモスクワに迫ったとき、市内に火を放ったことで知られる。

先ずは、アレクサンドル一世の奨励により増設された大学で養成されたエリート層が拡大し強化されたこと、学問の高水準とリベラルな精神が挙げられる。官吏職につく階層の人々も専門職化された。

以前に比べて自信を深めたエリートたちは、ヨーロッパ思想に惹かれ、それらを知るようになるとインテリのサークル内で討議することが十九世紀当初の数十年間の流行となった。啓蒙思想、フランス革命の理想などが、これらのエリートたち、とくに学生青年たちを魅了した省察の道筋である。

第二の理由は、一八一二年の祖国戦争での愛国的努力から生まれた社会的結合力である。危機に瀕した祖国、ナポレオンの狂気の野望への道を阻もうとする意欲、これらのテーマがロシア社会を動員したのであり、さまざまな社会構成員の間に絆を作り出し、市民社会の出現を速めた、とまでは言えなくても、その端緒を速めた。

最後に付け加えて置くと、アレクサンドル一世下では、皇帝が余りにも国際面に没頭していたために、内政面は身近な側近に任せきりで、学界に強権的、保守的方針を押し付けさせ、知識人たちの独立の精神を束縛することを狙った監視を実施したために、エリートたちを大いに失望させた。

こうした諸般の理由から、ロシア史上初めての革命運動であるデカブリストの乱が生まれたのである。陰謀の中心を占めたのは若い有能な士官たちであり、彼らは高い教育を受け、ほとんどが貴族階級の出身で、対フランス戦争に従軍した際に発見した西欧思想に熱中していた。半ば秘密の結社に集まった未来のデカブリストたちは、皇帝に急進的な改革の実施を迫ろうとした。すなわち、憲法の公布、農奴制の廃止、ロシア国民に基本的権利と自由を認めること、である。結社によって綱領もまちまちで、フランス流のジャコバン主義に近い政治的急進主義から、立憲君主制を目指す保守主義まであった。帝国を連邦制に組織することも、いくつかの綱領に謳われていた。教養人の社会は、これらのグループに共感を示した。一方、人民のほうは、彼らの掲げる目標について何も分からず、大きな不信感を抱いていた。

一八二五年十二月十四日、新しい皇帝への近衛連隊の宣誓式の際に、これら若い士官たちは革命を起こそうと試みた。革命運動は政府側の武力による対応で鎮圧されたが、民衆のいかなる支持も得られなかったからだった。将校たちから憲法を称えるように、と迫られた一般兵士たちは、耳慣れぬ言葉（コンスティテューツィオン）に戸惑い、コンスタンチン大公の妻の名前と取り違えたほどだった。自由を、と呼びかけたデカブリストたちの訴えにも反響はなかった。社会正義を渇望していたロシア人民は、ずっと以前から、まさにこうした言葉をこそ待ち望んでいた。だが、自由という言葉は、彼らにとって何の意味も持たなかった。デカブリストたちは、民衆のメンタリティーについても、彼らの希望についても、全く知らなかった。この無知ゆえに、デカブリストたちは高い代償を払うことになり、指導者たちは処刑され、数百人もの人々がシベリア流刑となった。ロシアの偉大な作家であるプーシキン、グリボエードフ*は、彼らの側にくみしたが、勝負はすでについていた。

＊アレクサンドル・セルゲイ・グリボエードフ（一七九五―一八二九）。詩人、劇作家。祖国戦争に士官として参戦した。ロシア社会の実情を批判する喜劇作品を書いた。のちにペルシャの公使に任命され、テヘランで暴徒に惨殺された。

このエピソードから、二つの教訓が引き出された。一つは、リベラルなエリートたちによってであり、もう一つは、ニコライ一世によってであった。

リベラルなエリートたちは、いかなる革命的な試みも、人民の支持を得られなければ失敗することを、もはや無視できなくなっていた。それ以来、必要不可欠な政治的・社会的変化は、上からくるのではなく、社会からのイニシアチブが必要であり、エリートたちと人民の間に緊密な関係を打ち立てることが必要だと考える全ての人々の計算の中に、人民が入ることになる。失敗した革命的試みであるデカブリストたちのクーデターは、それが内包する教訓によって、社会と権力の間の来るべき関係に大きな影響を及ぼすことになる。

しかし、この試練から直ちに教訓を得たのは新皇帝ニコライ一世であり、彼は、自分の権力構造を徹底した専制主義に切り替えた。体制転覆の試みは、兄のアレクサンドル一世の統治初期に顕著だったリベラル好みの思想のせいにしたが、同時に、彼が好まなかった貴族階級自身の欠陥のせいにもした。全般的にいって、ニコライ一世は、自分の前任者があまりにも社会に譲歩し過ぎて、コントロールが効かなくなっていた、と見なしていた。

社会と、そこにはびこる思想をコントロールし、社会が被る影響を微小な動きまで追求することが、皇帝にとって強迫観念となり、彼が設置した体制の存在理由となった。すなわち、検閲、社会生活の各分野にわたる特別委員会、政治警察（これは皇帝直属機関としての第三部の職務）である。社会を監視することだけに向けられた官僚主義は、再び軍人に圧倒的な地位を与えたことに特徴があった。エカテリーナ二世は、ピョートル大帝の残した官僚機構を非軍事化してしまった。ところがニコライ一世は、ピョートル大帝以上に軍隊に依存し、取り巻きから民間人を事実上締め出したので、国家機関と行政府を軍人的メンタリティーが支配することになった。

こうして絶えず監視下に置かれたロシア国民は、外部世界から、すなわちヨーロッパから切り離されてしまった。西欧的な著作、つまり西欧的思想の流布は禁止され、ヨーロッパへの旅行は厳しく制限され、禁止さえされた。例外は学生たちだったが、それもごく少数が外国の大学に出掛けることを認められただけだった。ロシア在住の外国人については、彼らの移動の自由が制限された。キュスティーヌがそれについて証言することになろう。大学こそがデカブリストたちに共鳴する若者を輩出したことから、大学は厳しい監督下に置かれ、一八三五年の法令は大学の自治を縮小し、その結果、政府は科目の選択をも規制し、教師たちを監視し、生徒の選抜にも圧力をかけた。

ニコライ一世の体制こそ紛れもなく専制体制だった。しかし、この専制主義も、何よりもまず君主制を揺り動かそうとする試みに直面した君主が抱く不安に起因したものであり、その第一の目的がそうした状況に戻ることを阻止することだった。当時、下された決定は実務的であり、いかなる政治体制の理論にも基づいたものではなかった。文部大臣のウバーロフ伯*は「正教、専制、国民性（もしくは民族性）」のスローガンを打ち出し、以後、君主制が依拠する三原則を要約して見せた。イデオロギーを集大成したものと主張せず、この三原則の公式は全ての曖昧さを排除していた。ニコライ一世は常に、専制君主制こそロシアの歴史と王座の安定の基礎であるとして愛着を確認していたが、また正教会こそ体制と社会の道徳的結合を保証するものだと正教への愛着を示した。彼は自分の価値体系の中に民族性なるものを組み込んでおり、注釈者たちを信じるならば、それはロシア国民固有の徳を秘めるものであり、その他の世界とは異質なものである。そこから始まり、「ロシア民族性」の理論家たちは、一八二五年の動乱への責任がある西欧流思想に距離を置く。この民族性こそ人民を君主と国家の回りに結集する、とウバーロフは宣言するのだ。君主制度が依拠する概念は彼によって体系的に公式化されたが、幾人かの理論家によって、よりロマンティックなアクセントを加えてさらに展開された。その一人がミハイル・ポゴディン**で、彼は、スラブ世界に、そして特にロシア人に、特別の歴史的責任を担わせた。ロシア国民には特有の民族性があると断言することは、結局のところロシア人の生活の特異性を正当化するものであり、いわばロシアの政治制度とその社会的規約の後進性を正当化するものだった。

＊セルゲイ・セミョノヴィチ・ウバーロフ（一七八六―一八五五）。伯爵。一八三三年に文部大臣に就任。
＊＊ミハイル・ポゴディン（一八〇〇―七五）。モスクワ大学教授。パン・スラブ主義を唱え、ロシアの指導下でスラブ諸民族を統一すべきである、と主張した。

しかし、ニコライ一世は、自国のもっとも衝撃的な状況に無神経でいたわけではない。まずは農奴制で、永遠のロシアの傷であり、一七六二年の改革で、貴族への兵役義務が免除されて以来、もはや正当化できなくなっていた。ニコライ一世は彼の先帝たちと同様、農奴制を嘆いていたが、彼は貴族嫌いだったからなおさらだった。一七六二年の宣言により、貴族階級は国家勤務の義務から解放されたが、ニコライ一世は、貴族を寄生者どもの階級に過ぎないと見なしていた。だが、彼は一八二五年の教訓を記憶に留めており、これらの「寄生者ども」から農奴を奪うことによって彼らの不満を呼び起こし、彼らがまたもや憲法を要求することなどに係り合うようになるのではないか、と恐れた。彼はまた、農民の暴動の記憶にもさいなまれていたし、農奴制は少なくとも農民の移動や行動の抑制を保証する利点があると見なしていた。彼は何よりもまず、農民たちの自然発生的な蜂起に突っ走る傾向を恐れていた。農奴制は「悪である」と確信していた彼は、とどのつまり、この問題には触れないことを決心した。そして一八四八年ヨーロッパを襲った革命の波は、既存の秩序は全ての領域で最大限のエネルギーを割いて保持されるべきである、と彼の確信を深めさせた。

制約や強制は各地で強化された。特に大学では顕著であり、そこでは哲学と憲法学の教育さえも禁止され、大学に聖職者たちが招かれて、心理学のように「危険な領域」と判断された教科を教えたのだ！　いかなる教科も詮索がましい統制を免れることはできなかった。こうしてロシアの知的雰囲気は息苦しくなった。国家勤務の義務から解放された貴族階級出身の知的エリートたちがしばしば内省にふけり、もはや尽くす必要がなくなった権力からますますもって遠ざかったとしても驚くには当たらないのではないか？　彼らは閉鎖的なサークルに集まり、そこで自分たちの懸念と直面し、保守主義の束縛を打ち破る手段を求め始めた。

けれども、この統治下で全てがマイナスだったのではない。国家破壊を目指す思想がニコライ一世に引き起こした恐怖は、皇帝が科学教育を奨励し、精密科学を専門とする学者たちを優遇する結果をもたらした。こうした懸念が、科学の面での目覚ましい進歩をもたらす発端となっている。この領域では、ニコライ一世はまさにピョートル大帝の路線の継続者と言えよう。

他方、貴族が行政機関から遠ざかったために、エリート官吏を養成せねばならなかったが、新進の彼らは、前任者たちよりもより高い教育を受け、プロ精神をもっていることが明らかになる。おかげで国家機関のサービスの質は向上し、異なる精神を際立たせていた。これら新しいタイプの官吏たちは、しばしば質素な社会階層の出身で、彼らの昇進は、彼ら自身の功績と、国家が提供してくれる彼らの地位によって決まった。たちまち彼らは貴族たちよりもはるかに国家に忠誠であることを示すようになる。貴族にとって、国家勤務は評判の悪いものだった。公僕という精神、公共の利益の尊重といったものが、この時ロシアで日の目を見ることになる。

「ロシアの警察官」であるニコライ一世は、対外政策でも絶対的権威という国内と同じ原則を選び、欧州の「憲兵」たろうとした。ロシアで既存の秩序を保持することに熱中した彼は、国外でも秩序の保持に貢献することを自らの義務と信じていた。ロシアの対外政策とロシアの国益についての単純至極で一貫したニコライ一世のビジョンが、彼の全ての行動の根源にある。その結果、何よりもまず革命の再発、あるいは「人民の春」に示唆された民族主義を追い詰めたあまり、さまざまな戦線に彼を導くことになった。ポーランドとウクライナがその例である。けれどもまた、オスマン帝国に対して取るべき態度についてさんざん躊躇したあげく（正統王朝主義に基づく考慮の名の下にオスマン帝国の領土保全を尊重するか、帝国解体の計画に参加するか）、彼のこうした態度の結果として、惨憺たる結果をもたらしたクリミア戦争に引き込まれ、ロシアは幾つもの国、すなわちオスマン帝国、フランス、英国、オーストリアと敵対した。ロシアは、この戦争で南東ヨーロッパと中東における拠点と国際的影響力を失った。

クリミア戦争におけるロシアの大敗北は、この国の一世紀半にわたる領土拡張に終止符を打ち、暫定的ではあるが、バルカン諸国と黒海におけるロシアの野望にも終止符を打った。その敗北は特に、ロシアの軍事的弱体ぶりを白日の下にさらけ出しただけでなく、国土の広大さとその資源の膨大さ、そして国際社会で重きをなすに足るだけの真の能力との間の格差を露呈した。この紛争の中で、ロシアは、自らの重みの下で圧しつぶされた、との印象を与えたのである。

そこで社会は、この国の遅れが文字通り崩壊と呼ぶべき事態の直接の原因であることを理解した。矛盾に満ちたニコライ一世の統治期間のさなか、ウバーロフ伯は言明するのだ――「もし、私がロシアを政治的理論が約束しているものより半世紀ほど後戻りさせることに成功したら、私は、自分が祖国に良く仕えたと感じることだろう」。たぶん、この言明は言い過ぎだろう。しかし、一八五五年、ロシア拡張のシンボルであるセバストポールが敵側の手に落ちた時、ニコライ一世が亡くなり、明白な事実となった。故ツァーリは周縁地域を含めて全ロシアから、進歩へと向かっていたリベラルで民族主義的な傾向を一掃してしまっていた。

変革を求める全ての試みを麻痺させようとする彼の意志は、当然のことながら社会面では農奴制に、そして経済面にまで広がった。ヨーロッパが産業化時代に突入しているというのに、ニコライ一世の諸大臣は鉄道建設にも反対して、移動があまりにも容易になれば、ご存じロシア人の一か所に定住しない傾向に弾みがつく、と主張する始末だ！「ニコライの鉄道」と名付けられた鉄道路線が二つの首都を結んでいただけだった。ロシアは、このような条件下では、他のヨーロッパ諸国との間で影響力と国力を競い合うなどとても考えられなかった。ロシアをその無気力から、永遠の遅れから引き離すことを目的とした急進的な改革なしには、一八五六年の段階で、もはやロシアにとって未来はない、とさえ見えた。

累積する遅れについて無自覚なニコライ一世という人物の外交政策はまた、ロシアに対してヨーロッパ全体を敵対させることになった。こうした結末の前に立たされた後継者アレクサンドル二世はたちまち、ロシアを、いまや自分の世紀となった時代の要求に適合させようと全力を尽くすことによって、ロシアを閉じ込められたわなから抜け出させるべく努力するようになる。頑なに改革を拒否してきたことが行き詰まりをもたらしたのだから、真の改革政策がついに日の目を見ることになる。ある国家の国力とは、国内の発展に依拠するしかないことを、アレクサンドル二世は理解した。クリミア戦争がもたらしたこの教訓は、ロシアで初めて一人の君主がその治世を通して継続することになる政策の基礎を築かせることになる。

第八章　解放皇帝

　人々の性格は、必ずしも彼らがたどることになる道を示すものではない。ニコライ一世とアレクサンドル二世は、この点では、あい反する例を提示している。ニコライ一世の場合、生まれつきの剛直さ、保守的な精神、軍隊への熱情が、たちまち彼の治世のたどるべき大筋の方向を垣間見せるが、アレクサンドル二世については、事態の重大さを考慮に入れなければ、何ひとつ、真の改革者の到来を示唆するものはなかった。新皇帝は、父親が教育係として指名した詩人のジュコフスキー*によって国務に当たれるように完全に準備されていた。良く教育され、自分の国の抱える問題を周知していた彼だが、ニコライ一世の後を引き継ぐその日まで、リベラルな思想にはほとんど惹かれず、むしろ保守的で引っ込み思案であり、対決を避けようとする傾向があった。だが彼は、直ちに困難な決定を下すことを迫る条件の中で皇位に就いたのである。

＊ワシリー・アンドレイヴィチ・ジュコフスキー（一七八三―一八五二）。詩人。一八一六年、当時のイギリス国歌の歌詞をもとにして、ロシア国歌を作ったことで知られる。

まず彼に課されたのは、父親が敗北した戦争に終止符を打ち、ロシアにとって屈辱的な和平を受け入れることだった。講和条約に仮調印したのは必要に迫られての行動だったが、もはや一八一二年のナポレオン戦争の時のように、全国民が拙劣に指導された戦争といえども国を挙げて奮起したような意志をもはや持たないという世論の圧力に従ったともいえる。講和条約の締結にともなって宣言が出されたが、これは彼の治世下での第一号で、将来へのおどろくべき眺望を開いていた。

わずかな言葉で示されているのは、皇帝が執着するある種の原則であり、改革、法の前での全ての人の平等、汚職とロシア司法制度の野蛮さへの非難、だった。この文面は既に、その中にきたるべき本物の革命を含んでいた。

振る舞いが臆病で、どちらかと言えばのろい人物にしては驚くべきことに、アレクサンドル二世は、戦争を終結させることに専念しつつ、宣言に盛られた意図を行動に移すことに一刻もむだにしなかった。即時実施に移される一連の措置は、ニコライ一世の厳格な政策との断絶を示した。「古儀式派」およびポーランド・カトリック教会の身分についての態度も緩和された。大学は自治を回復し、教科と書かれた文書についての検閲も軽減された。ユダヤ人も、これらのリベラルな措置の恩恵を受け、とくに税制面でそうだった。全ての政治犯への恩赦は、デカブリストをも対象にした。外国行きのための旅券の費用は、ニコライ一世の治下では外国旅行希望者を断念させるために高く設定されていたが、引き下げられた。最後に、税金滞納者についても、最困窮者については帳消しにされた。

こうしてロシアの上にも自由の風が吹き始めた。だがツァーリは、体制そのものを深く変えないまま、より人間的なものにするこれらの措置に満足しなかった。講和条約が調印されるとすぐ彼は、経済面での「追いつき競争」に取り掛かることを決定し、その手初めが、最もおろそかにされてきた下部構造、すなわち鉄道だった。鉄道に関するさまざまな法規についての研究委員会が創設され、フランスがロシア帝国の最適なパートナーとして選ばれた。

農奴解放――一つの社会革命

農奴制の問題は、いつも論議されながら、いつも先送りにされてきたが、新政策では後にひけない問題だった。若年のとき、父ニコライ一世の傍らで国事について手ほどきを受けた際、アレクサンドル二世は、むしろ農奴制維持のほうに傾いていた。たぶん、全ての彼の前任者同様に、大規模な改革がもたらすであろう結果を恐れていたからだろう。だが一八五六年をきっかけに、かれは素早く見方を変えた。

すでに取られていた解放措置は、知識階級の間で論議を呼び、彼らは突然声高に意志を表明し、ついには農奴制廃止を要求した。アレクサンドル二世自身も、農民解放を求めるツルゲーネフ作『猟人日記』に強い感銘を受けた。その上、宮廷の彼の周辺では、だれもが変化に好意的だった。しかし彼の家族的サークルの外では、土地を持つ貴族たちが、こうした改革が物質面でもたらす結果に恐れをなして常に強いためらいを表明していることに気付いていた。貴族の兵役義務免除とアレクサンドル二世の農奴制見直しとの間に一世紀近くが経過している。だが、貴族は、一七六二年の改革からだれも結論を引き出すことはあるまいと高をくくっていたが、貴族を兵役から解放したからには、農奴制の保持は正当化できなくなっていた。

アレクサンドル二世は、二つのあい反する感情の間で煩悶していた。一つは、農奴制の忌まわしい我慢のならない性格についての明確な良心である。もう一つは、貴族が彼に敵対して立ち上がることであり、また、もし改革があまりにも遅れると農民の新たな暴動が起きるのではないか、との懸念であった。彼は、貴族に対して、農奴制を放棄することで利害関係者となることを受け入れない限り自らの利益を保持できないと説明して、貴族を彼の計画にとりこもうとする政治的な才覚を持ち合わせていた。この上からの革命原則を受け入れない限り、貴族は、深奥から立ちのぼる革命によって押し流されてしまう危険がある、と。

「上からの」革命というこの考え方に、皇帝は、貴族たちの合意を求めた初期の段階で、入念に検討した揚げ句の第二の原則を付け加えた。すなわち、自分は漸進的な革命の実現を願っているのであり、知識人たちが夢見ているにもかかわらず、ロシアではだれ一人、大変動による変革への備えはできていないのだ、と。ピョートル大帝は自国に上から多くの改革を押し付け、だれにも相談しなかった。彼の乱暴で一方的な選択は、必然的に、討議や、もともと存在しない合意を取り付ける試みの代わりに暴力を用いる必要性が生じた。アレクサンドル二世は、ピョートル流の選択のうちの一つの効果については確信していた。すなわち、ロシアという条件下では、改革は上からでない限り決定も実施もできないのだ、と。しかし、彼は、ピョートル流儀の論理の第二点については、拒否した。つまり、人々に皇帝の選択を強いようとする意志、従って暴力に訴えるしかないと帰結する点だ。こうして若き君主は、まさに新時代にふさわしい人間に見えた。ヨーロッパに相次いだ革命の教訓を受けて、人々の気質を考慮し、社会を乱暴に扱わず、社会と対決するよりも妥協を求める人物として。このような論理を支える政治的進歩は目覚ましいもので、この時以降ロシアは、近代的な精神の持ち主の指導下で、近代化へ向かって後戻りのきかない歩み——抑制のきかない疾走ではなく——に静かに乗り出すことができるかに見えた。

一八五八—一八六一年の三年間、若き君主は自ら選択した路線を押し付けようと試みた。秘密の委員会がゆるやかな改革を目指した諸計画案を準備し、全ての地方機関で貴族たちとの交渉が始まり、彼らに自分たちの意見を提出するよう求めた。皇帝はリベラルな思想に染まった貴族たちの小グループの支持を受けていたが、しかし、貴族の中からの強硬な反対が、たちまち彼の計画を脅かした。まさにその最中の一八五八年、彼は事態を一変させた。それまで全ての討議は、貴族だけに限られた小委員会の内部で行われたが、社会の残る部分はのけ者にされていた。アレクサンドル二世は突然、貴族たちの猛反対を引き起こした練り上げ済みの計画案を公表することを決心した。つまり皇帝は、農奴を解放しようとする自らの意志を支持するよう国全体に呼びかけたのだ。それまでは全てが上層部で決定され、人民が意志表明するように求められることなど無かったロシア帝国の伝統から、何たる断絶だろう！　討論の内容が突然公表され喧伝されるなど、帝国がかつて経験したことの無い重大事態なのだが、君主と臣民との関係に転機を画した。一八五六年、自由は、ニコライ一世の専制権力下の透き間からも浸透し始めていた。その二年後、民主主義の萌芽が現れたが、今度は絶対君主の意志によってだった。

反対にもかかわらず、ツァーリはもはや譲る気持ちは無かった。一八六一年二月十九日、農奴解放令が発表された。

ロシアは新時代に突入した。この解放令はロシアの人口のかなりの部分に係わっていた。一八五八年実施の人口調査によると、ロシア帝国の総人口は六八〇〇万人だったが、その四〇％が真の農奴で、皇帝の決定により解放され、完全な市民として社会に組み入れられた。改革には不十分さもあった。受け取った自由は、土地の所有権そのものを意味しなかった。解放農奴たちは、国家の援助の下で土地を旧土地所有者から買い取らねばならなかったが、国家の貸し付け金を四九年間で償却支払いする義務を負わされた。さらに、解放の法的枠組みは極めて特異なものだった。解放は個人の法的身分として実施されるのではなく、ロシアの伝統的農村共同体であるミールの枠内で登録された。

農民に付与された自由を制限するようなこうした選択を、どう説明したら良いのか？　それは先ず、農民のメンタリティーについてのいささか誤ったビジョンに基づいていた。改革案を起草した人々は、農民階級が共同体的な生活に愛着を抱いていると信じ、農村の旧来の組織がまだ機能していると考えていた。ところが、そんなものはとっくに消滅していたのだ。共同体的枠組みの支持者たちはまた、農奴制をもってしても支配しきれなかった農民の心理や無秩序の行動ぶりについても議論を持ち出した。農民をかれらのファンタジーのままに任せておくと惨憺たる結果をもたらす、と共同体枠組み保持者たちは考えていた。彼らの目には、農村共同体は地主の権威に取って替わる非力だが必要不可欠なもの、と映った。共同体は、農民たちが自らの自由を使いこなすことを学ぶまでもうしばらく存続が必要だった。しかし、経済的な考慮もこの解決策を思いつかせた。ロシア農民は生産性が極めて低かった。絶え間無い放浪癖、新しい土地での粗放農業などは確かに農奴制によって打破されたが、投げやりで秩序が取れず、無責任な行動は存続していた。ロシアの農業生産性の低さがそれを実証している。その上、農村地方にはアルコール中毒が蔓延しており、この弊害ゆえに農民たちは自ら責任を負い、自分たちで行動を組織することに備えができていなかった。その一方で、農村共同体は、そのメンバー間に金銭上の連帯方式を作り出していた。とどのつまり、最も活動的な農民が、むしろ受動的な農民大衆を引っ張って行くことを期待していたのだ。

ただし、農民には共同体から外に出る可能性——そのことは解放令の条文に書かれている——と、個人の土地所有者の身分を手に入れる可能性が与えられていたことを記憶に止めておくべきだろう。結局、土地所有者の利害を越えて、この条例では、ロシア社会を分断している二つの相反する考え方を和解させようとしたのだ。一方では、急進的な改革を熱望し、各個人の自由を全ての上に置こうとする人々に満足が与えられた。他方では、ロシアにおける社会関係と農民意識の特殊性が認められた。

農村共同体はその実例である。バクーニン*がいみじくも強調しているではないか、ロシア農民は他のいかなる農民とも比較できず、絶えず蜂起に突っ走ろうとする意志が彼らの心に刻まれているのだ、と？　彼によれば、共同体こそ、この蜂起に突っ走る意識が保持されている枠組みなのであり、一方、土地私有は共同体農民をいち早くブルジョワ意識に堕落させてしまうのだ……

*ミハイル・アレクサンドロヴィチ・バクーニン（一八一四―七六）。貴族出身の革命家。アナーキズムとナロードニキ主義の理論家として知られる。『神と国家』『国家制度とアナーキー』などの著作を残した。

大改革――新しいロシア

農奴解放はまた、地方行政組織の変革と、農民層も代表される権力機構の設置を必要とした。この点での最も重要な改革は、農民層の地方自治機関であるゼムストヴォ創設である。たぶん農民たちは、貴族たちが長期間にわたり優位を占めることになる選挙による地方議会に参加する用意が全く出来ていなかった。しかし、いくつかの地方では、特にモンゴル支配以前のはるかかなたの過去以来、民衆が代議員選出に参加する伝統のあったロシア北部では、農民たちはこれら議会に大挙して参入し、重要な役割を果たした。ゼムストヴォは多様な問題について権限を持っていた。すなわち、教育、保健、地方道路網、技術の発展向上、などである。これらの分野で展開された行動は、問題が土地の事情をよく知っている人々により末端で処理されただけに効果的だった。その結果、地方で実際に進歩が見られ、一八七〇年には、都市行政改革のためのゼムストヴォのモデルが採択されたが、そこでは選出された議会である市会がやはり重要な役割を果たすことになっていた。こうした改革は住民全体を行政に参画させることから、おそらく、改革の実施にあたり、適用の範囲をできるだけ制限しようとするロシア官僚機構の慣習と衝突したであろうことは無視できない。そこから、ある種の事なかれ主義と失敗が生まれ、そのことがいつの日かロマノフ王朝の命運に重くのしかかることになる。

この大転換を上から押し付けるためにアレクサンドル二世が用いた方法は、ここで詳述するに値する。その方法こそ皇帝の戦略を示すものであり、後になって続発する激動の根源になるからである。

先ず最初に、この大革命の中での専制君主制の責任と、皇帝が用いた手段を強調しなければならない。一八六〇年、ロシアの一般住民の大多数が教育を欠いており、受け身で、時たま蜂起に突っ走ることがせいぜいだった。富裕階級はその反対に、状況を知っており、その大多数が農奴制廃止を望んでおらず、権力に対して圧力を行使するだけの知的、物的手段を持ち合わせていた。皇帝の意志だけが、原則と専制君主制が彼に付与する権限の全体に頼りつつ、一方からの決然とした反対と、他方からの受け身の姿勢を乗り切ることができた。

もう一つ考慮すべき要素は、ニコライ一世によって進められた政策の結果、官僚機構のあるメンバーたちの間にアレクサンドル二世支持が生まれたことである。ニコライ一世は、言われているように貴族階級を嫌っており、この理由から、また一七六二年以来、貴族たちは国家に仕えることを嫌がったことから、皇帝は行政機関の扉を新しい社会階層の人々へ大きく開いた。新しい社会階層の人々とは、貧窮貴族で栄誉の階段を駆け上がるために個人的功績をあげようとする人々、そして特に聖職者の子供たちで、彼らにとっては、自分たちの置かれている環境と僧服から免れるための唯一のチャンスは国家のために勤務することだったからだ。これら新参者たちは、官僚機構に新しい精神を吹き込んだ。彼らはより自由で、時にはずっと有能であり。旧来のエリートたちに対して自分たちの立場を明確にする意欲を持っていた。アレクサンドル二世は行政機構内のこうした分派に頼ることができたのであり、彼の改革主義的な業績は、思いもかけないことながら、前任者が取った措置の恩恵を受けていた。変化に対する激しい反対論者だった人物は、全く本人の意に反して、こんどは息子の改革政策に無視できない助力を与えることになったのだ。この例は、ロシア帝国においては、後進性意識が全ての心に、全ての政策に取り付いていることを実証し、改革によって後進性の穴を埋めようとする政策と、改革に反対することで後進性を無視しようとする政策の双方が改革への勢いに貢献した。

アレクサンドル二世は、彼の目標に到達するために大変巧妙な政治力を駆使して反対派をうろたえさせた。先ず農奴廃止計画を練り上げる仕事を廃止支持者たちに任せたが、彼らの属する貴族階級は、たちまち彼らを貴族階級への裏切り者と決めつけた。このことは、決して彼らの仕事を容易にはしなかった。一八六〇年末、人々は皇帝が方針を変えた、と信じた。皇帝は改革派たちを解任し、司法相ビクトル・パーニンを解放を任せる委員会のトップに据え、彼に決定的役割を担わせたかに見えた。パーニン伯は大地主であり、計画案に絶えず反対を唱え、現状維持派のチャンピオンを自認していた。全てが失われたかに見え、特権階級の反対の犠牲となって挫折した他の改革案を思わせる状況にだれ一人おどろかなかった。

絶望のあまり騒ぎ立てた改革派たちが知らなかったのは、皇帝が、彼の真っ正直な性格からして想像も付かない策略を弄した、ということだった。社会的保守主義の最も熱烈な擁護者である人物の任命は、自分たちの勝利を確信した貴族階級全体を骨抜きにした。彼らが気付かなかったのは、アレクサンドル二世はパーニン伯をトップに任命することで、自分の条件を突き付けたということだ。以後、改革案を通過させるのは司法相の責任である。パーニン伯が受け入れたのは、彼が国家への責任感と、皇帝の意志の尊重から、自分の利害への執着を乗り越えたからだ。アレクサンドル二世の説得が功を奏して、彼は確信を抱いた——明らかに収拾のつかない状況にあって、暴力が激発する危険があり、自分が仲介者となることで、皇帝の権威を強めることに貢献できるのだ、と。このように行動することでアレクサンドル二世は、単に巧妙さを実証しただけではなかった。前任者たちの単純な権威主義とは対照を際立たせ、彼は、自分が君主制を機能させるのに、より近代的な規則を発見しつつあることを示したのだ。専制君主は改革を決定した、しかし、専制君主制そのものは乱暴な意志の表明にだけ頼るのではなく、国民に受け入れられねばならないのだ。その調停をすることも専制君主制の一部である。保守主義者パーニンは、この意味では、ロシア史上初めて登場する調停者であり、この役割こそ最も進んだ国々でも十九世紀の政治体制がまだ見いだしえていない独特のものなのである。こうして、あれほど遅れていると言われたロシアで政治面での長足の進歩が遂げられる。

農奴が解放されたからといって、アレクサンドル二世はそこで留まろうとせず、また、彼が揺るがした官僚主義に息をつかせることもしなかった。改革が待たれる第二の領域は、すでに焦眉の急となっており、この問題がいく度となく提起されてきた司法制度だった。アレクサンドル二世は、この問題を彼の第一回目のマニフェストで取り上げている――「各人が同等の法の保護と万人平等の司法を見いださねばならない」。ここでもまた、まことに革命的な言辞である。なぜなら、ロシアにおける法の施行は、官僚制と司法制度を分離しておらず、帝国の市民は法の前で不平等だったからだ。皇帝は、農奴制廃止のときと同じように国民に依拠する決心を固め、不平等さと既存の制度の行き過ぎを公然と非難し、ある種の個人や各種グループ――大学人、司法関係者、私人といった人々――に討議に参加するよう求めた。全国的規模での討議――ロシアにとってなんたる新機軸であることか――の目的は、「独立した司法制度を創造し、社会に法の持つ意味と法への尊敬を与えること」だった。この計画を支えていたのは二つの原則で、その大綱は一八六二年に公表され、一八六四年に採択された。すなわち、司法権の独立と、君主から最も貧しい臣民に至るまで全ロシア人を拘束する性格である。法治国家であることが、この改革の背景に透かし込まれていた。ここでもまたアレクサンドル二世は、変革の過程について漸進的で熟慮した概念を持っていたことを示している。改革はまず二つの首都で実験され、次いで段階を経て国土全体に広げられて行った。地方によって状況もメンタリティーも異なることを考慮に入れたこうした漸進的なアプローチは、旧来の慣習と強力な利害とに衝突することになる関係機関と原則が定着することを容易にした。

この法律の主要条項は、ロシアに近代的制度を導入したものであり、しばしば当時の先進ヨーロッパが経験しつつあるものの最先端を行くものだった。新制度の地域上、序列上の組織は極めて簡単なものだった。すなわち三つのレベルからなっている。民事、刑事事件を担当する地方裁判所、国土全体を一〇地区に分けた地区裁判所、そして控訴を判定する上院の破棄院である。軽犯罪は治安判事が、重罪は陪審員が担当した。大きな新機軸は判事の身分に関するものだった。判事は住民四万人につき一人の割合でゼムストヴォ会によって選出されるが、大きな権威をたちまち帯び、その身分に応じて独立性を持つとの評判が高まり、数十年のうちに政治的キャリアを選ぶことも視野に入ってくる。

このように整然とした制度だが、いくつかの例外が存在したことは、改革者たちにとって極めて差異が大きい上に伝統に深く根差した状況を一挙に一本化することの困難さを示すものだ。地方での訴訟は、これまで通り農民裁判所の管轄に属したが、ここではいまだに慣習法が支配的だった。同様に、宗教裁判所と軍事裁判所は普通法の枠外に留まった。

しかし、以後、討議の公開、手続きの迅速化、まだ横行していたあらゆる野蛮な判決の廃止、裁判の公判記録を政府広報紙『プラヴィテルストヴェンヌイ・ヴェストニク』紙上に掲載することが全員に課された。

もし、この司法が尊重されたとしたら、すべてが司法の独立性を指し示すことに協力したからである。判事は罷免されることがなく、汚職を防ぐために国家から給与が支払われる。陪審員はゼムストヴォと市会が準備したリストから選ばれた。最後に、全ての裁かれる人は、訴訟費用の救済を受ける権利があった。

この制度は司法職を誕生させた。ロシア法曹界は、輝かしい精神と教養を持ち弁舌巧みな人物を輩出し、彼らの姿は一九〇五年以降にはドゥーマに、そして革命当時は議会に現れることになる。二十世紀初頭に飛躍的に出現した政界人たちは、その多くがアレクサンドル二世治下の司法改革の産物だった。

それまでは、ありとあらゆる禁止令にもかかわらず汚職と、いわれない残酷さの交じりあったロシア司法界のおぞましいイメージが文書の形で流れていた。アレクサンドル二世の改革により、正真正銘の司法制度がこの恥ずべき制度に取って代わり、おかげでロシアは西欧諸国を劣等感なしに正視することができるようになった。この点については、アレクサンドル二世は遅れを取り戻し、ロシアを近代性の中にしっかりと据えたのである。

これほど大規模な改革を二つも実施したことで、皇帝の革新への意欲も出尽くすかに見えた。事実はそうではなかった。彼はそれと同時に、定期的に問題を引き起こすもう二つの領域に取り掛かっていた。すなわち軍隊と教育である。

軍隊はクリミア戦争の中で、その弱点を露呈していた。ロシアで司法制度の面で進歩が遂げられたことで、不平等な兵役制度は耐え難いものになっていた。前述したように、一八六一年までは男性人口の無視できない部分——農奴、あるカテゴリーの都市住民——が参謀本部の定義に基づいて必要なだけ軍務に振り向けられた。新任の陸軍大臣ドミトリー・ミリューチン*は、農奴制廃止に関する諸措置の準備作業に参加した人物で確固たるリベラル思想の持ち主であり、以後二〇年間にわたり大々的な兵役改革を成し遂げた。

＊ドミトリー・アレクセイヴィチ・ミリューチン（一八一六—一九一二）。軍人。政治家。軍事アカデミー教授を務めた。

農奴制廃止のときと同じように、軍組織に変化をもたらすこと全てが強烈な反対を受けた。最高司令部ならびに軍幹部は、旧来の慣習に手をつけることは、すでに病状の進んでいる軍隊をさらに弱体化すると恐れていた。ここでもまた、漸進的改革こそが最良の方法であるとされた。ミリューチンはまず、兵役期間を二五年から一六年に引き下げることから始めた。次いで一八六四年には、めざましい進歩として国民皆兵令が発布された。改革にあたっては平等の原則が貫かれた。というのも、全ての男性市民に兵役を義務づけたからである。だが、当時としては驚くべきことに、もう一つの原則も保持された。すなわち、兵役期間と教育水準との繋がりである。この基準によれば、いかなる教育も受けていない者の兵役年限は六年、中等教育を受けている者はわずか二年、大学生にいたっては六カ月に設定され、改革は、なににも増して教育の恩恵があることを国民に示したのである。

同時に、陸軍大臣は、広大な領土の安全保持と近代的軍隊としての有効性という双方の要求をうまく組み合わせようと努力した。こうした懸念が二つの決定の発端となった。すなわち一つは国土の周縁部と国境の管理と安全をよりよく確保するための指揮系統の中央集中化であり、もう一つは、それまでロシアでは未知のポストである参謀総長を戴く中央軍事部の権限強化だった。

この改革は、社会と中央権力との関係に二つの利点をもたらした。先ずは法の前での市民の平等が全ての領域にまで広がっていると示したことだ。司法制度改革と農民に対する改革の中で宣言された法と公正さが、ここで新たに確認された。ロシア社会は、法なるものが意味を持っており、全員にかかわる問題であることを信じ始めた。一方、兵役が短縮され、それまでの専横ぶりから免れ、新兵を適切に扱うことを義務付けるなど厳格な規則に従うようになったために、召集されたロシア市民にとって、兵役はもはや個々人にとって悲劇でも死刑宣告でも絶対的不正義の証しでも無くなった。一連の改革は、社会に信頼と楽観主義の新時代を開き、その結果、制度上の変化に伴う発展への努力に有利に働いた。

しかし、こうした改革も、教育面での大規模な計画によって支えられなければ現実に成果をもたらすことはできなかったろう。人々の身分を変えても、人々がそれを理解し決定された変革に自ら参画する手段を与えられなければ効果は薄い。ロシア社会の知的な面での遅れは、エカテリーナ二世の努力にもかかわらず依然として大きかった。彼女の努力も、あまりにも部分的であり、しばしば一時的なものに過ぎなかった。ロシアを知的な面で発展させようとする意図は、いくつもの考慮に基づいていた。教育のない社会は、改革計画のもう一つの面である計画された経済発展に効果的に参画することはできない。その一方で、政治体制に異議申し立てする知的運動の高まりは社会騒乱を保持することに貢献し、アレクサンドル二世の治世下で、ついに悲劇的な様相を帯びることになる。たしかに、過去の大規模な反乱の際のように社会全体がそこに巻き込まれることはなかったが、しかし、騒動への呼びかけと体制そのものの問題視は権力側を不安にした。無知な大衆の目に魅力的に映る思想や運動組織から大衆を遠ざけておく最良の方法は、大衆教育を加速化することではなかったか？　騒乱に対抗するのに教育をもってする——これこそリベラルな思想に突き動かされた有能な大臣の掲げた標語だった。

教育制度改革担当大臣のトルストイ*はそもそも二つの確認事項から出発していた。すなわちロシア社会の教育水準は極めて低いこと、大学は反体制活動の中心であること。実は、大学はアレクサンドル二世の治世の最後までますます急進化するのだが。それ以降、彼の掲げる目標は単純至極だった。できるだけ多くのロシア人の若者に学校教育を受けさせること、それもできるだけ早く。若者たちが大学に過度に殺到することを避けるために進学の流れを制限すること。最後に学校教育、中でも大学教育の科目を統制して反抗心を植え付けるようなあらゆる内容を避けること。こうした考えに凝り固まった大臣は次々と決定を下した。初等教育教師養成を改善するための講座を設置したが、不十分なものだった。このレベルでの教員養成についてトルストイはゼムストヴォに新たに責任を委ねた。彼は、大学への進学を容易にするために初等教育から中等教育への「横滑り」を増やそうとした。だがこの点については、高等教育への候補者がコントロールできないほど増加することに不安を抱いた国家評議会の反対を前にして、大臣は後退せざるをえなかった。そこで生まれた解決策が近代的な中等教育である王立学校もしくは技術学校を発展させ、エリートたちに短い教育年限と職業生活への近道を保証することだった。

*ドミトリー・アンドレイヴィチ・トルストイ（一八二三―八九）。政治家。アレクサンドル二世暗殺後、内相をつとめ、抑圧政策をとる。

当時、ロシア政府部内ではそうした確信が優位を占め、教育について、教育の発展がもたらす諸問題について論議が盛んだったが、その中で、保守的精神を養成する学問分野すなわち「人文学」と、進歩派が選択する学問分野すなわち精密科学の間に明確な境界が生じていた。かつてピョートル大帝は後者の教育を推進しようと努めたが、アレクサンドル二世の改革はむしろそれにブレーキをかけることになる。学生たちは、文学、古典語を熱心に勉強することをすすめられたが、同時にピョートル大帝の願いも復活して現代語教育も推進された。

自由権にしがみつく大学を統御することは容易ではなかった。大臣は、いかにしてこの問題に取り組むか思案にあぐねていた。ただでさえ頻発していた学生たちの反抗をさらに誘発することを恐れたからだ。彼は強圧措置とリベラルな措置の間で揺れていた。このように矛盾した選択は、大学内部および学生の間に絶えず不安感を募らせた。時には退学処分と兵役送りの強圧措置、時には恩赦を与えるやり方は不幸な結果を招いた。大学は絶えざる反抗の火元と化した。

それでも、極めてオリジナルな改革が熟慮の末に教育の分野で実行されたことは特記されるべきである。女性に対する非常に質の高い高等教育が進展した結果、何百人という若い女性たちが、それまでは禁止されていた学問に殺到した。これらの年月の間に女性のエリート層が出現したことは、社会の中で、とくにロシア社会の中で婦人たちが果たしていた役割を考慮に入れると、国民のメンタリティーを近代化することに貢献したと言える。だが何事にも裏があり、それは政治面への跳ね返りだった。こうして女性に与えられた教育への機会について皇帝に感謝するどころか、若い女子学生たちは大挙して反体制派エリートに合流し、後に革命運動に参画するのである。

ことの次第は別として、アレクサンドル皇帝時代に、この領域で展開された努力の成果を過小評価してはならない。この努力ぶりが正当化されるのは二重の強迫観念からである。すなわち、加速する変革政策に取り組むロシアに残酷なまでに欠乏している幹部の人材を供給する必要。膨れ上がる異議申し立てエリート層に対抗するために、なんとか先を越して他のエリート層に働きかけ、体制内での昇進の道が開けていることをちらつかせて取り込もうとする絶望的な意志。

この賭けこそアレクサンドル治世にとって最も重要なものだったが、敗れた。解放の君主のたどった不幸な運命が、それを物語っている。

真の大国の始まり

改革のグローバルな政策の最後を飾るのが、経済面での進歩である。ロシアは、鉄道網発達の領域で、鉄道網建設と産業化を平行して実現していたヨーロッパ諸国に比べてひどく遅れていた。クリミア戦争での手痛い敗北は、こうした軍事的能力の面での遅れはいかに手痛いものかを示した。アレクサンドル二世はこの教訓を理解し、帝位に就くや直ちに大規模な鉄道網計画を練るよう命じた。この鉄道網計画は、単にクリミア戦争での敗北がその必要性を痛感させたからだけでなく、いまやロシア帝国が中央アジアにまで広がっているからであり、綿花の一大生産地である中央アジアこそロシアの繊維産業が必要としていたからである。それまでは英国が、自らの帝国の内部で生産される綿花のおかげで世界の繊維産業を支配してきた。ロシアはようやく英国に対抗することを夢見るまでになった。

一八六〇―一八八〇年代のロシア鉄道網発達は、二つの大きな特徴により性格付けられることになる。一つは、建設にあたり個人のイニシアチブによるものがかなりの比重を占めていることであり、その結果、国家の全体的利益のためよりも企業家たちの特定の利益に合致するものであることがしばしば後日になって明らかになる。特に注目すべきもう一つは、ロシア鉄道網が帝国の西部に偏る傾向にあり、その反面、シベリアと極東といった東部空間はなおざりにされたままだったことだ。後に一九〇四年（日露戦争）、まさに極東に大兵力を輸送しなければならなくなった時、この鉄道網の西方への偏りは重大な結果をもたらすことになる。ロシアがこれまでに積み重ねてきた過ちを理解するには、その度に敗戦の憂き目を体験しなければならないだろう。ロシア経済は、その経済の中心のいくつかの移動を伴いながら発展してきた。それまでロシアの豊かさの頂点を極めてきたウラル地方は、ウクライナのドネツ炭田の石炭資源とクリボイ・ログ盆地の鉄鉱石が結合したことで追い越されてしまった。そこに産業が発展したことで新興都市が乱立し、プロレタリアート階級も増大した。ロシア社会は、これらの産業発展によって影響を受けた地方で急激に変化した。

アレクサンドル二世は生来、戦争好きな君主ではなかったにせよ、その彼もまた帝国の版図拡大に貢献した。前任者たちと異なるのは、彼が獲得した地域はアジアもしくはカフカス地方だったことだ。中国からは、皇帝はアムール河とウスーリ河の左岸をもぎ取った。ロシアはこうして日本海沿岸地域を獲得したことで、太平洋の強国にのし上がった。カフカス地方では、長年にわたりイスラム教徒指導者シャミーリが果敢に抵抗したが一八六〇年以降、全体が平定された。中央アジアも征服され、その結果、南北戦争のためにアメリカで綿花が不足していたまさにその時に、ロシアに綿花をもたらした。
やすやすと手に入れた領土拡大は、ロシアに甚大な可能性の道を開いた。だが、それはまた、過去五世紀近くもロシアの歴史に刻み込まれてきた方向と逆の効果をもたらしたのである。ロシアは独立を回復することでアジアのくびきから自らを解放したのであり、常に自らをヨーロッパの一国と定義する傾向にあった。アレクサンドル二世の新領土獲得によって、そのロシアはユーラシア大陸そのものになった。確かにバルカン戦争が皇帝の注意をヨーロッパに引き戻した。しかし、その注意は同時に汎スラブ主義に向けられ、その結果、ロシアをヨーロッパに近付けることには貢献しなかった。領土拡大と皇帝のメシア的野望――一八七七―一八七八年の露土戦争でのコンスタンチノープル奪回の夢――の間に生じた矛盾もアレクサンドル二世に不利に働いたし、彼個人と彼のプロジェクトの周囲に真の国民的統一を結集することもできなかった。

深遠な改革を特色としたアレクサンドル二世の統治はまた、晩年に暗影を投げかける二つの弱点を際立たせた。先ずは、これらの改革が完全に君主ただ一人の意志に依存していたことだ。確かに彼は絶えず社会を改革に参画させようと努力した。ロシア社会が受動的な観客に留まっていたにしても、それは、一世紀半以来というもの改革が絶えず問題にされながら、その多くが一向に実施されなかったからである。それはまた、ほとんど教育らしいものを受けていないロシア国民が、常に権力側からのイニシアチブを自分たちの運命に無縁なものと受け止めたからであり、農奴制廃止の場合のように人々の運命を激変させる改革についてさえもそうだった。国民は無関心であり、エリートたちは全体として超保守的であり、若い世代のエリートたちは権力側からくるあらゆる進歩に異議申し立てをした。君主だけが提案し、決断し、諸改革の保証人となったのである。こうした極端な立場はピョートル大帝の時にすでにそうだったが、二つの不都合さを露呈した。君主が世を去ると、国家に与えられていた方向が、改革の全体さえもが再び問題にされてしまう。さらに君主が改革を体現している場合でさえも、彼個人に対して、彼の権威に対してだけでなく、急進的インテリゲンツィヤが反対に立ち上がり、自分たちこそ真の進歩の原動力であり人民を導く唯一の道案内人と自認するのだ。急進的インテリは、皇帝との死闘には一つの出口しかないと見る。すなわち暗殺することである。

アレクサンドル二世は本当に、自らの事業を永続させるに足る手段を与えることによって、それを完成させる積もりだったのだろうか？　彼は自らの命脈がまさに尽きようとしていたその時に一大政治改革案を心に描いていたのだろうか？　彼は、改革が本質的に内包する弱点に対する回答は一つしかないことを漠然と理解していたように思える。つまり、市民社会が急速に発展し、政治生活の真の立役者となり、保守的な官僚制度、よりリベラルな若いエリートたち、そしてますますニヒリズムに陥りつつあるインテリゲンツィヤの間にしかるべき場所を占めるだろうと。市民社会の構成が遅れを取っていることが改革政策の脆弱性の決定的要因の一つであり、ロシア全史を通じてみられる後退現象の主要な原因の一つでもあった。一八七九年、憲法（コンスティテュツィオン）という言葉がロシア中に流布し、矛盾した反応を引き起こした。ポベドノスツェフ*の辺りには恐怖心を、ミリューチンの類いには多大の希望を与えて「既存の秩序が長く続くとは、もはや誰一人思ってはいない」と言わしめた。

アレクサンドル二世が当時検討させていたのは、憲法改革というよりも法制上の適用だったが、それは後にロシアの穏健派エリートたちの夢見る憲法へと導くことができるものだった。

＊コンスタンチン・ペトロヴィチ・ポベドノスツェフ（一八二七―一九〇七）。政治家。モスクワ大学法律学教授。保守的思想の持ち主で、皇太子時代のアレクサンドル三世、ニコライ二世の教育係を務めた。宗務院長を務め、専制政治体制を強化した。

一八八一年三月一日、委員会が政治改革を討論の最中、アレクサンドル二世は、暗殺者たちの投じた爆弾＊によって身体を引き千切られた。専制君主はもはやこの世におらず、自らの事業の存続を保証することも延長することもできなかった。ロシアの将来、すなわち「遅れを取り戻す」計画の将来もご破算になった。異議を申し立てるエリートたちについて、彼らの思想とその後の展開について取り上げるべきときが来たが、ともかく彼らがロシアの将来を勝ち取ったのである。

＊暗殺者たちの投じた爆弾。革命運動ナロードニキの〈人民の意志〉派のメンバーが爆弾テロでアレクサンドル二世を暗殺した事件を指す。

プーシキンから「半教養人」に至るまで

アレクサンドル二世は、農奴制廃止の意志を表明したとき、チェルヌイシェフスキー＊のように輝ける知識人たちから、そしてクロポトキン＊＊のような無政府主義者からさえも熱狂的に歓迎された。急進的なエリート層にとって、六〇年代の黎明期において皇帝は国家の全ての希望の担い手だった。初期の段階では、これらの知識人たちは、自分たちがあれほど強く求めてきた改革とアレクサンドル二世によって創設された自由に賛同せざるを得ず、この自由はロシアの精神生活を変化させた。多数の新聞や雑誌が刊行を許され、事前検閲は消滅し、当局による出版法違反取り締まりも停止された。ロシア的思考が、ついに制約なしに花開くことになる。

＊ニコライ・ガブリロヴィチ・チェルヌイシェフスキー（一八二八―八九）。哲学者、経済学者。農奴解放令を批判して民衆蜂起を組織化する革命組織を作ろうとして捕らえられ、長いシベリア流刑を強いられる。小説『何をなすべきか』（一八六三）の著者としても知られる。

＊＊ピョートル・アレクセーヴィチ・クロポトキン（一八四二―一九二一）。名門貴族出身のアナーキズム理論家。彼の無政府主義的共産主義という思想は、明治期の日本にも大きな影響を与え、幸徳秋水、大杉栄らの共感を呼んだ。長いこと海外亡命生活をした後、ロシア革命後、祖国に戻った。

だがトクヴィル＊がいみじくも書いているように、不人気な政府にとって最悪の時期は、その政府が改革を決断したときではないか？　そうすることで政府は、すでに達成された諸改革の名において突き付けられる増大する一方の要求と期待に扉を開くことになる。そして改革者が、もうこれ以上譲歩の道を先に進むことのできない瞬間が到来する。アレクサンドル二世は一八六〇年、リベラル派の拍手喝采を浴びたが、祖国を急激に変革させた諸改革にもかかわらず一八八一年、暗殺された。彼こそ、トクヴィルの分析の正しさを示す最良の例証の一つである。

＊アレクシス・ド・トクヴィル（一八〇五―五九）。仏社会思想家。一八四八年の革命後、しばらく外相を務める。アメリカ現地を訪れて、アメリカ民主主義と社会的平等などについてまとめた著作『アメリカ民主主義』（一八三五年）で知られる。

トクヴィルのこの言明は、たぶん他の国の改革者についても当てはまるもので真実味がこもっているが、しかし、十九世紀中葉のロシアは極端な例だと言わざるを得ない。改革は、ロシアにとって必要不可欠だったが、同時に例外的に危険極まりない状況下にあった。不安定さこそ、ロシアの歴史にほとんど絶えず付きまとっていた。つまり制度と王朝の不安定であり、社会そのものの不安定であった。そこに付け加わるのは、アレクサンドル二世が皇位に就いたときにエリートたちが急速に力を伸ばしていたことだった。ここはロシアのインテリゲンツィヤの歴史について詳述する場所ではないし、この問題については、すでに目覚ましい内容の著作がいくつも書かれている。だが、当時のロシアで改革政策を断行することがいかに困難だったかを理解するには、権力とエリート層との関係がどのように展開していたか想起すべきであり、次いで十九世紀後半におけるロシアのインテリゲンツィヤという特異な現象に言及すべきである。十九世紀前半においては、サンクトペテルブルクの栄光とヨーロッパの一員となったロシアの栄光に伴って、ロシアは輝かしい作家、詩人、芸術家たちを輩出した。プーシキンとゴーゴリ*は、忘れることのできないその代表である。これらの知的エリートたちは確かに権力に迎合しなかったが、しかし、権力に抗して立ち上がりはしなかった。プーシキンの叙事詩『青銅の騎士』はこうした態度を明らかにしたもので、ピョートル大帝とその業績の栄誉を讃える歌であり、その中に皇帝に人民の苦しみと不幸を直言する相手を登場させながらも、その人物は、前もって敗者として設定されていた。従って、この叙事詩の中では、歴史はピョートル大帝の側に与していたのである。ロシアの指導階級と知的エリートたちは当時、同じ宇宙に所属していた。結局のところ、どちらも比較的同質のカテゴリーに所属しており、同じ価値観と願望を共有していた。世紀後半には、この統一はエリート側がその陣営を拡大したために崩れてしまう。これは、貴族階級の弱体化を図ったエカテリーナ二世、ニコライ一世といった歴代皇帝の意図的な政策の結果であり、教育の進歩のお陰もあって新エリートたちの出世を助けた。たしかに国家勤務の仕事が彼らを優先的に受け入れていたが、これらの新参者たちはまた創造の道を歩み、すばらしい作家たちが彼らの中から輩出した。しかし、最も重要な点は外にあった。かつては貴族階級内部からエリートが生まれたが、伝統的な権力との結び付きが崩れつつあった。エリートたちは権力から遠ざかり、政治を無視しようとする。あるいは最もしばしば起こることだが、政治に関心を持っていても、政治を政府と国家への反対と同一視するのだった。

＊ニコライ・ワシリエヴィチ・ゴーゴリ（一八〇九―五二）。作家。劇作家。『狂人日記』『死せる魂』『外套』などで知られる。

こうして十九世紀後半を特徴付けることになったのは、二重の断絶である。一つは、それまで均質を保って来たエリート層を分断したもの。もう一つは、権力保持者対思想家・創造者グループの対立である。権力はその結果、これまで通りに単に社会から隔絶していただけでなく、権力と社会の間の「架橋」となりえたはずの文化界からも切断されてしまった。改革実施当時、アレクサンドル二世は社会を改革に連携させようと努力するが、人民と皇帝との間の仲裁者の役割を果たすことのできたはずのエリートたちが君主に反対して立ち上がることになる。

権力とエリートたちの間の離反は、「インテリゲンツィヤ」と名付けられるロシアの新エリート層の急速な発展により悪化することになるが、この新エリート層なるものは、例えば、プーシキンの描き出す世界とは大いに異なっていた。ロシア特有の現象であるこのカテゴリーについては、ここで手短に言及するに値する。

　インテリゲンツィヤは、決して社会学的に定義された一つのグループを構成したことはなかった。ロシアの一般大衆に比べると少数であり、貴族階級から最も貧しい庶民階級の代表に至るまでの多様な階層の出身であるが、彼らは、ロシアの抱える諸問題を認識し、それに対する回答を求めようとしたが、その回答たるや、この「階層」同様に多様であり、絶えず変化していた。インテリゲンツィヤとは、何よりもまずロシアに既存する政治的及び社会的秩序に絶えず敵対することで定義される。彼らは、そのような秩序が永続することを拒否するだけでなく、国家の改革の試みに少しでも参画することも拒否すると宣言した。インテリゲンツィヤとは、つまるところ、気分と思想の寄せ集めであり、既成の秩序に対する拒否の態度であった。ますます多様化する様々な階層に拡大し、絶えず急進化する一つのイデオロギー的共同体だった。人民こそ彼らの強迫観念であった。いまだロシアにプロレタリアートが少しも存在しない時代に、彼らは、いまだ沈黙している人民の代表、つまり農民の代表であろうとした。インテリゲンツィヤの多くが自分の出身階級から遠ざかろうとしたか、あるいは質素な階級の出身であり、生活条件そのものが危なっかしいことから、彼らは自らをロシアにおける最初のプロレタリアートと見なすようになる。

　ロシアの政治体制そのものが、全ての知的生活にも、体制の枠外で発展する恐れのあるあらゆる考察にも長らく敵意を示してきたことから、全ての独立した思想に不信を抱くことによって、インテリゲンツィヤのモラル上の特質形成に貢献することになる。ロシア体制について、社会的条件について、思考の自由な行使について、自由に討議することが不可能な状況は、インテリゲンツィヤをして半ば非合法な宇宙に閉じこもって内向し、あらゆる指導階級からの影響に心を閉ざさせた。政治的論議は禁止されるか、警察の監視下に置かれることから、インテリゲンツィヤたちは秘密の小さいサークルに集まる。裏切りと仲間のだれかが権力側と内通していることを恐れるあまり、組織内部にさえも絶えず不信を抱く態度が蔓延する。一方、彼ら内部での討論も、そこから生まれる解決策も権力の耳に届かない以上、現実の世界についても、何が可能かについてもいっさい考慮することなしに、自由に考察し、計画をどんどん推し進め、その結果、自然に極端な論議と選択へと突っ走ってしまうのだった。

インテリゲンツィヤの置かれていた諸条件そのもの――まさにその中で発展したのだ――が、しばしば戯画化されているかに見える振る舞いを助長した。不寛容、不信、論争好きの精神、非現実主義、そして、なかでも過激主義である。果てしなく続く激烈な議論に明け暮れるだけで未来の無い小集団のサークル内だけに留まる言葉と計画の上だけの急進主義など、一体いかなる重要性を持ちうるだろうか？　君主たちは、社会の中でも明晰かつ教育を受けた部分であるインテリゲンツィヤをロシアの未来を考察する作業に参画させることなど思いもつかず、結局、彼らをして孤独と過激行為に閉じ込めることに貢献してしまった。改革の時期を迎え、アレクサンドル二世が、リベラルな意志から、この閉ざされた世界で練り上げられていた演説や計画の詰ったパンドラの箱の蓋を少し開けてやっても、時すでに遅し、だった。演説どころか、インテリゲンツィヤはまさに行動に移り始めていた。さもなければ彼らに耳を貸そうとしない権力側の態度に絶望したからである。

数十年にわたり、このエリート集団の間で議論を引き起こした問題は、ロシアの将来についてだった。いかにしてロシアを変えるか？　ロシアは何になるべきか？　他のヨーロッパ諸国と同じような歴史的過程をたどって、似たようなヨーロッパの一国になるのか？　それとも、その歴史から、発展の特殊な条件から、その特質からして、外部のいかなるモデルにも基づかない、特殊な運命が定められた一国なのか？　こうした質問の背後に常に見られるのは、同じ認識、つまりロシアの後進性の問題であり、追いつくことが必要不可欠であるとする問題であって、それを実現するための取るべき道は何であろうと、最終構想がどうであろうと、どうでもよかったのだ。

十九世紀まで、こうしたことへの懸念が皇帝たちの政策の基礎となっていた。しかし、すでに十八世紀末から、ロシアの知的領域での進歩がエリートたちを変革し始めており、もはや国家の未来を考察するにあたって、彼らを除け者にしておくことは不可能となっていた。

一八二五年のデカブリスト反乱の失敗は、貴族階級出身の伝統的エリートたちの失敗だった。この失敗が後継者たちに示したのは、デカブリストの選んだ道は袋小路に向かっていたこと、権力から、権力についてのあらゆる概念から決定的に決別すべきであり、人民にこそ依拠すべきだということだった。「人民の中へ」。これこそインテリゲンツィヤの聞こえはよいが非現実的なスローガンであり、彼らは、自分たちが統治者に信を置かない以上に惨めな人民がインテリを信用する気のないことを疑ってさえもいなかった。

その上、インテリゲンツィヤが道を見いだしたと思ったのは概念の世界であった。シェリング、ヘーゲルといったドイツ哲学が、自分たちの討議に具体的かつ首尾一貫した意味を与えてくれる回答を見いだそうと熱望するこの思索の徒を魅了したのだった。とくにドイツのロマン主義思想家や作家たちが彼らに諸国家の本質や特性について疑問を抱くように仕向けたのだった。ロシアとは何か？　ロシアは東洋か、西洋か？　一つの文明に所属しているのか？　もしくは、ひところチャアダーエフ*が断言していたようにロシアは「文明外」にあるのか？　これらのテーマについて、インテリゲンツィヤは西欧派と親スラブ派に分裂して、ロシア正教はロシアにオリジナルな豊かな展望を開いたのか、それともスラブ正教のモデルは反対にフィクションであり、投げ捨てるべきなのか決めるために、際限なく言い争った。この対決の政治的結果は小さいものではなかった。一方は、共同生活の理想的形態に同化したムジーク（農民）を歓迎し、私有財産こそ紛争の根源だと見なして非難した。彼らの宇宙は、何から何まででっち上げられた社会的・政治的調和の色に塗り替えられた過去である。もう一方にとっては、近代化および西洋化は、教育と斬新的な変化の成果でなければならなかった。まさにアレクサンドル二世が軌道に乗せようとしていたことだった。だが、バクーニン一派は言う――そのような変化は、革命の道によってのみ起こりうるし、成功するのだ、と。

*ピョートル・ヤコブレヴィチ・チャアダーエフ（一七九四―一八五六）。ナポレオン戦争にも従軍した元軍人の思想家。フランス語で書いた『哲学書簡』で、西欧派とスラブ派の論争のきっかけを作った。

アレクサンドル二世が改革を開始したとき、討論は拡大し、明確になった。いかにして改革者の皇帝をもっと速く、もっと遠くにまで突き動かすか？　インテリゲンツィヤは確信していた――自分たちが圧力を加えなければ、内部からの拘束により、権力を社会の侵食から守るためにも、遠からず改革にブレーキがかかり、結果として後戻りすることさえもありうる、と。もう一つの懸念の種がインテリゲンツィヤをかき乱すことになる。これらの改革は、人民を皇帝の側に引き寄せ、その結果、専制君主制を強化することになるのではないか、と。

人民こそ、当時、将来について深く考えている人々にとって、主要な懸念だった。インテリゲンツィヤもまた、かつてデカブリストたちがそうであったように、人民から切り離されてしまい、その結果、変化の主体になりえない運命になることを恐れた。この役割こそ、君主の手に渡すことを拒否しているからだった。これらの疑問をめぐり、彼らは時と共に、ますます過激な態度を取ることで変化するようになる。

社会的階層が拡大するにつれて起きる社会学的変容もまた、その性格の進歩をもたらした。世紀半ば、インテリゲンツィヤはまだ、往々にして貴族階級の出身者だったが、彼らの高い文化的水準ゆえに重きをなすようになる。ゲルツェン*、バクーニンらが傑出した精神のこの世代の名を高めている。数年後、しばしばよりつましい様々な階層の出身である新しい人々が、この最初のインテリゲンツィヤ集団に加わる。彼らの活動領域はニヒリズムであり、この運動はロシア以外では類例が無かった。ニヒリストたちにとって大切なのは、社会進歩に役立つものであり、この信条に基づいて彼らは文学、芸術、哲学を拒絶し、精密科学という宗教のために全てを犠牲にする。禁欲で孤独な人間のタイプを考え出したのは彼らであり、その人間の運命は集団のそれと一体化する。この「新しい人間」とは、チェルヌイシェフスキーが小説『何をなすべきか』の中で、あるいはネチャーエフ[**]が『革命家のカテキズム』の中で、その肖像を描き出しているが、彼らの戦いのシンボルであり、未来へのモデルであった。ドストエフスキー[***]はそれを題材に、天賦の才をもって『悪霊』の中で驚くべき文学的解釈を加えた。ニヒリスト世代（ここでは一〇年毎に入れ替わり継続する複数形の世代を指すが、この短さそれだけでもインテリゲンツィヤの展開の波乱に富んだ性格について貴重な一つの手掛かりを与えるものである）は、彼らに先立つ世代の高い文化水準を誇った人々に比べると、知的な質の面で劣っている。彼らの輝かしい先達たち同様に、彼ら自身も発想の豊かさには事欠かなかったが、しかし、それらを表現するには、より狭い文化しか持ち合わせていなかった。後世が彼らの名前を記憶に留めているにしても、偉大なロシア文学のパンテオンに彼らの名前を書き加えた上でのことではない。次に続く世代、すなわちこの世紀半ば以来、探し続けた回答をマルクスに求めることになる世代もまた、もっと輝きの薄れたものだった。今度は、インテリゲンツィヤは、たやすく門戸を開いた大学に籍を置く数多くの若者たちによって増強されたが、彼らは、しばしば勉学と行動への準備とを混同していた。これらの学生は、往々にして「万年学生」であり、繰り返し強調されているように、「半教養人たち」が革命運動にもたらした功績なるものは、ロシア文化を豊かにすることへの彼らの貢献がむしろ微々たるものであるのと同様に、革命の命運を決定的に左右するものであったことが明らかになる。注目すべき例外であるゴーリキーを除けば、この世代は、まごうことなく栄光に輝くゲルツェンからは程遠い。実際、ロシアのインテリゲンツィヤの知的、精神的な質は、その発展の三つの段階のそれぞれにおいて、過激主義と実効価値の面での進歩ぶりと逆行するものとなろう。

＊アレクサンドル・イワノヴィチ・ゲルツェン（一八一二―七〇）。作家、思想家。フランスの社会主義思想に傾倒し、西欧派の一人と目されていた。ナロードニキの先駆者であり、亡命先のロンドンで、新聞『コロコル』などを発行して、反政府の論調を張った。

＊＊セルゲイ・ゲンナジエヴィチ・ネチャーエフ（一八四七―八二）。革命家。著作『革命家のカテキズム』（一八六九）で知られ、激しい革命理論を唱えた。彼の組織が引き起こした殺人事件を題材に、ドストエフスキーは『悪霊』を執筆した。

＊＊＊フョードル・ドストエフスキー（一八二一―八一）。作家。軍務につきながらも早くから文学者を志す。『貧しい人たち』で文壇に登場。『罪と罰』『死の家の記録』『白痴』『悪霊』のほか、『カラマーゾフの兄弟』で国民的作家と認められ、世界的に影響を与える。

インテリゲンツィヤの最後の世代がロシアの舞台の前面を占める前、すでにアレクサンドル二世死後に続く時期に、テロリズムへの誘惑がメンバーのあるものたちにとりついていた。彼らは、単に討議し、文章を書くというよりも、ともかく行動に移ることに執念を燃やしていた。時期到来を待つことや妥協を拒否し、自らを犠牲にする用意のある頑固一徹のミリタントのモデルは、すでにニヒリストたちにより提唱されていた。テロリストとは、結局、ニヒリズムの申し分ない化身である。先達たちの度重なる呼びかけにも耳を貸さなかった人民の美徳などもはや信じようとせず、体制の発展的変革の可能性も信じないテロリストたちは、既成秩序を代表する者たちを撃ち殺すことで既成秩序を破壊する純粋な暴力しか解決の道を考えられなかった。皇帝だけでなく、どれほど多くの彼の忠実な僕（しもべ）たちが凶弾のもとに倒れたことか。だからといって既成秩序が消えうせたわけではないが、しかし、為政者たちの改革の美徳への信頼感はアレクサンドル二世とともに死に絶えた。この意味で、「解放皇帝」殺害の日付は、ロシアの歴史の中に決定的断絶を記している。それは、一人の改革君主の夢に終止符を打ったのである。

アレクサンドル二世が実現しようとした諸改革政策は、近代化へと向かおうとするロシアの長い歩みの中で、最も前向きな段階になっていたことだろう。その政策は、ロシアという国を完全に激変させただろう。多分、その政策は不完全で、未完成で、そもそも六〇年代末期から、すでに盛り上がりつつある反対派によってブレーキがかかっていた。しかし、資本主義の発展、農民階級の進展、貴族階級の凋落、ブルジョワジーの興隆、そしてとくにプロレタリアート階級の興隆、こうしたすべての現象が解放皇帝の決断によって加速化された。彼の推進力により、ロシアは大股で遅れを取り戻していた。変化をもたらす方法さえも——その段階的改革の方法——そして、その内容も、西洋世界の発展ぶりに着想を得ていて、ロシアをヨーロッパに接近させていた。いささかも社会に変化を無理強いはしないが、社会を参画させるというアレクサンドル二世の意向により、時代に調和させながら、かつてピョートル大帝がやったように彼はロシアを激変させたが、ピョートル大帝のように「野蛮さ」の代償としてではなかった。その意味で、ロシアの「西洋化推進者」は、まさにアレクサンドル二世だった。

そうならば、彼の暗殺が象徴する失敗と、暗殺に続いて起きたことを、どう説明するのか？　その説明は、合理的な変化を求める意向と、古きロシアの伝統に基づいた「東洋風」の方法との間の永遠の対決にこそある。すなわち、皇帝の一徹な意向と、暴力との対決である。近代化推進者のピョートル大帝は、ロシアを、彼の呼ぶところのモスクワ的野蛮さから引き離すためにサンクトペテルブルクを創設したが、その彼自身、新都建設のためには、この野蛮さの伝統手法に訴えたのだ。一世紀半後、アレクサンドル二世は、近代化計画の松明《たいまつ》を受け継ぎ、近代的手法を用いようと努めながらも、彼の面前に、同様に近代性を求めると自称する人々によって古いロシアに起因する暴力と過激主義の伝統が立ち塞がるのを目の当たりにしたのだ。アレクサンドル二世と、彼を殺害した人々との間の対立は、チェルヌイシェフスキーが農奴制度廃止のずっと後に書いた言葉に完全に要約されていた――

「完璧な反動主義者どもが勝利を収め、農奴たちに土地を与えないまま彼らを解放した方がよかっただろう。そうならば、破局はもっと早く訪れただろうからだ」。

この急進主義、つまり人々の幸福を天下の動乱を介してのみ確実にしようと狙うこのユートピア的精神は、ロシアに幾度となく不幸をもたらした長い伝統に培われている。この伝統こそが、十九世紀後半のロシアの進歩に打ち勝ったのである。これこそ、ある程度まで、ロシアの伝統に抗してヨーロッパを選んだ新しいロシアのシンボルであるサンクトペテルブルクに対するモスクワと過去の復讐だった、と言えるのではないか？

第九章　近代性への道

皇位に就いた時、アレクサンドル三世は、二つの誘惑の間で身を引き裂かれようとしていた。父親の暗殺は、彼に、皇帝が臣民により自由を与えるにつれ、より脆弱さを見せつけ、反対派とテロリズムを勢い付けてしまうのだ、と示唆した。しかし、アレクサンドル二世の死は、彼が政治改革に取り組んでいるまさにその時だっただけに、アレクサンドル三世は自問せざるをえなかった。どうすれば亡き父に忠実でありうるか？　中断された事業を完成することによってか？　もしくは父に背を向けて、暗殺から教訓を引き出し、報復の精神で臨むか？

裁かれる自由

瞑想にふけるアレクサンドル三世に、父の協力者だった人々が、それぞれ異なる方向を指し示す助言をふんだんに浴びせかけた。宗務院長のポベドノスツェフは、改革政策がとてつもない誤りだった、と主張する。アレクサンドル二世暗殺が、反論の余地ない証拠を示しているではないか？　このような方法ではロシアを近代化できない、と彼は言い張った。一国を近代化するためには、なによりも先ず国力を固めることである。「改革の継続は、ロシアを災難に導く……ロシアの力は専制体制にこそある」。

国力と近代性を同一視していたポベドノスツェフの信条に対して、アレクサンドル二世時代のリベラル派閣僚たち――ロリス＝メリコフ*とミリューチンを筆頭としていた――は、ロシアの未来についてまったく異なるパーセプションをぶつけた。彼らにとって、ロシアの後進性こそロシアを絶えず弱体化するべく運命付けており、それを埋め合わせるためには、改革政策を進めて国家を変革し、国家と被統治者との関係を変えるしかなかった。彼らの提案は、立憲体制を目指すものではなく、これまであらゆるイニシアチブを麻痺させ、不満を増大させてきた官僚主義的専制政治に取って代わる近代的政治生活をロシアに付与するためである、と確言した。

＊ミハイル・タリエロヴィチ・ロリス＝メリコフ（一八二五―八八）。軍人出身の政治家。露土戦争などで功績を挙げ、伯爵位を与えられた。ナロードニキの活動が過激化する中で、内相として自由主義的な考え方に基づく改革案を推進しようとしたが、アレクサンドル二世の暗殺で果たせず、辞任した。

ある種の乱暴さで開陳された両極端の立場の間で、アレクサンドル三世は数週間もの間、揺れ続けた。最終的には、新皇帝の教育係だったポベドノスツェフの影響力と、皇帝自身のテロリズムに対する憎悪が勝利した。一八八一年四月二十九日の宣言の中で、若き皇帝は、「国益の保証者である専制権力の正しい性格に信を置く」と述べた。それ以後、彼は、あらゆる改革は立憲主義へと向かうことを免れえない、と確信していた。そこから、立憲主義的性格への傾向の芽を内包するいかなる立場をも禁止する政策をとった。専制政治対立憲主義的発展、という考え方そのものが、ロシアの本質に反するものであるとして彼に恐怖心を引き起こさせた。ここに、彼を一貫して導く選択があった。これがまた、一三年という短い統治の後に、ロシア最後の皇帝となる息子ニコライへと引き継がれた遺産だったのである。

一八八二年以来、アレクサンドル三世は抑圧措置を強化するが、それは、テロリスト活動の周期を打ち砕くとともに、専制政治による秩序回復につながると考えたからである。一時的な措置が後に勅令によって確認され、社会全体を監視下に置く。一八八五年の刑法は一八六四年の司法改革を大幅に見直し、司法と官僚機構の絆を復活して司法の自治を弱体化させた。アレクサンドル二世は、ロシアを、ヨーロッパでも近代的司法制度の前哨国の一つに仕立て上げたが、これは法治国家へと向かう決定的段階だった。アレクサンドル三世の刑法は乱暴にもロシアを後ろに引き戻し、以後極めて長い期間、司法制度の思い切った改革により国家の近代化をはかるという考えを危険にさらすことになる。この後戻りに比べれば、その他すべての措置は、それらがいかに抑圧的だったとしても、より少なく将来を拘束するものだった。たしかに、自由を切り詰められた社会は、すでに二〇年来獲得してきた行動の余地に適合しはじめていただけに、事態に全く満足できない。抑圧は、当然のことながらフラストレーションをかき立て、反対を招く。しかし、すでに法治国家の端緒についていたことについて言えば、法というものについての考えがまだロシア国民に馴染んでおらず、メンタリティーの変化がやっと現れはじめたものの、法律というものについての理解が人々の心をとらえるのが遅いだけに、この後退は重大である。この領域での断絶は、結果として、ロシアのエリートたちと社会の双方をさらに法を進展させようという意欲から引き離してしまうだろう。その一方で、政治的暴力による解決が彼らを魅惑するだろう。

比較的にせよ許されていた報道、出版、図書館利用の自由は、検閲機関が整えられたことで、ご破算になったが、その検閲機関内部では宗務院長がかなり重要な役割を果たすことになる。小学校から大学にいたるまで、全ての教育機関に対する監督は非常に強化された。かつてアレクサンドル二世が、あれほど大量に大学に入学させることを望んでいた女性たちは、入学定員が削減されるのを目の当たりにした。たしかに、反対運動の中でも、そしてテロリストたちの最前列でも女性の姿が目立っていたのではなかったか？　それ以降、全ての大学は、ますます増大する規制にさらされ、大学の自治も、学部長や教職員団体の自治も削減された。また、学生に対する監督も強化された（反抗的と見なされた者、あるいは批判的だった者は、直ちに除籍されるか兵役に送られた）。こうした規制強化は、大学生活を不毛なものにしたが、本来、経済の近代化なるものは、進歩を目指した近代的な教育システムを前提としていたのではなかったか。

農民社会もまた、この全てを監督下に置こうとする上からの意向から免れることはできなかった。一八八九、一八九〇年に二つの重要な改革（地方主事制度創設とゼムストヴォ改革）は、一八六一年以来、地方で貴族の手から奪っていた権威を元に戻してしまった。これらの措置はまた、農民層に対する権力側の支配力行使をより効果的なものにする目的を持っていた。だが、この上からの意向なるものも、部分的ではあるが、当初の目的に反して不利に働いた。地方主事制度は確かに、不測の結果をもたらした。ロシアの村落は全土でお互い孤立しあっているので、その声を中央権力に聞いてもらうことができなかった。地方主事たちは、村落を地方という世界全体に統合することで孤立から断ち切り、村落が自分たちの抱える問題や要求を上へ、体制の頂点へと持って上がれるようにすることで、国家官僚機構に近づく道を開いた。八〇年代にはまだだれも感知していなかったが、こうした農民階層の底辺から最高権力にまで至る「伝達の回路」こそ、後に一九〇六年になってストルイピン*が彼自身の改革を推進するのに役立つことになるのである。

＊ピョートル・アルカデヴィチ・ストルイピン（一八六二―一九一一）。貴族出身の政治家。内務省勤務の後、西部諸県の県知事をつとめ、功績を挙げた。以後、内相、首相をつとめたが、急進的になりかけた国会を解散させ、選挙法を改悪するなど悪名を残した。一九一一年、キエフで暗殺された。彼の在任時代、多くの反体制分子に絞首刑による死刑を宣告したことから、絞首台に「ストルイピンのネクタイ」の呼び名を残した。

アレクサンドル三世はロシア社会に対して抑圧的だったが、帝国内の非ロシア民族共同体に対しても、ロシア正教徒とは違う異教徒のメンバーに対しても、同様に厳しかった。それまで持て囃されていたロシア国家のイデオロギー的基盤への定義として、ポベドノスツェフは重みのある明確化の表現を付け加えた――ロシアとは、ロシア人であり、正教徒である。こうしてロシア化政策への道が開かれ、その結果、とりわけ強い民族意識と高い教育水準を誇る民族と衝突することになる。すなわち、カトリック教徒のポーランドと、ニコライ一世以来民族主義が高まり、民族文化について、さらにはウクライナ問題についての論議が高まりつつあったウクライナである。目覚ましい活躍をしていた一人のエリートが間もなく、そうした論議を禁止され、弾圧に直面するか、もしくはロシアを去るか、を迫られることになる。それこそ、ウクライナ・インテリゲンツィヤの輝ける代表であるミハイロ・ドラホマーノフ＊だった。そして、ついにはユダヤ人たちが特別居住区域に押し込まれた。大学でも人数制限条項を押し付けられ、ユダヤ人たちは恐れ戦きながら、ポグロム（集団虐殺）に直面して、この蛮行に権力側が全く無関係ではないと疑惑を深めていた。

＊ミハイロ・ドラホマーノフ（一八四一―九五）。ウクライナの思想家。ウクライナ語の使用とウクライナ文化活動を禁止する法律から逃れてジュネーブに亡命、執筆活動を続けた。地方分権と連邦主義に基づいた憲法草案を書いて、ロシアの憲法制定運動に影響を与えた。

一般ロシア人の文化からかけ離れた異なる精神的、物質的文化の多様性に富む多人種からなる帝国であるにもかかわらず、権力側は、ロシア国家がひとえにロシア人と正教徒からなるとする一方的な政策からやがて派生することになる危険に気付いていなかった。

専制体制を救う経済の近代性

アレクサンドル三世は単に、不毛な保守主義のチャンピオンであろうとした訳ではない。彼もまた、祖国の近代化に貢献しようとした。しかし、彼は経済の分野での「近代化」を望んだのであって、政治の分野ではなかったが、ただし国際政治の分野は例外だった。この最後の分野については、アレクサンドル三世がロシアの同盟関係にもたらした転換ぶりには驚かざるをえないのではないか？ 数年間というもの、皇帝は、ドイツ贔屓の外相ニコライ・ド＝ギエルス*に導かれて保守王政同盟に賭けた。すなわち、ロシア、プロシャ、オーストリー＝ハンガリーの三帝同盟である。しかし、彼は、ロシア国内で持ち上がっている共和制フランスとの接近を求める声にも心を動かしていた。プロシャの宰相ビスマルクとの一連の意見の不一致、ウィルヘルム一世の死去とウィルヘルム二世への交替――アレクサンドル三世はプロシャの新皇帝には大して敬意を表していなかった――といった出来事も、彼をしてフランス共和国との接近を求めさせた。露仏同盟がまさに調印されようとしていた。一八九一、一八九二年の協定が同盟に形を与えた。あれほど専制君主制に愛着を持っていたアレクサンドル三世にとって、この方向転換は重要な意味があった。彼の前任者たちは、ロシアの国土にフランス革命思想が広がることへの恐怖心に取り付かれていたのではなかったか？ 皇帝は、事実、こと外交政策においては、平和こそロシアの進歩にとって決定的要因であるとの考えに拘っていた。ところが、この平和なるものを保持するのに、予測不可能な上に同盟国の利益など一向に斟酌しない人物と見なしているウィルヘルム二世に頼る訳にはいかない。

＊ニコライ・ド＝ギェルス（一八二〇―九五）。外交官として各地で大使をつとめたのち、外相に就任。

戦争なしに統治する――まさに彼の統治は戦争を経験していない――ことが、アレクサンドル三世の主要な気掛かりだったし、ロシアの経済的繁栄は、その安定性と近代化のチャンスにかかっているとの確信によって強められていた。一八七九年から一八八八年までの間に、ルーブル貨はその価値の三八％を失い、その変動は流動的だった。ロシアは、従って、あらゆる圧力に対して脆弱だった。ドイツは、世紀末に、ロシア通貨に対して遠慮なく投機を仕掛けた。いかにして通貨を安定させるか？通貨の流通量を減らすこと、あるいは商取引に金を利用すること、といった窮余の策をいろいろ取った後に、政治的後退の最悪の時期に蔵相の座にあったニコライ・ブンゲ＊は、反動的な選択からは程遠い回答をこの問題にもたらした。通貨を安定させるためには、農業と産業を同時に強化しなければならない、と彼は言っていた。この目標を達成するために、彼は、農民階級に重くのしかかっている税を軽減し、農民に支払い期限の猶予や、土地購入の年賦の廃止の措置を取った。農民の土地取得を助けるために、彼は、農民不動産銀行を創設した。産業が発展し、それと共に、あらゆる権利も保護も奪われている労働者階級についても、いくつかの社会的措置が取られ、婦女子の労働条件が定義されるようになり、労働監督局も生まれた。直ぐには労働条件は急激に改善されなかったが、しかし、立法化への努力は、労働者たちに法律を持てるようになるとの希望を与え、経営者の絶大な権力も永遠に続く訳ではないことを示唆した。

＊ニコライ・ブンゲ（一八二〇—九五）。経済学教授から農民銀行総裁を経て、蔵相をつとめた。

租税は軽減された一方、露土戦争当時の借款の金利が予算に重くのしかかった。赤字予算へのあらゆる条件がそろっていた。さらに一連の不作が付け加わり、当局は穀物輸出の削減を迫られた。一八八七年、ルーブル貨の下落が進行し、政治の方針転換を余儀なくした。以後、大切なことは、社会的措置ではなく、取り立て金を確保することだった。ヨーロッパが大いに必要としている穀物を輸出しなければならず、租税の徴収額の低下を補うために、消費財への間接税を引き上げなければならなかった。こうした選択の犠牲となったのは農民層だった。一八九一年、地方の近代化を目指す全ての措置が恐るべき不運に遭遇する。凶作と飢饉がコレラの蔓延によって、さらに悪化した。にもかかわらず、政府にとっては、いかに情勢が悲劇的であろうとも、目標は変わらなかった。ともかく「輸出する」ことだ。ロシアの農民たちは、窮迫し、飢餓にさらされ、いかに生産に努力しても、生き延びることさえできないことを知って、生産の努力を放棄し、土地に対するいい加減な態度に戻ってしまった。ある報告は言う——「農民経済は完全に崩壊し、その苦境から抜け出すには何年もかかるだろう」。ロシアの後進性は後退するどころか、むしろ増大した。

アレクサンドル三世の統治下では、ただし、全てが遅れの累積だったわけではない。繊維産業、金属産業、石油など、産業は発展を続けていた。外国の企業家たちは、すでに、彼らの投資先としてロシアが有望であると見なしており、対ロシア投資額は一八八〇年の一億ルーブルから一八九〇年には二億ルーブルに跳ね上がり、一九〇〇年には九億ルーブルに達した。鉄道網は、アレクサンドル三世の治世下で、約四〇％も延長された。一八九〇年代の工業成長率は年平均八％に達していた。国家財政は、確かに農民の貧窮化の犠牲においてではあったが、健全化に向い始めていた。

アレクサンドル三世の統治がまさに終わろうとしていたとき、人々は、一八九一年の悲劇的な出来事（飢饉とコレラの蔓延）にもかかわらず、皇帝は賭けに勝利を収めたのではないか、と自問できたことだろう。国家の推進力と何人かの民間企業家のダイナミズムのお陰で、また関税引き上げといった保護主義政策のお陰で、国家経済は急速かつ目覚ましい発展を遂げた。国内秩序は、たしかに強圧によるものだったが、保持された。農民たちは失意落胆していたが、反乱を起こさなかった。インテリゲンツィヤは、厳しい監視下におかれて、公然と活動することはできなかった。貴族階級はといえば、アレクサンドル三世が父アレクサンドル二世の改革によって生まれた諸機関の特権的な地位を彼らに与えることによって、安心感を与え、和解するべく努力したことから、皇帝を支持した。というのも、皇帝が既成秩序を保証できると判断したからである。

アレクサンドル三世の残した遺産は、ご覧のように、矛盾に満ちている。しかし、多くの点で、彼は最後の一連の変化を準備し、望むと望まないとにかかわらず、ロシアをその重い過去から切り離し、産業発展がすでに垣間見せていたように経済世界の全ての領域に近代化を広めたのである。

ロシア版「コルベール主義」の光と影

ロシア最後の皇帝の治世は、多くの点で、パラドックスだらけである。一八九四年に皇位についた人物、ニコライ二世は、何よりもまず父アレクサンドル三世の後継者、すなわち、専制政治の保持者であろうとした。父親から、そして彼自身が受けた教育から、ニコライ二世は三つの確信を引き出した。まずは、ロシアの政治体制である専制政治は、一連の弾圧措置によって安定化され、変更されないだろうとの確信である。これは正しい体制であり、ロシアの特質に合致しているのであって、君主の責任は、それに変化を加えることなしに、自分の後継者に伝えることである、と。第二に、社会の支柱であり、ロシア社会の真の代表は、ロシアの伝統的価値観の保持者であるムジーク(民百姓)である。最後に、産業発展の骨組みはさらに発展させねばならない。なぜなら、その飛躍にこそ、ロシアの国際的な力が依拠しうるからである。

ニコライ二世にとって大切なこれら三つの考え方は、まさに彼の治世が内包する矛盾の核心に迫るものである。この専制政治体制のチャンピオンは、やがて、こうした彼の原則に背を向け、かなりの政治的変化へ道を開くことを余儀なくされるだろう。彼がロシア社会の要石と見なすムジークも、彼の治世の第一期ほど劣悪の扱いを受けたことはかつてなかった。いずれにせよ、ロシアの資本主義的発展の代価を払わされるのは彼らなのだ。結局、ニコライ二世、というよりもむしろ彼の閣僚たちが強力に推進した経済的発展さえも、ロシアの国力を確固たるものにするどころか、軽々しく決断を下した国際紛争への対応によって危険にさらされるが、この辺りもあらゆる国際対決を避けようと腐心した父アレクサンドル三世の行動方式とは明らかに反している。変化の社会的代価も、最終的には全体制の崩壊に貢献することになる。

達成された諸改革の幅広さという点では、このロマノフ王朝最後の皇帝の統治はアレクサンドル二世のそれに通じるものがあるが、一方では、父親同様に、「解放皇帝」の政策の影響を抑制することが必要であると考えていた。つまるところ、この統治は、ロマノフ王朝の当初からロシアがあれほど求めてきた近代化に向けての真の移行期を構成した、と見なすことができよう。心ならずもこの移行期の主役になってしまった皇帝だが、彼の政治的ビジョン全体からすれば移行には猛反対だったわけで、この時代特有の大きな矛盾の一つだった。

ニコライ二世の曖昧な統治の第一段階は、皇帝の協力者中第一人者のウィッテ*の掲げる「コルベール流」政策が他を圧した時代だった。父アレクサンドル三世から皇帝が受け継いだこの大臣は、一八九四年から一九〇三年にかけて大胆な経済政策を実施したが、その結果、社会的には高価なものについた。彼は、同時に、保守主義的政策の立場を堅持した。アレクサンドル三世同様、ウィッテは、ロシアを経済的に近代化する必要性を確信していたが、しかし、前皇帝同様に、専制主義こそロシアに必要不可欠であるとして問題視することを拒否した。三つの優先事項が彼にのしかかっていた。ルーブル貨を安定化すること。交通通信網を発展させること。その具体例がシベリア鉄道の建設で、工業化を助長するはずだった。最後が、自国製品に販路を設けることで、ロシアは極東に力づくで登場したが、すでに同地方で存在感を強めていた英国と日本の経済権益と衝突することになる。この競合を回避するためにウィッテは、中国北部、満州、そして朝鮮の市場に目を付けた。こうした選択の経済的効果はすばらしいものだった。一方、鉄道網の延長は目覚ましい産業発展の契機となった。ドンバスとドネツはその結果、石炭と鉄鉱石の一大産地となった。金属産業は、すでに長年月来重要産業の座を占めていた繊維産業と並ぶロシアの重要産業部門の一つにのし上がった。ルーブル貨の安定と産業発展は、外国投資家、なかでもフランスからの投資に弾みを付けた。だがウィッテが下した諸決定は、ロシア経済が急速に展開するのを可能にした反面、政治的代価も必要とした。経済の近代化は政策断行主義の成果であるべきだと確信していたウィッテは、全てを強権的に決定し、国家官僚機構にも相談しなかった。彼は、政府上層部から出される法律一点張りで立憲主義的なやり方の要求に対して、独裁政治が好む効率主義をぶつけた。次第に、絶対権力の手段を振りかざすことに慣れてしまったこの人物と、ロシアが独裁主義の段階に留まることを避けるためには君主権力も必要な発展を遂げるべきだとする思想を擁護し始めた国家官僚機構との間に溝が深まって行った。

＊セルゲイ・ウィッテ（一八四九—一九一五）。保守派の政治家。運輸相、蔵相、首相を歴任。日露戦争には反対の姿勢を取り、ポーツマス条約締結にロシア側全権として貢献した。

こうした方法に対する批判は、発展優先政策がもたらす社会的結果のマイナス面が確認されたことによって強まって行く。留まるところを知らぬ工業化の最初の犠牲者は農民層だった。ロシア農業は、いつでも他のどの部門よりも気候の変化の影響を被っていた。一八九一年の惨憺たる不作の後、一八九七年、一八九八年、そして一九〇一年と三度も深刻な凶作に見舞われ、飢饉や、あわや飢饉という事態に直面した。農民たちは満足な食べ物も無く、保健衛生にも事欠いている上に、借金の返済もままならなかった。未払い農民激増に直面した国家権力は、絶えず生活必需品（石油、マッチなど）もしくは農民たちが必要不可欠と見なしている物品（ウォトカ、煙草）への間接税を引き上げることで埋め合わせた。税金の重荷にあえぎ、生き残るために必死に闘いながらも、しばしば悪天候に打ちひしがれた農民階級は、飢えと惨めな健康状態をアルコールで補った。ムジークたちは、その上、教養がなく、近代農耕法について無知で、しかも技術的手段を持ち合わせず、土地を疲弊させる耕作に慣れ切っていた。ロシア農業が二十世紀初頭において、全く採算のとれる部門ではなかったとしても、驚くにはあたらない。レフ・トルストイ*は『復活』の中で、農民階級の絶滅を予告しており、その恐るべき生活状況を描き出している。すでに十九世紀末、ロシア政府は、農業が現状のままであるかぎり、近代化政策のための財源捻出と、決定的に「離陸する」のに必要な資本創出の手段を見いだすためには、もはや農業に頼れないことを理解していた。政府はまた、農民の直面する悲劇が国家の安定に懸念を与えるほど深刻化していることを感じ取っていた。当時あちこちで農民蜂起が散発的に発生しており、農民の疲労度がもはや限界に達しているために無秩序に陥る危険があることを立証していた。しかし、農民の大規模な反対行動の記憶が為政者たちを去っていなかったとしても、不満分子を糾合するに足るプガチョフの類いが、まだどこにも出現していないことに安心感を覚え、社会の最大部分を構成する農民の耐え難い窮乏ぶりに彼らの目を閉じさせた。

＊レフ・ニコラエヴィチ・トルストイ（一八二八―一九一〇）。十九世紀のロシアを代表する作家。とくに『戦争と平和』『アンナ・カレーニナ』が有名。

権力側が時たま農村地方での悲劇に思いを馳せるとしても、それは何よりもまず対露投資家たちを輩出しているヨーロッパ世界に望ましくない反応を引き起こすことを恐れてのことである。欧州からの旅行者たちが、こうした荒廃した地方を訪れでもすれば、近代化に向けて長足の進歩を遂げて勝ち誇っているロシアのイメージに魅力を感じて投資する気になっている人々の目の前で化けの皮がはがれ、ロシアという「エルドラド（黄金郷）」に賭けてひと儲けしようと企む人々の気をそいでしまうからである。農村地方の危機が外部世界に知られたり、ロシアがまたもや後進国に見られることを避けるためには、農民という要素を考慮にいれて経済政策の方向を変えることが得策ではないのか？

もう一つの社会問題が権力側の注目を集めていたが、これもまた、経済的飛躍の結果として起きた。すなわち労働者階級の問題である。労働者階級は二十世紀始めに三〇〇〇万人を数えていた。一九〇一年のロシア人口が一億三四〇〇万人だったことから考えれば比較的少ないほうだが、しかし、労働人口の急増を物語っている。さらに、労働者階級は当時、いくつかの大企業活動に再編されていた。五五万人が繊維産業に、五〇万人が金属産業に、四〇万人が鉄道に、といった具合だった。また、労働人口は、地理的には、いくつかの大都市および地方に集中していた。モスクワ、サンクトペテルブルクの両都市、ドンバス、カフカス、ウラルといった地方、そしてポーランドである。最後に、労働者たちは巨大企業に集まっていた。こうした労働力の集中は、労働者側に彼らの生活条件の困難さを広く認識させることを助け、十九世紀末以来、彼らを動員することが可能となっていた。

ウィッテは、ロシア経済発展にとってのチャンスは廉価な労働力を大量に抱えていることだ、と考えていた。低賃金で働き、法的な身分保障の恩恵も受けていないロシアの労働者は、その上、ロシアの工業が世界経済の流動に依拠していることに苦しめられた。ロシアの発展と、世界経済にロシアが占める地位に内在する依存性はさらに拡大して行った。ロシアは、国際経済のあらゆる重大な危機に直面する毎に、その脆弱性を露呈した。一八九九―一九〇三年にヨーロッパを襲った不況は、ロシアにも深刻な打撃を与え、当然の結果として、すでに貧困にあえいでいる労働者階級に及んだ。労働者階級は当時、給与切り下げ、臨時工職の増加、失業に苦しんだ。こうした事態悪化の結果として、ストライキ発生数の絶えざる増加と、非合法であるにもかかわらず、こうした運動に参加する労働者階級の増大という結果を招いた。それに続く、もう一つの結果は、非合法の労働組合組織の誕生である。ストライキは、しばしば警官隊との衝突を招く。一八九四年の段階では、労働運動は、まだ未組織で、その要求も煮え切らず曖昧だったが、その後、急速に政治色を強めるようになる。こうして二十世紀初頭のデモ行進の際に労働組合が掲げるスローガンに、君主制にとってはまことに衝撃的で懸念すべきアピールが付け加わることになる――「独裁体制打倒！」

こうした理由から、権力は、農民の苛立ちよりも労働界の展開のほうに気を使い、弾圧と譲歩の間で揺れ動くことになる。

一九〇二年、権力側は、オフラナと呼ばれる警察の肝煎りで作られた官製組合によって労働運動の切り崩しを図る。警察長官ズバトフが立ち上げた「官製」組合である。こうした試みが内包する危険性に気付くのに大して時間はかからなかった。一九〇五年の「血の日曜日」事件*は、その大部分が、まさに官製組合に起因していたのである。だが、ここでもまた、外国投資家の問題がからんでくる。

「官製」組合は、労働者たちをうまくコントロールするために、自分たちで仕組んだ独自のストライキを組織するに及ぶ。しかし、外国人所有の工場がストライキの対象となると、大変なスキャンダルとなり、ロシア当局の信頼性を大きく傷つけることになる。この種の事件が、そのうちフランス政府の厳重抗議を招く。すでに一九〇三—四年当時、フランス政府は、対ロシア投資資本の安全性について懸念を抱き始める。

＊「血の日曜日事件」。一九〇五年一月二十二日、ペテルブルクで、労働者の解雇などを巡り、ストが激発する中で、司祭ガポンが率いる労働者を主体とする大群衆が皇帝に請願するために冬宮に押し寄せようとした。これを阻止しようとする軍隊との間に衝突が起き、兵士たちが発砲、各所で多数の死傷者が出た、後のロシア革命の口火を切った事件として歴史に残っている。

この近代化政策の効果は疑う余地がない。諸統計が、その成功ぶりを確認している。近代化政策について、ここで、三つの点について考察しておこう。

第一に、その代価である。もし、ロシア国家が一九〇四年に疑う余地のない進歩を経験したとしても、つまり、財政用語で言えば鉄道網というインフラであり、アジアにおける権益の拡大であるが、住民一般にとっての恩恵は微々たるものでしかなかった。この進歩により豊かになった個々人の数は、窮乏化した一般住民の数に比べれば、ごく少数である。恵まれない、産業面で遅れた国家においては、あまりにも迅速で野心的な近代化なるものは、まず第一に、社会全体の福祉を犠牲にしたものであることに気付かずにいられるだろうか？　当時からすでに、暗黙のうちにではあるが、発展の方法の選択という問題だけでなく、発展のリズム、という問題が提起されていた。これこそ、一九一七年の大革命後にソヴィエト体制内部で浮上した最も興味ある、ドラマチックな論争の一つだった。一八九四年、漸進的発展という選択は却下された。なぜなら、その選択はロシアには後進性から脱却しつつあることを立証すべき義務があるという国際的立場を脅かす危険がある、とウィッテが考えたからである。

第二の考察は、経済の近代化と政治の近代化の間の関係についてである。一八九四年、ウィッテと皇帝は、専制体制が必要であり不可侵であると確信して、経済改革が非の打ち所のない権威の行使を前提としており、それによってのみ、改革の過程で増大しつつある緊張や紛争を乗り越えることができる、と考えていた。アレクサンドル二世の改革の前例からして、二人は、あらゆる権威体制の変革は反対派をかえって元気付け、最終的にはロシアを変化させる機会を台なしにしてしまうだろうと確信していた。ずっと後に、二十世紀末になって、中国型モデルとソ連型モデルの長所を比較する論争——経済近代化を優先するか、それとも政治近代化を優先するか、あるいは両者の組み合わせか——が巻き起こることになるが、一八九四—一九〇四年当時のロシアでは、回答は明々白々だった。

最後に、持ち上がってくる問題は、当時のロシアのインテリたち——一方ではスラブ贔屓でロマンチックなナロードニキ派であり、他方では社会主義者たち——の反応に端を発するものである。すなわち、ロシアは独自の道で、つまり産業によってでなく、農業と農村での小規模な産業化に基礎を置いた方法で、近代化できるのではないか？　のちに中国は、長い時間をかけて一つの例を提供することになる。これは、十九世紀から二十世紀にかけて、作家トルストイが擁護したテーゼなのである。しかし、一九〇〇年当時、ロシアはすでに一大強国だった。産業化によらない道を選択することは、ロシアが国際的にこの地位を保持することを禁じ、たぶん、その領土拡張政策をも問題化したことだろう。とくに、そのような道の選択は、ロシアをヨーロッパから隔絶し、十七世紀以来、歴代の皇帝がさまざまな形で取り組んできた西洋化のプロセスを停止したことだろう。これこそ、アジア的選択であり、ロシアの歴史全体が反対を唱えたものであり、歴代の君主の意志でもあった。経済優先、国家の決定的な役割、国家を外国資本に開放、絶対的政治権限保持の意志、これら全てが、変化を演出したウィッテを、コルベール直系に位置付ける。フランスから借用したモデルを採用したことで、まさに二十世紀初頭において、これこそロシアのヨーロッパへの統合ぶりを推し量る最も確実な指標だ、と言えるのではないか？

危急存亡の君主制

二十世紀初頭に入るやいなや、危機の様相がロシアに定着する。労働争議は、学生騒動の影響を受けてさらに過激化するが、これも息詰まる政治的風土の結果であるだけでなく、青年たちのうち最も高い教育を受けている部分が、一般住民は進歩のためにとてつもない高い代価を払わされていると気付いたからである。ロシアの精神界で偉大な人物であるトルストイの憤りはまずエリートたち、つまり学生たちを感化し、それ以後、インテリゲンツィヤは社会主義思想に向きを変える。インテリゲンツィヤはもはや、限られたサークルの内部で議論するだけに止まらず、労働者階級に呼びかけ、労働者たちに夜学もしくは討議グループの中で自分たちの思想を教えるようになる。このことにこそ、小貴族出身の優秀な一女子学生が熱中したのでなかったか？　彼女の名前はナデジダ・クルプスカヤ、後にレーニンと結婚することになる女性である。

しかし、ニコライ二世は、国内で盛り上がりつつある騒乱の兆しに無頓着だった。ムジークたちは専制政治と専制君主に愛着を抱いているのだと彼は確信し、譲歩を拒否することで人心の乱れに終止符を打つことができると思い込んでいた。そこで彼は一転して国際舞台に目を転じ、優柔不断で、ときたま気まぐれの彼の性格らしい互いに矛盾し合う態度をふと思いつき、とどのつまりは破局へと向かう。

彼の父親の影響を受けて、皇帝は軍事遠征なしの統治を熱望し、まず、国際平和の構築者としてのポーズを取った。一八九九年、彼は第一回平和会議をハーグに招集し、そこからハーグ国際司法裁判所が生まれ、一連の平和・軍縮会議の伝統がスタートする。不幸なことに、この平和愛好精神の主はまた、時として攻撃的になることがあった。ニコライ二世は、極東で、中国、朝鮮に対して一連の軍事行動を起こし、次いで日本との戦争に踏み切った。日露戦争は、半世紀前のクリミア戦争がそうであったように、ロシアの後進性にとって悲劇的なテストとなった。戦争はロシア艦隊の殲滅の悲劇と、ウィッテによる予期しない講和条約交渉の結末に行き着いた。しかし、講和条約によっても、敗北の記憶と、為政者たちの、ひいては皇帝自身の無力さと無能ぶりに対する感情を国民全体の意識から消し去りはしなかった。この戦争は、またもやロシアの発展の不十分さを見せつけ、反対派に公然と姿を現す機会を与えた。鉄道員たちは軍用列車の通過を阻止した。大学を追われ、軍隊に送り込まれた学生たちは、反乱を訴える集会を開き、反権力を掲げて鉄道員と兵士たちを蜂起させようとした。
ロシアそれ自体においても、全てが急激に変化しつつあった。もろもろの政治運動も、政治の舞台に姿を現すべき時がきたと確信して、政党に模様変えした。敗戦に続いて、間もなくテロ活動が再発し始めた。内相プレーヴェ*は一九〇四年七月、暗殺された。

*ビヤチェスラフ・コンスタンチノヴィチ・プレーヴェ（一八四六―一九〇四）。内務官僚出身で、一九〇二年内相に就任。ハリコフ、ポルタワ両県での農民暴動などを苛酷なやり方で鎮圧した。一九〇四年七月二十八日、ペテルブルクの街頭で、エスエル党のサゾーノフにより、暗殺された。

ニコライ二世は、日露戦争の結末と、ようやく自覚し始めた国内の緊張状態の激発に動転したが、あれほど待ち望んでいた皇太子の誕生に勇気付けられ、懸念すべき事態を迎えているロシアに平静を取り戻すためには、ある程度の軌道修正が必要であることを理解した。軌道修正は改革の小さな点についてであり、専制政治そのものについては手を触れなかった。これがニコライ二世の行動指針だった。この開放政策は遅すぎるうえ、あまりにも限定されていた。サンクトペテルブルクでの「血の日曜日」に始まり、やがてほとんどの大都市に到達した革命は、政治的現状維持が終わったことをもの見事に見せつけた。
専制主義体制に抗して立ち上がった社会に対して、どのような回答をもたらすべきか？　熱心な顧問たちの間に引き裂かれているニコライ二世にとって、ジレンマは、専制体制の枠内で授与された譲歩か、もしくは、社会から沸き上がる願いに応えるために専制体制から立憲君主制へと移行する急進的な変化か、の間の選択だった。しかし、ニコライ二世はもはや、この二者択一の条件を選べる立場になかった。敗北と革命が組み合わさり、彼に、専制体制の放棄と、望まないまま政治の近代化を押し付けることになる。

専制体制の終焉

「血の日曜日」のすぐ後、ロシアは革命のただ中に在った。ゼネストと街頭でのデモが全ての都市で頻発した。大学が閉鎖された学生たちは、街頭で「弾圧の被害者たち」のための募金活動をした。騒動は国境の周辺部にまで達した。皇帝は一九〇五年二月、流血の惨事からわずか一カ月後の伯父セルゲイ大公暗殺によって直接打撃を受けることになった。この事件は、彼にとって、とりわけ痛烈な打撃となった。一八八一年（父アレクサンドル二世暗殺事件）以来初めて、テロリズムは皇帝の家族の一員を痛撃したのである。皇帝の周囲では、圧力が倍化した。アレクサンドル二世殺害直後同様、テロリズムに対しては一段と厳しい弾圧でもって応えるべきでないか？　この悲劇にもかかわらずニコライ二世は、祖父アレクサンドル二世に習って「解放皇帝」のコスチュームを身につけることを選んだ。でも、どれほど気乗り薄だったことか！　数カ月の間、彼は、詔書や勅令を連発し、やれ自由の付与、選挙で選ばれた市民の立法への参画、体制改革を目指す計画案を提出するようにとの上院宛ての要請、といった具合に次々と発表した。まことに無駄な試みで、曖昧な文面は本物の決定を生み出すには至らなかった代わりに社会を激怒させ、いまや自分たちの側からイニシアチブを取らねばならないのだと納得させることになった。そこで、各地に、再検討委員会、提案委員会が設立された。ゼムストヴォは会議を開き、改革を準備することを任される議会の召集を要求した。ニコライ二世が諮問機関だけで社会を満足させ得ると頑固に信じている一方で、提案するだけでなく議決権もある議会、つまり立憲議会という考えが普及し始め、あちこちで原則として定着し始めた。農民たちは、陳情書を書き上げるために集まった。労働者たちはソヴィエトを創設した。一九〇五年初頭までは政治の舞台にまだ登場していなかった諸政党もいよいよ登場した。社会民主労働党（ここではメンシェビキ派であって、レーニン支持のボリシェビキ派ではない）と社会主義者・革命家党（SR）は地方に散らばっていたが、いよいよ労働者と農民の抗議行動を組織し始めた。

社会的要求の高まる波をいかにして阻止するか？　ようやく一九〇五年八月、新しい詔書が、新しい議会が近く日の目を見る、と発表した。このドゥーマの原則については、皇帝も口先だけで受け入れたが、日々過激化する革命情勢に比べると、かなりおくれている。勅令によって選出されたのであって、普通選挙によってではない諮問議会に過ぎず、一〇年前なら受け入れ可能であり、政治的前進と見なされたことだろう。だが一九〇五年夏の時点では、このような計画は社会によって挑発的だと受け取られ、大衆動員は弱まりはしなかった。全てが裏目に出た。九月にゼネストが決定され、サンクトペテルブルクに設立されたソヴィエトはたちまち本物の野党政府であるかのように行動し、暴力事件が頻発するなど、君主制度が脅威にさらされていることを物語っていた。

ウィッテは、それまでは政治的変化を経済改革と結び付けることにためらっていたが、その時はニコライ二世の説得を引き受けた。もし、革命が政権を吹き飛ばしてしまうことを避けたいと思うなら、皇帝は直ちに、情け容赦ない軍事独裁体制と、急激な政治改革のどちらかを選ばねばならない、と。ウィッテは、皇帝にとっては受け入れがたい憲法という言葉を発することを控えた。しかし、合憲性の原則を受け入れてくれるよう懇願した。もっとも、どちらにしても結局は同じことに帰結するのだが。

一九〇五年十月十七日、第三の詔書が発表されたが、それは、ロシアを独裁体制の過去から決別させ、立憲主義の時代に突入させる諸措置を記述したものである。憲法という言葉は文面には無かった。しかし、そこには専制体制という言葉もまた無かった。ここに重要さがある。詔書はロシアという国に、個人と公共の自由、普通選挙を与え、法律の承認はドゥーマ〔ここより、この名称は普通選挙によって選出された国会を意味する〕の管轄であることを認めた。詔書の文面には不備もあり、皇帝も心の奥底ではまだ適用の際に制限を加えられると信じていた。しかし、だれもが感じていたことだが、こうして憲法の枠組みが決められた以上、もはや専制君主の一存で一掃することはできなくなっていた。

一九〇六年四月選出された第一回ドゥーマは、はかない寿命だった。わずか二カ月半足らずである。七月、ニコライ二世は、国会を土地改革の真剣な討議に参画させることは不可能であると論じて国会を解散した。だからといって、皇帝は自分の意図を推し進め、ドゥーマをきれいさっぱり忘れ去ることはできなかった。すでに彼には、新しい選挙を組織せねばならず、そこから新しい議会が誕生するであろうと分かっていた。

一九〇六年、皇位が揺らいでから一年足らずのうちに、ロシアは政治体制を変えた。三つの特徴が、この新展開の範囲を示している。

まず皇帝から社会全体にいたるまで全員が、専制政治の放棄、議会制度の一形態の誕生、その保持という政治革命はもはや不可逆であると認知したことである。皇帝はそれでもなお、選挙法の操作によって、もっと協調的で、あるいはあまり要求しない議会を選出するよう画策するだろうし、またもやドゥーマを解散することもできよう。しかし、彼にとってもできないのは、政治の舞台からドゥーマを消し去ることだ。

第二の特徴は、この体制変革の重要性が改革に到達したプロセスそのものに結び付いていたことである。ロシア史上初めて、一つの重要改革が皇帝の意志だけの産物ではなかった。多分、それ自体も結局は上から決定されたものだったろう。しかし、この決定は、下からの圧力、つまり社会の圧力にさらされて下されたのに外ならない。この二つの意志の結合と、決定を下すに当たって社会が闖入するというロシアにおいて驚くべき新機軸とがあいまって、体制そのものの性質をも変革することに貢献した。社会が変革の当事者となり、そこから政治面でも、権力側の政治文化と社会側のそれが接近し合うことになる。立憲体制を選んだことにより、ロシアは一九〇六年、あれほど一貫して所属したいと願ってきたヨーロッパ型の文明化した政治国家という大家族の一員となる。

一九〇五年の革命は、既成秩序にとっては脅威だったにせよ、結局は、専制体制とロシア固有の政治的伝統に固執してきた保守的君主に、祖国を後進性と特異性から引き離したいと決意している改革者集団の一員にみずからなることを許したのである。彼がやむを得ずそうしたとしても大したことではない。この政治革命の知的指導者がウィッテであって、その彼も、直前まで経済的近代化とのみ結合した専制政治の信奉者だったが、事態の進展が政治改革という考え方に転向したとしても、ますますもって大したことではない。残るのは、そして大切なのは、ロシアがわずか一年の間に、かなりの政治的遅れを取り戻したことである。

改革の定着

一九〇六年度の改革は、全ての問題を解決したわけではない。なかでもテロリズムの問題がそうであり、皇帝は、権威を回復しなければならないと思った。自分から皇帝の権限の一部を奪い去ったことで憎むようになった相手、すなわちウィッテと共に、それができようか？　皇帝はウィッテを解任し、状況をよく知っている人物、ストルイピンを後任にした。ストルイピンは自分が知事をしていたサラトフ県――ロシアで最も騒乱状態が続いていた――で無秩序状態を鎮圧できたことで知られる人物で、農民問題の経験豊富なことでも有名だった。

一九〇五年の革命にもかかわらず、ニコライ二世は相変わらず農村地方こそ、ムジークの世界こそ真のロシアを代表しており、彼らにこそ君主制が頼ることができると信じ込んでいた。身近にストルイピンを呼び寄せた皇帝は、ウィッテがあれほど発展に貢献し産業化した、騒乱の絶えない資本主義ロシアこそ現在の混乱と、彼の目には嘆かわしい限りである政治制度の発展に責任があると映った。秩序回復を優先事項として政権トップに据えられたストルイピンは、そのために国家の暴力を使わざるを得なかった。彼は自分の意に反して国家の暴力を効果的に用いたが、達成した業績の重い代価を身をもって払わされることになる。彼が達成しなければならない改革にはリベラルなエリートたちの支持が必要だったが、肝心のエリートたちは彼を反動派と見なして背を向けることになる。

こうしてエリートたちには見捨てられたが、ストルイピンは、一九〇六年の政治革命に三つの新たな広がりを与え、近代化の事業を達成することになる。彼はまず、新しい政治制度を生き永らえさせ、機能させて、ロシアの政治の実践の中に根付かせる。ドゥーマは、もしくはむしろ第一国会から第四国会まで連続した四つの国会は、彼のお陰で、ロシアの政治状況の安定した制度として定着した。その任務は、しかし、容易なものではなかった。皇帝、宮廷、国家官僚機構の一部は長い間、いつの日かドゥーマが消滅することを期待していた。左翼諸政党の社会民主労働党とエスエル（SR）党は、将来の革命計画のためにこの機関が有用であるかどうか不安で、議会のイメージを曇らせることにむしろ貢献した。時には議会ボイコットを、時には参加を呼びかけたが、しょせんは議会を嘲笑するか審議を麻痺させることを狙いとして、左翼諸党は、議会が危なかしい性格のもので、社会的には無益なものであるという考えを広めた。結局、ドゥーマは、国家諸機関の全般的改革が政治制度における議会のしかるべき位置について定義を下すことのないまま創設された。そこから、ドゥーマ（下院）の権限と国会評議会（上院）のそれとの間に、ある種の混乱が生まれたのである。

憲政上の改革が未完成であるにもかかわらず、一つのことを確認しておかねばならない。ドゥーマは一九一七年まで存続したのである。最後の二つの国会は会期を全うしている。すなわち、第三国会（一九〇七―一二年）と第四国会（一九一二―一七年）であり、ひとえに革命によってドゥーマの改選は実施されなかった。第一および第二国会は短命に終わり、そのために議会生活の経験を欠いていたが、続く二つの国会は全く別だった。議員たちは、しばしば優れた知的資質を備えた人物であり、政治的にも訓練されていて、議会での仕事のあらゆる局面についてたちまち習熟した。なかでも委員会での仕事ぶりは、しばしば目覚ましいものであった。一時期弾圧されていた新聞は本当の自由を享受し、国会での仕事に興味をもち、大衆に内容を伝え、社会を政治的に教育し、社会での国会の威信を高めることに大いに貢献した。

国会議員選挙はまた、左右を問わず政党に活力を与え、そこから、民主的進歩への将来の条件を創り出すことに貢献した。

最後に、ストルイピンは議会を政府の行動に参画させるよう努力したことで、ロシア政治の近代化に決定的な役割を果たした。たぶん、この国会から次の国家へと選挙法を改変することで――権力側は何時でも民衆の代表選出にあたって、政府に協力的な分子に限定しようと画策した――ドゥーマから正統性の一部を、とまで言えなくても、威信を失わせたことだろう。しかし、代議士たちが果たした真剣な作業ぶり――例えば、第四国会の議事録がそれを証明している――こそが社会の注目を集め、本当の政治意識を発展させることに貢献したのである。

ニコライ二世治世の最後の段階において、ゼムストヴォもますます増大する役割を果たしたことを付け加えるならば、ロシアの政治的近代化の面での進歩は、一九一七年の革命前夜において、すでに現実となっていた。もろもろの革命的事態は、この点について、国民のメンタリティーの発展について貴重な証言をもたらすことになる。一九一七年末、革命的熱気が高まる中で、ロシア国民は制憲議会を選ぶように求められ、国民は政治的真剣さと明晰さでもって行動したが、数年前だったらとても想像できないことだった。普通選挙による総選挙は、ロシア史上初めてだった。なぜなら、一九〇五―一九一七年にかけて選挙法は、さまざまな制限条項を導入していたからである。この選挙は、選挙民を目覚ましく自発的に動員する機会となった。選挙民は、自分に近いと感じる政党に投票したが、当時、既に権力を掌握していたボルシェビキは、支持票を得るために選挙民をテロの恐怖に陥れていた。だが、ボルシェビキからの圧力にもかかわらず、ロシア国民はボルシェビキを少数派に追い込み、自分たちにとって利益となる政党を優先したことを示したのだった。

農地改革は、ストルイピンのとった行動のうちでも最も目覚ましい一章である。この農地改革は、アレクサンドル二世の事業を完成することを目指していた。というのも、アレクサンドル二世は民百姓を農奴制から解放はしたのである。しかし、皇帝は彼らに土地所有を確保することができなかった。従って、農民たちに効率的な生産者となるチャンスを与えることができなかったのである。ストルイピンにとっては、農民の土地所有こそ現代性の要請に応えるものだった。それによって農民階級を政治的に安定化させ、生産増強に駆り立てるからである。農村共同体は、この点で、農民のフラストレーションを持続させ、生産面でのいかなる真の進歩も禁止する束縛となっていた。そこで政治的かつ経済的懸念が密接に結び付いて、ストルイピンに一九〇六―七年の大改革を発想させたのである。

農村共同体から解放され、まだ未払いの土地購入代金の年賦からも解放され、土地購入のために資金の援助も受けるようになった農民たちは、最終的な解放を意図したストルイピンのこの訴えに応えただろうか？　この質問に答えるための入手可能な評価材料は、ささやかなものでしかないが、深い意味をもっている。第一次世界大戦の前夜、二五〇〇万人の農民が共同体を去り、個人土地所有者になった。そのほか、共同体が存在しなかった地方があり、従って、そこでは土地私有の伝統が古くから存在した。概括すると、結果はつましいものに見えるが、それでもなお驚くべきものがある。農民たちは喉から手が出るほど土地が欲しかった。だからといって、農民たちは、土地所有を認めるという提案にすぐには飛びつかなかった。一九〇七年においても一八六一年と同様に、農民が土地改革に対して示した反応は、ある種の既成事実に対する慣れに従うほうが優勢だった。一八六一年には、農奴たちは突然与えられた自由にしばしば恐れをなした。一九〇七年には、農民たちは、農村共同体を離れることにも、彼らを法律的に特別身分のロシア人にしている既存のきずなを断ち切ることにも嫌悪を示した。

農民の行動に同じような矛盾が現れたのは、シベリアに向けての移住に際してだった。なぜなら、農民への土地付与は、単純至極な問題と結び付いていたからだ。すなわち、一体どこに農民たちが自由に使用できる土地があるのか？　農民たちは、シベリア東部の処女地を植民化するよう薦められていた。ロシアの民百姓は久しい以前から、放浪化して常にもっと遠くに幸運を求めに行く傾向があったではないか？　一九〇七年には、七〇万人もの植民者がシベリアに向けて旅立ったが、そこには入手可能な土地が無限にあった。しかし、移住の動きは、やがて年間三〇万人ていどに落ち着いたし、失望して帰還する者の数も毎年数万に及んだ。北東部での土地の開発運用が極めて困難だったことが気乗り薄さを一部分説明している。特に二十世紀初頭の段階では、農民たちは、彼らの貧しさにもかかわらず、ともかく自分たちを保護してくれる農村共同体から去ることを忌避していたのである。

ストルイピンによる改革の実験があまりにも短い期間だったことから、彼の試みが完全に成功するチャンスがあったかどうか推量できない。同様に、ロシアを小土地所有者の国に変革することの困難さについても簡単に結論を下すことはできない。しかし、あれほど長いこと物質的困難さに打ちひしがれてきた農民階級の間に、ある種の無気力さがあったことは否めない。多分、それは、常に農民階級と国家権力とを分け隔ててきた距離の結果でもある。ツァーリは、民百姓にとって神秘的で遠く離れた存在であり、政府はといえば、租税を取り立て、若者たちを兵役に駆り立てるものでしかなかった。いわば不吉な存在でしかなかったのだ。自分たちが掛け離れた存在であることを意識しないまま、ニコライ二世とその一族は、自分たちが「わが親愛なる民百姓たち」と共生関係にあるとの確信を熱烈に深めていた。一方、民百姓のほうは、現実には、自分たちの身の回りの環境しか知らなかった。つまり、家族、農奴時代の領主、共同体、司祭、そして何人かの村の権力者、だけである。彼らの地平線の狭さこそが、多分、首都で見知らぬ、あるいはほとんど知らない不可解な人々により採択された政府の改革など彼らには不可解千万で、だからこそ一向にそこから利益を引き出そうとしなかったことを説明してくれるだろう。

ストルイピンは、社会に直接触れることの難しさを自覚していた。彼は、それを補うために、彼の計画の中でも最もオリジナルな部分を実行に移した。教育による文字通りの文化革命である。一九〇八年の法令は、一九二二年までに、全てのロシア人子弟は就学するようにする、と明記している。この目標に到達するために繰り広げられた努力の結果、一九一四年の徴兵審査委員会によると、徴集兵の実に七五％が完全に読み書きできることになっており、二十世紀初めには半数に満たなかったことから考えると隔世の感がある。しかし、新世代の教育水準を高めようとする意向を越えて、農村全体、成年農民全体の教育が、文化教育政策の中心テーマとなった。村落には助産婦、獣医、農業技師が置かれた。大学の任務は、自営農になった、なろうとしている農民たちに、自己解放の難しい時期を切り抜ける方法を教えるための「専門家集団」を輩出することだった。教育面で遅れている貧しい社会の知的水準を組織的に高めようとする計画は、熱狂的な若者たちの支持を受けていた。パステルナークの『ドクトル・ジバゴ』は、学士号を手にしたばかりのララとパシャの二人を通じて、自分たちの知識を農民と共有するために奥深いロシアに飛び込もうとする若者の姿を完全に描き出している。

一九一一年に起きたストルイピン暗殺事件は、改革政策と、これらの改革に対する信頼感の双方に終止符を打った。またもや皇帝は、彼自身がロシアの絶えざる真理であると見なしているものと直面することになる。すなわち、政治的変化は、ロシアに、テロと革命的情熱の再発をもたらす効果しかないのだ、と。専制政治の復活はもはや手遅れだとしても、少なくとも、改革にブレーキをかけるのが得策だ、ということになる。

このように変化のプロセスが停止した、といっても、過去に後退した訳ではないが、それにもかかわらず、ウィッテやストルイピンの努力によりロシアが一九〇五年以前および以後に実現した変革の総決算は目覚ましいものである。一九一四年の前夜、ロシアは近代国家になった。政治的には、ロシアはほぼ議会主義らしきものを享受しており、それを代表する機関がドゥーマとゼムストヴォである。自由で良質の新聞が、公衆に、政治的論議と数多くの政党の活動について伝えていた。市民社会、といってもまだその数は限られていたが——なぜなら農民階級を含んでいなかったからだ——が勢いよく発展しており、その進展ぶりはいかなる後退ももはや実行不可能にしていた。多分、ロシアは、まだ法治国家として生きているというには程遠いが、しかし、アレクサンドル二世の改革時代を除けば、かつてだれひとり夢見たことの無かった政治的近代化を経験していたのである。

経済革命が、より重要で無かった訳ではない。農業生産は、ようやく改善された。大戦に先立つ数年間は穀物収穫があまりにも豊かだったので、絶えず食糧危機にさらされてきたロシアが、大穀物輸出国に転じていたほどである。この進歩は、確かに良好な天候に恵まれたことによるが、また同時に、いくつもの技術面での改善にも起因していた。穀物生産の多様化、新しい特産品、肥料の使用、それと農業技師を多数農村地方に派遣して農民を教育したことによる。産業革命は一時的に一九〇〇年の景気後退によって抑制されたが、一九〇七年以降は新たに発展した。成長率は高止まりだった。年率六％であり、発展を遂げた部門はすべて重工業分野であり、そこでは巨大企業が出現し、大工業都市を発展させた。こうした進歩は、ストルイピン政府が前任者ウィッテ時代に比べれば産業発展を優先させ加速化することに熱心でなかっただけに、目覚ましいものがある。ストルイピンは資本家に対する直接援助を削減し、社会全体に対する税制の重圧をいくぶん軽減した。だが、ロシア産業はすでに十分自立性を保っており、このような軽度の方向転換にも適合できた。銀行が次々と誕生し、力を占めるようになり、産業の発展を助けた。ロシアの企業家たちは、こうした恩恵を受け、国内市場を拡大し、そこから新しい資力を手に入れた。ついには外国資本がロシアで目立つようになり、ロシア産業への投資額の三分の一を占めるまでになった。産業の発展は労働者階級の構成員の数の増大を伴い、権力側も労働者の境遇を法規に沿ったものにするために立法化に努力することを迫られた。その一方、労働運動は拡大し、かつ組織化され、民衆の要求実現のためにその力を動員した。

　全般的に一九一四年のロシアにとって、政治的、経済的、社会的、そして知的な面でも楽観的な展望が開かれたが、この事業を達成するにはまだ時間が必要だった。すべての領域で「離陸」は現実になっていた。この点では、二十世紀当初の一五年間は、十九世紀末とはっきり断絶を示している。チェーホフが描いたのは、ほぼまひ状態にあり、奇妙な無気力状態に陥っているロシアであり、何も変わりようがないかに見えるロシアだった。革命に先立つこれらの年月は、それ以前とは根本的に異なっており、それも近代化へ向かう年月だったからだけではない。ロシアでは、すべてが突然目覚め、文化は開花の時期に、つまり銀の時代*へと入って行く。たぶん、この時期に、かつてのプーシキン、ドストエフスキー、ゴーゴリ、あるいはトルストイを輩出した時代（「金の時代」を指す）と比肩できるような文学的才能を求めることはできなかったのだろう。しかし、ロシアの文化界が、これほど多才な作家、詩人、芸術家を集め、幅広い一般大衆の人気を勝ち得たことはかつてなかった。大衆の間で、彼らの先達たちの作品が広く知られ普及していることもあって、これら二十世紀の作家たちは、極めて質の高い雑誌に執筆し、入念に、素晴らしい努力を傾けることでエリートたちの文化水準を高めることに貢献した。この時代ほど、ますます増大する一般大衆が熱心に過去の文化遺産を入手しようとし、新しい作品の誕生に拍手を送ったことはかつてなかったのである。ロシアの教養ある社会生活がこれほど豊かで、充実していたことはかつてなかった。イコンの芸術性さえも再発見され、古い、そして新しい芸術の展覧会が大群衆を惹き付け、同様にスクリャービンやシャリアピンのコンサートや、ブロークあるいはアフマートワの詩の朗読会も大盛況だった。この銀の時代をこれほど充実して生きたロシアはまた、かつてなくヨーロッパへと目を向け、自国の文化的飛翔と西洋文化に対する熱情とを混ぜ合わせた。大学で、文化サークルで、出版社で、そして海外旅行をし、あるいはヨーロッパの同業者たちの偉大な作品を翻訳した作家たちの作品の中で見られたのは、ヨーロッパとの絆を深め、強化しようとする努力だった。

＊銀の時代。十九世紀末の前期象徴派（デカダン派）の登場を前史として、二十世紀初頭にかけて約二〇年間に及ぶロシア文芸の興隆期を示す。ブローク、ベールイ、アフマートワ、パステルナーク、ツベターエフなど。十九世紀初頭に、プーシキンたちを輩出した「金の時代」と対比して使われる。

大戦争が勃発したとき、ロシアは、あれほど失敗を重ね、あれほど取り組み直した歴史的賭けにとうとう勝利を収めたかに見えた。すなわち、後進性に終止符を打ち、ヨーロッパに自らの占めるべき位置を見いだし、欧州諸国がたどっている発展の道に合流することである。ロシアをその特異性から、そして歴史の大きな動きの圏外に立たされていることから引き離すためには、どのような道をたどればよいのか、と、あれほど長い間自問自答してきたエリートたちは、満足する理由が十分あった。しかし、彼らにとりついていたのは苦悩であり、間近に雷鳴が迫っているとの意識であり、またもや大災難が襲ってきて、これまでの成果を台なしにし、すでにたどってきた道筋を消し去ってしまうのではないか、という不安であった。エリートたちは間違っていなかった。わずか三年（一九一四―一七）のうちに、大災難がロシアを襲い、ロシアにとって致命的な夜が始まろうとしていたのだ。それは歴史的運命なのか？

結論

ピョートル大帝がロシアの近代化に取り組んで以来、歴代の皇帝がそれぞれのやり方でその構築に貢献してきた。二世紀にわたる努力と目に見える成果が、わずか三年のうちに吹き飛んでしまったのである。近代化されたロシアは溶解し、諸機関は崩壊し、あれほど期待に満ちていた経済は、二月革命と十月革命という二つの相次ぐ革命がロマノフ王朝と西洋化したロシアを一掃してしまう以前に、前進を止め、次いで機能することを止めてしまった。レーニンは、災難の間隙をついて入り込み、その成果を享受したのである。世界大戦はたぶん、それ以前のクリミア戦争や日露戦争同様に、ロシアの進歩なるものの危っかしさをまたもや露呈することになる。近代化を目指すあらゆる努力が、何よりもまずロシアを強国にしうる現実の手段を自らに付与することを目指していたにもかかわらず、である。一九一四年のロシアは、一八五六年のロシア、一九〇五年のロシア同様に、それまで果たしたすべての進歩にもかかわらず、依然としてアキレス腱を抱える巨人に止まっていた。

近代化され、自由化されたロシアは崩壊し、レーニンと彼の後継者たちは、過去二世紀のロシアよりも前近代化時代のロシアの過去により多くを負っているソ連という構築物を建設した。ボリシェビキの頭領にとっては、ロシアにおける革命の目的は、それでもなお祖国を西洋化することだった。つまり親スラブ派の人々が、「アジア的野蛮さ」へのロシアの従属の現れに過ぎないと見なす特異性からロシアを引き離す絶好のチャンスだった。レーニンは、昨日まで続いた君主たちの業績をひとまず否定しつつも、彼らと同様に自らもロシアを近代化し、西洋世界に統合させようとする人間であろうとした。その後、七五年間のソ連の歴史をつぶさに検討すると、レーニンの試みが成功したとは言い難い。

まず手始めに、革命家レーニンは、旧独裁者君主ニコライ二世でさえ決してやろうとしなかったことを平気でやってのけた。すなわち、一九一七年十一月の普通選挙により選出された制憲議会を、力により一挙に廃止したことである。たちまち彼は、以後四分の三世紀にわたって一切の社会の意志表明を排除する政治制度を樹立した。イワン雷帝を始め、その後継者たちが大変苦労して建設したロシア国家は消滅し、代わって、前代未聞の政治的構築物に場所を譲った。すなわち、国家を自ら名乗り、すべての政治的空間を占める全体主義政党にである。たぶん権力奪取前のレーニンは、未来の国家は「すべての人民」の国家であり、どの「料理人」でもそれを指導できると確約した。しかし、いったん権力を奪取すると、料理人は、こうした言葉の空しさに気付かざるを得ない。国家は唯一の政党、すなわちレーニンの党の手に握られた。もっとも、このレーニンの党でさえ、一九一七年末の選挙では四分の一の得票しか得られなかった。

こうした少数者による権力の完全な詐取は、ロシアを遠い過去へと引き戻し、国家の全資産を取り戻す国有財産制度復活を伴った。いわば資産国家への逆戻り、である。私有財産制度は廃止され、すべての国家の富は再び公共財産となる。公共部門と党は、ここでは混同した概念である。というのも、党・国家こそが一九一八年以降、経済のすべての資源に無制限の支配権と管轄権を行使するからだ。たぶん、人間はこの支配から逃れうるだろうし、革命の発端には主要なテーマだった個人の自由という問題も過去とはすっかり異なっているだろうと言われた。だが、当初の時期、農業集団化への大転換期までは、個人に対してすでに課されていたさまざまな制約にもかかわらず、この論法はなんとか受け入れられていたが、一九二九年の大転換により、あっさり覆された。

すべての農民をコルホーズ（集団農場）およびソフホーズ（国営農場）といった労働面でも生活面でも集団化した機構に入ることを強制する農業集団化は、農民たちをまたもや、一八六一年以前のように、特別の身分制度に従う市民の立場に追いやった。またソ連の農民は、みずからの生活様式を選ぶ権利を持たず、自分が所属する共同体に結び付けられた。彼らは共同体を離れて都会に行くことは、許可なしにはできなかった。農民はまた、自分の所属するコルホーズもしくはソフホーズの長のはっきりと明示された短期間の許可証なしには移動することさえできなかった。農民たちに、あらゆる逸脱――伝統的な放浪癖は言うに及ばずだが――を確実に禁止するために、ソ連権力は一九三二年に導入された国内旅券（パスポート）制度さえ彼らから奪い去ってしまう。この旅券はあらゆる国内移動に必要な身分証明書である。一九八〇年代初頭になって初めて、書記長のレオニード・ブレジネフは、自分たちの運命にすっかり慣れきってしまった農民たちに国内旅券を交付することを決め、以後ソヴィエト体制最後の一〇年間に徐々に拡大した。農民たちは、コルホーズに対する労働日を義務づけられていたことを考えると、一八六一年の農奴解放令以前に存在した領主による賦役に相当するものが残っていたのだ。さらに農民階級の一部は、一九三〇年代に、産業に労働力を供給するために都市への移住を強制され、あるいはみずからの意志に反して非人間的な工事現場や収容所にほうり込まれた。

これら全ての措置は、農民たちに居住地の外での大工事に従事することを無理強いしたり、所属するコルホーズに縛り付けることで行動の自由を奪ったわけで、結局は一八六一年に廃止された農奴制度の大筋を復活させていたのではないか？　アレクサンドル二世は、農民を解放しようと望んだ。ニコライ二世は、ストルイピンと共に彼らを土地所有者にしようと試みた。レーニンとスターリンにとっては、農民階級はロシア後進性のシンボルであり、バクーニンは、農民階級の特質をいみじくも指摘している。すなわち、潜在的アナーキズムであり、散発的に吹き出す反乱精神であり、国家への完全な反発であると。農民文化はマルクス主義文化にとって無縁であり、従って、マルクス主義文化を人民全体に押し付けることでロシアの後進性を消し去ることができる、とレーニンは考えた。自らの計画に農民を組み込むことが少なくとも短期間では不可能だとさとったレーニンの解決策は、農民に対する暴力の使用だった。一方、スターリンの解決策は、農民階級を社会から排除し、彼らを一八六一年以前の状態に引き戻すことだった。

もう一つの過去への回帰がある。国家に勤務する階級、すなわち、さまざまな特権を持つ官僚体制の再現である。ロシア帝国は長い間、この勤務階級によって機能してきた。ソヴィエト国家は、この伝統を再生させた。官僚制度の中で特に特権階級である警察が強制収容所に集められた矯正労働力について絶対的権限を獲得したとき、かつて勤務貴族の役務と、君主たちが役務貴族階級への報酬として彼らに与えた農奴との間の古い関係が復活した。ただし、過去への回帰は、ソヴィエト時代に市民たちのあらゆる往来を規制する道具である国内旅券にまで及んではいない。というのも、この制度は、かつて仏旅行作家キュスティーヌが憤慨して記述したような古い時代の慣行に着想を得たものではなかったからである。

他の二つの項目で、ボリシェビキを過去と対比して位置付けるべきだ。経済の近代化と、帝国についてである。

経済的変革は常に二つの問題を生じた。どのようなリズムによって？ だれが代価を払うのか？ ロシアの見事な「離陸」を演出したウィッテは、社会が払うべき代価を考慮に入れて、変革のリズムを緩和する術を心得ていた。この政策は、ストルイピンも踏襲し、社会自身がこの変革に利益を見いだす可能性を残すように配慮した。あまりにも早くこの世を去ったレーニンは、「戦時共産主義」の極めて短い期間を除いては、この問題を熟慮する余裕もなかったが、かれの後継者たちは厳しく論議した。ブハーリン*は、一九二一年段階では完全な共産主義の誕生に立ち会っていると信じていたが、後に考えを変え、全ての経済的変化は漸進的でなければならず、さもなければ絶対的破綻に直面する、とした。「戦時共産主義」こそ、その実例を提供し、ロシアを飢饉、反乱、経済的麻痺、都市からの逃亡へと導いたのであり、一方、一九二一―一九二二年、こうした災難に対応するために決定されたネップ（新経済政策）は人民に、都市に、そして経済に生気を甦らせた。ブハーリンが主張したのは、共産主義の掲げる目標と、社会が熱望するゆるやかな変革のリズムとの間の妥協であり、二十世紀初頭からロシアで盛んに議論されていたテーマだった。

＊ニコライ・ブハーリン（一八八八―一九三八）。共産主義理論家。一九〇五年ロシア社会民主労働党に入党、ボリシェビキに所属。亡命先のヨーロッパで『帝国主義と世界経済』、『帝国主義国家の理論によせて』を書き、レーニンの帝国主義論、国家論に影響を与える。一九三四年、『イズベスチア』編集長、三七年二月、スターリンの指図で逮捕され、「日独ファシズムの手先」として処刑された。

この漸進主義の信奉者に対して、ロシアに天変地異の変革をもたらすべきだと主張する一派は、急速にことを運べば、この計画への社会の服従ぶりは大きいだろうと断言した。この後者のテーゼが勝利を収め、第一次五カ年計画がこうして生まれた。この選択は、第二の問題を提起する。このような転換の対価である。だれが原資を提供するのか？　それなしには、いかなる発展も可能にはならないが？　イワン雷帝からウィッテに至るまで、明白にはされなかったが回答は常に同じだった。農民階級こそ、その労働力によって、支払いを義務付けられている租税によって、国家にまず軍事力、ついで経済力の手段を供給するのだ。一九二〇年代半ばにかけて、共産主義者たちの間で熱い議論が戦わされていたとき、回答は常に同じだったが、より乱暴で、明々白々だった。原資の蓄積は、農民階級の「背中の上」なのだ。

二つの際立った違いが、前ソヴィエト時代の過去とソヴィエト時代との間に浮かび上がってきた。一方では、一九一七年以前もしくは一九〇七年およびストルイピン改革の以前では、農民はまだ一方的に依存関係に置かれ、権力側に彼らの搾取を思うままにさせた。一九一七年以降については、この農民の身分は、一八六一年以後に装うことになる緩和された形態のそれではなく、農奴制の徹底した形態として再現してみなければ理解しがたい。ただ一つそこに欠けているのは、農奴という名称だけなのだ。しかし、現実は同じだった。他方、一九一七年以前、近代化政策は、不十分とはいえ農民たちへの費用負担をいくぶん軽減する措置（土地購入代金の償却額の減額）を伴っていた。農民たちが憤懣をぶちまけるはけ口となっていた諸地方機関（土地問題議会、一八六一年以後のゼムストヴォ）も同様だった。一九〇五年の農民たちの苦情がびっしり書き込まれている陳情書によると、彼らの声は時たま聞き届けられていた。全く反対に、一九一七年以後、とくに一九二九年以降、農民階級は沈黙を強いられることになる。いかなる譲歩も、いかなる中間的制度も、彼らの苦しい運命を軽減してはくれない。農民階級は、いかなる補償もなく、尊敬の気持ちのしるしさえも示されないまま、「いかなる犠牲を払っても、全速力で」発展達成を目指す農業集団化の恐るべき代価を払わされることになる。

遠い過去とソ連の現実とを結ぶ絆が示されることになる最後の章は、帝国である。一九一七年レーニンが権力を掌握したとき、彼はまさにロシアが帝国であるかのように行動する。なぜなら、革命はロシアで勃発したのであって、彼が期待した最も進んだヨーロッパ諸国においてではなかったからだ。

だがレーニンは、もし「資本主義の最も弱い鐶」が切れたとしても、彼が不可避と見なす革命の到来を告げる第一段階に過ぎないと確信していた。革命の火がヨーロッパに拡大するとき、ロシアはそこにしかるべき場所を占めるだろうが、この国の全般的進歩が達成されない限り、ロシアの占める位置は二義的なものでしかないだろう、と。だが、彼は直ちに路線を変えねばならなかった。一九二〇年、ドイツで、ハンガリーで、ポーランドで、各地で革命が失敗し、あるいは粉砕される事態に直面したレーニンは、決断を迫られた。時期尚早に起きてしまったロシア革命だが、ボリシェビキに追随することを拒否する社会意識の実情に合致していない上、未完成のまま工業は戦争によって破壊され、労働者階級が不足している状況の中で、革命をどうすべきか？

粘り強く継続することは、嫌がる社会に一つの社会意識を無理強いし、従って、革命的プロセスの継続を社会に押し付ける道を意図的に選ぶことを意味する。ところが、強要するためには暴力を用いなければならない。耐え忍ぶことはまた、政治的に敵意を抱く政治体制に周囲を取り囲まれた中での一国革命であり、自らを防衛するためには、強大な領土と十分な資源を持ち、いつかは強大な軍事力を兼ね備えるべきである。ところが、一九一六年以来崩壊してしまった帝国は、もはやこれらの手段を持っていない。革命を保持する道を選ぶなら、レーニンは、彼の遠い前任者たちのように、失われた領土を再結集し、独立に酔いしれている諸人民を再征服して、帝国を再建しなければならないだろう。このためにもまた、彼には一つの方法しかなかった。暴力である。

それの代案となりうるのは、制憲議会選挙で人民により選出された人々に権力を引き渡すことだった。すくなくとも選ばれた代議員たちと権力を共有し、ロシアが一九一七年に中断させられた行程——もちろん、君主制抜きであるが、共和制こそ幾多の革命の結果生まれた正常な解決策ではないか？——に立ち戻り、他の諸人民にも革命のお陰でやっと手に入れた独立を享受させることではないか。

レーニンの同志たちの多くは、永続革命論選択の結果として、ロシアが孤立化と暴力化を余儀なくされることを恐れて、レーニンにその理論を放棄するよう迫った。少数派に追い込まれながら、レーニンは譲歩を拒否した。力関係の上では、彼は正しかった。なぜなら、彼に従うものが多かったからである。歴史的道理の上からは、彼は間違っていた。祖国を西洋化し、近代化を完成すると主張したこの人物は、実際にはロシアをヨーロッパから引き離し、西洋世界と、その歴史的発展から遠ざけてしまうシステムに封じ込めてしまった。特に、レーニンは独特の近代化のプロセスに乗り出し、ゲルシェンクロンの言葉によれば、ロシアを野蛮な時代に逆戻りする道へと追いやったのである。

これほど苦難に満ちた国の歴史をいかに読むべきか？ 絶えずヨーロッパへ、近代化へ向かおうと努力を傾け、その目的が達成されようとしたまさにそのとき後戻りを強いられ、挫折の悲哀をかみしめさせられたロシアという国の歴史を？ こうした度重なる後戻りが全て同じ性格のものであり、度合いであったわけではない。ロシア史の上で、過去へ一気に回帰したのは、たった三回だけに過ぎない。そのうち二回は永続的であり、一回だけはっきりと短期間に終わった。モンゴル人による占領とボリシェビキ革命は、劇的な断絶と、たゆみなく進歩を目指す道への悲劇的な回帰だった。危うくロシアが消滅しかけた動乱の時代は、ただし一〇年ほどしか続かなかった。こうした大断絶に比べれば、ニコライ一世、パーヴェル一世、アレクサンドル三世の統治時代は、政治的反動や後退を特徴としたものの、とても比較の対象になり得ない。西洋に魅惑されていたロシアは、こうした断絶の度に急速に立ち直り、またもや改革を夢み始めるのである。

しかしながら、こう質問してみる価値はある――ロシアは、なにかしら不可思議な運命により、進歩を目指す行程で常に挫折するべき宿命にあるのか？

これこそ二十一世紀を迎えるにあたり、ロシア国民が目前に開けつつある道が困難であることを予感して抱く懸念なのである。またもや、七五年間に及ぶ輝かしい未来の約束と、回復した自由と真実の言説によりもたらされた希望の八年間の後に、彼らは、祖国の置かれた状況が決して希望を抱かせるものではないことを認めざるを得ない。二〇〇〇年のロシアとは、何か？

大国のクラブからは拒否され、国際社会から見下されているかつての超大国に過ぎない。またもや国家の体裁をさえもなさない一つの国に過ぎない。党国家は消え去り、何一つ、それに取って代わってはおらず、残るのは機構のみであり、だれもその安定性について知らない。そして、過去に何度もそうであったように、国家が消滅して、広大な空間だけが残り、それさえも現在チェチェンが最も激烈な実例である独立を求める下からの突き上げと、もはや中央権力が行使し得ない権力を自分のものにしようとそれぞれ試みる無数の地方権力の攻撃を受けてまさに分解の危機にさらされている。

そして最後に、これこそ各ロシア国民の最も深い苦悩である問題、すなわち人口が冷酷無残に減少しつつある国、という現実がある。一九九五年、ロシアの人口は一億四八〇〇万人だった。それが二〇〇〇年には一億四六九〇万人に過ぎない。最も確かな予測によると、来る二〇二五年には、さらに一〇〇〇万人減少し、二〇五〇年には一億二一〇〇万人にまで落ち込むといわれる。同じ予測によると、アメリカ合衆国の人口増は、一九九八年の二億七四〇〇万人から、二〇五〇年には三億四九〇〇万人に達する、といわれる。全般的には、世界の総人口は、同じ予測では目覚ましい伸びを示し、五〇億人から九〇億人に増える、とされている。これらの数字から見る限り、ロシアは、まさに消滅の危機に瀕している！

ロシア人たちは、祖国のこの「現状」を唖然として信じがたいと見つめている。決定的に踏み越えた、と信じてきたあれほど多くの段階と、苦しみの結果が、こんな始末とは！　その結果、彼らは、努力と挫折の悪循環をきっぱり克服するために提案されている価値体系について自問するようになる。

現状の展開に伴う数々のドラマにもかかわらず、ロシアは以後、ヨーロッパかつ西洋流文明世界の一部を成すのである。この点については、ロシア人はもはや後戻りはできないと信じている。彼らの未来をその回りに建設すべき、もしくは再建すべき価値体系は三語に要約される——自由、民主主義、改革、である。

自由、そして諸々の自由は一九九二年以来、すぐそこに存在している。しかし、すべてのロシア人は、それがきわめて脆弱なものであり、いつでもご破算になりうることを知っている。それらの自由は民主主義の成功と結び付いている。ここでロシア人は自問する。彼らは知っているのだ、過去である二十世紀初頭に、民主的進歩とは選挙された議会の存在、多政党政治、自由な報道機関であったことを。二〇〇〇年という年に、彼らが不信感でもって見つめるのは、一〇年足らず前に出現した民主主義諸制度ではなく、それらが発展してきた社会状況なのだ。すなわち、昂進する社会的不安、無秩序とそれを取り巻く暴力的風土、よそよりもずっとモラルを重んじるロシア的伝統からすると目を背けたくなる止まるところを知らぬ物質主義、である。民主主義体制そのものではないにしても、民主主義という言葉は信頼を失っており、多くのロシア人は自問するのだ――この国の社会的風土からすれば、人間の尊厳を少しも尊重しない変種である現状とは異なる自由と民主主義の中で生きる方法があるのではないか？　同じ論議が改革という思想を巡って精神をかき立てている。一九八六年以来、まずミハイル・ゴルバチョフが、次いでボリス・エリツィンが同国人たちに、ロシアを相変わらずの後進性から抜け出させるための多様な改革案を提示したが、ロシア人たちは、これらの改革措置が西洋世界に対するロシアの経済的後進性の溝を埋めるどころか、かえって増大させていることに気付いている。これにはいくつもの理由があるが、その中でも、まさにロシアが共産主義から抜け出したとき、ロシア経済の崩壊状態が進行しつつある最中だったことが挙げられよう。

民主主義という言葉同様に、改革という言葉も、それ以降はロシア人の耳にうさん臭く響いてしまう。だが同時に、近代化という考え方は彼らにとって大切だった。それでは、いかにして改革なしに近代化を図るのか？

現在ロシアでは、ある種の言葉の前で拒否反応が見られることは、深く熟慮した上でというよりも意味論上の問題である。そして過去一五年間にわたり、いささか評判を落としてしまったこれらの用語と、それらが包含する思想が及ぼした教育的役割をとくに過小評価してはならない。民主主義とは、すなわち自由と、市民が安定した既知の基準によって支配される公生活に参加することであり、ロシア人はそれに執着している。集団意識が、これからは民主主義の逸脱なり、要求の多い民主主義というイメージからくる民主主義にとっての脅威を判断することになる。改革がメンタリティーに及ぼす影響についても同じである。市場論理なるものがここ数年来、ロシアで作動している。この論理と、それに結び付く価値観――責任感、企業家精神、革新への嗜好、成果主義の威信――は大いに精神を変革し、変化と近代性という概念に慣れさせた。たぶんこの新しい集団意識が形成されるためには時間が短すぎるのだろう。このことが、ロシア人の伝統への執着――まだよく知らない新しい世界に直面して覚える不安感によって一層強められている――と、近代性に向かおうとする革新の精神との間の緊張関係を説明する。一人一人のロシア人が今日、彼自身の文化大革命を達成しなければならないのだ。その文化大革命が苦悩と、不安感と、内的葛藤のうちに行われるとしても、おどろくに値しようか? だが、まさにわれわれが立ち会っているのは、今は危機だと見えるものが決して後退ではなく、いく世紀にもわたってたどってきた後戻りのきかない近代化に通じる長い道程の一つの段階であるとの認識である。ロシア人は恐れと希望を抱きつつ、彼らの指導者たちに今度こそ変革への挑戦の機会を逸せずに、アレクサンドル二世のラインに、弱々しいニコライ二世のラインに、つまり決してレーニンのラインにではなく、名を連ねてくれることを期待している。

二十世紀初頭、ロシアが全ての領域――精神的には銀の時代、物質面では経済的離陸――で開花の時期をくぐり抜けていたとき、偉大な詩人アレクサンドル・ブロークは一つの詩の中で、祖国の上に「新しいアメリカの星」が昇りつつある、と述懐している。この星こそ今日、ロシア人たちが識別しようと試みているのだ。彼らはまた、あらゆるロシアの詩人のうちで最も偉大な詩人の言葉を覚えている。一世紀前に、ロシアのエリートたちが西洋のすべての文化的過去を自らの文化遺産に組み入れていた時期に、ロシア文学の「金の時代」を象徴した人物である。それは、プーシキンだ。彼は一八二二年に記している――「ロシアはいまだ未完成である」。つまり、あらゆる進歩に開かれている、と。「新しいアメリカ」であろうが、もしくはヨーロッパのロシアであろうが構いはしない。今日、ロシア人が希望しているのは、彼らの長かった失望の年月と、めげずに繰り返した努力の末、文明化したロシアがついに姿を現し、決定的に西洋大国の仲間入りを果たすこと、なのである。

訳者解題

エレーヌ・カレール＝ダンコース女史のこの本の仏語原題は《La Russie inachevée》（未完成のロシア）。これは、本書結論部分にあるように、十九世紀ロシアが生んだ大詩人プーシキンが一八二二年に記した言葉「ロシアは、いまだ未完成である」から取ったものだ。すなわち、ロシアにとって「すべての進歩に道が開かれている」との願いが込められている。ロシア国家の起源に始まり、帝政時代、ボルシェヴィキ革命、ソ連邦誕生、ソ連崩壊、ロシアの復活、とロシア史のすべての局面を丹念に描いた著作を次々と世に送り出して来た歴史家カレール＝ダンコースにとって、ロシア史研究とは、歴史を時代毎に切り取って分析することではなく、挫折を繰り返しながらも次の局面に向かって新たな展開を図ろうとするロシアの姿を共感を込めて視つめ続けることである。

ロシアにとって、二十一世紀は文字通り「プーチン時代」で始まった。そしてプーチンは、この本が読者に届く二〇〇八年三月には、ロシア憲法の規定に従って大統領の任期四年二期をつとめた後退陣し、自ら後任者に選んだメドベージェフ第一副首相を大統領選挙で勝利させているはずである。今年一月中旬のロシアでの世論調査によると、国民のメドベージェフ支持は八二％、共産党ジュガーノフ候補支持が九％、極右ジリノフスキー候補支持が八％、唯一のリベラル派代表カシャーノフ元首相支持はわずか二％。もっともカシャーノフ候補は資格審査で失格を宣言されている。プーチン自らは、二〇〇七年末の下院選挙で圧勝した与党「統一ロシア」がかつぎ出す首相に就任予定で、「プーチン院政」を敷くことになる。つまり、「プーチンのロシア」から「プーチン院政のロシア」に姿を変える。二〇〇七年秋、プーチンは「ロシアの長期安定を保証するのは、民主主義と多数政党主義である」と断言したが、あくまでも彼流儀の民主主義であり、多数政党主義なのだ。

この本がフランスで出版されたのは二〇〇〇年。一九八九年ベルリンの壁崩壊に続いて一九九一年ソ連邦が瓦解、当時のゴルバチョフ・ソ連邦大統領を辞任に追い詰め、ロシア連邦大統領として復活ロシアを統治したエリツィン大統領時代（一九九二―二〇〇〇）の末期である。当時、エリツィン大統領の下で首相に登用されたばかりのプーチンについては本書で言及されていない。KGB出身で、サンクトペテルブルク副市長、KGBの後身である連邦保安庁（FSB）長官を経由して首相の座に着いたプーチンは、国際的には当時まだほとんど無名だった。今回、日本語版を出版するにあたり、藤原書店から原著者に「エリツィン大統領辞任以降、プーチン時代出現からプーチン退陣の今日に至るまでを踏まえて、序文を簡単に書き直していただけないか」と依頼したが、仏アカデミー終身幹事の要職にあって多忙を極める著者の賛同を得るに至らなかった。ロシア史の重要段階を鋭利に分析して評論『二十世紀の転換点におけるロシア――ニコライ二世、レーニン』（二〇〇五年。未邦訳）にまとめた女史のことだから、当然、二十一世紀の転換点における「プーチンのロシア」についても近く評論その他の形式でまとめることだろう。それまでの時間的空間を埋めるために、訳者は、女史がこれまで新聞・雑誌への寄稿、もしくはインタビューの形で「プーチンのロシア」を論じた箇所から注目すべき論点を引用することで、カレール＝ダンコースの「プーチン観」を読者にお伝えする。要約内容選択についての責任はひとえに訳者にある。

二〇〇七年一二月一八日号米週刊誌『タイム』は年末恒例の「パーソン・オブ・ザ・イヤー（今年、話題の人）」にプーチン・ロシア大統領を取り上げ、表紙に彼の肖像写真を掲げた。写真説明は「ウラジーミル・プーチン、新しいロシアのツァーリ（皇帝）」。その理由として、リチャード・スタンゲル同誌編集主幹は「混乱の極にあった国家の運命を引き受け、ロシアに安定をもたらした目覚ましい指導力を評価した」と述べている。もっとも同主幹は「プーチンは、市民の自由も、言論の自由もいっさい考慮しない点で危険な人物である。しかし、自由よりも安定を優先することで、彼はロシアを再び強力な国家にしたのだ」と付け加えている。プーチン批判の強い米国メディアの中には、この選択に異議を唱える向きもあったようだ。たしかに「強いロシア」を誇示しようとするプーチン流外交は米露関係を悪化させている。高騰する石油・天然ガスの収益を背景に、高飛車な対外姿勢に転じているロシアに対して、欧米から批判が高まるのは無理もない。だが、それをプーチン個人だけの責任に帰することができるだろうか。

米国のロシア問題専門家ドミトリー・サイムズ（ニクソン・センター所長）は米国際問題専門誌『フォーリン・アフェアーズ』二〇〇七年一一—一二月号に「われわれはロシアを失いつつある」と題する記事を寄稿、「いま米露関係は急速に悪化している。東西冷戦終了後、米国が取ってきた間違った傲慢な政策はロシアの憤激の火に油を注ぎ、一方、プーチンのますます挑戦的な態度は西側を激高させている。ワシントンもモスクワも敵を必要としてはいない。双方とも新たな対決を回避するために直ちに行動を起こすべきである」と警告している。

カレール＝ダンコースは、大統領の座に就いたばかりのプーチンと最も早く会って意見を交換した西側ロシア専門家の一人である。パリのセーヌ河畔アカデミー・フランセーズの自室に飾ってある写真の一つは、二〇〇一年、クレムリンの大統領執務室でプーチン大統領と一緒に撮ったものだ。二時間にわたり、じっくりロシア語で話し込んだという。ロシアの当局者は、ロシア移民の娘である彼女を「ロシア人の同胞」と見なしているのではないか。

カレール＝ダンコースは仏国際問題専門誌『エロドート』編集長とのインタービューで、「プーチンの人柄をどう思うか」との質問にこう答えている――「会った感じでは、とてもおもしろい人物です。二一世紀型の大人物という訳ではないけれど……際立って実務派タイプです。印象的だったのは、一国の元首である人が、国際問題で未経験であることを自認して何度も〝(それについては)知りません〟と率直に答えたことです」「(チェチェン問題について質問しようと思っていたところ)プーチンは先を越して言いました――〝聞くところによると、あなたは、われわれが最終的にチェチェンを放棄すべきだ、とのお考えのようですね。そうなると、カフカス地方全部がわれわれの手を離れることになります。とても考えられないことですぞ〟」(季刊『エロドート』二〇〇二年第一号掲載)。

また、別のインタビューでは二〇〇七年一二月の国会選挙でプーチン与党の「統一ロシア」が六四・一％を獲得して圧勝したと伝えられたことについて「(投票率が六二％だったことに触れながら)プーチンが期待したほどの勝利ではありません。投票率がもっと高くて、彼が期待した七五％の支持を得ていれば、ロシア全部が彼を支持したといえるでしょう」と明快に答え、さらに、ロシアが米国のミサイル防衛網を旧東欧諸国のポーランド、チェコに設置しようとすることに猛反発する理由としてこう述べている――「防衛網設置に重要性があるかのように言うのは、いわばジョークです……現状は冷戦の再来でもありません。ただ、ロシアは、米国から、そしてロシアの天然資源に依存している諸国から、大国扱いしてもらうこと、つまり敬意を表してもらいたいのです」（チェコ経済誌『チェコ・ビジネス・ウィークリー』二〇〇七年一二月一〇日号）。

フランスの読書誌『リール』は、カレール＝ダンコースのことをこう書いている――「ロシア人は、エレーヌ・カレール＝ダンコースという人物の中に、最良のパリ駐在女性大使を持っていることを知っている……彼女がいかにロシアから優遇されているかは、最近、ロシアの科学アカデミーの会員に選ばれたことにも現れている。彼女は、フランスのアカデミー会員であると同時に、二重の意味でアカデミー会員なのだ」（『リール』二〇〇三年一二月／二〇〇四年一月号）。

カレール＝ダンコースは著書『ユーラシア帝国――一五五二年から今日に至るロシア帝国の一つの歴史』（*L'Empire d'Eurasie, Une Histoire de l'Empire russe de 1552 à nos jours*, 2005, FAYARD. 未邦訳）の中で、ヨーロッパとアジアという二つの大陸にまたがるロシアの特異性を歴史的に分析し、ユーラシアという名称でひとまとめにされる広大な地域こそが今後の国際関係を律する実体となるのか、それとも、ロシアは依然ヨーロッパかアジアか、の選択を迫られるのか、と疑問を投げかけている。ロシアの行方は、北東アジアに位置する日本にとって重大関心事と言わざるを得ない。

プーシキンの名言のように「ロシアは未完成であり、すべての進歩に道が開かれている」と考えるカレール＝ダンコースのロシア分析は、今後とも世界の多くの人々に注目され続けることだろう。ロシアを理解するための基本的概説書として、この本が読者の方々のお役に立てれば、まことに幸いである。

なお、本書は諸般の事情から出版が延び延びになっていたが、藤原書店社長の藤原良雄氏の英断で「プーチン以後のロシア」のスタートに合わせて出版の運びとなったことに心から感謝する。

二〇〇八年二月吉日

谷口侑

年代記

＊この年表に記載されている日付は、一九一八年までロシアで使用されていたユリウス暦による

ロシア年表

九八八	ロシアのキリスト教化
一二三六	バトゥ・ハーンのモンゴル軍ロシア侵略
一二四〇・一二・六	モンゴル軍、キエフを占拠
一三〇〇	ロシア正教の府主教座、キエフからウラジーミルに移される
一三二六	ロシア正教の主教座、モスクワに移さる
一三二八	モスクワ公イワン・カリタ、大公となる
一三八〇・九・八	モスクワ大公ドミトリー・ドンスコイ、クリコボの戦いでキプチャク・ハーン軍に勝利をおさめる
一四三二	モスクワ大公ワーシリー二世、フィレンツェ公会議で決定されたローマ教会とコンスタンチノープル教会の合同を受け入れたとして府主教イシドールを罷免する

西洋年表

一〇五四	ローマ教会とコンスタンチノープル教会の間の「大分裂」
一〇九九	第一回十字軍
一二七一―一二九五	マルコ・ポーロらの東方旅行
一三〇二―一三二一	ダンテ、『神曲』を執筆
一四世紀末	ルネッサンス運動、始まる

一四五二	ジンギス・ハーンの子孫カシムがワシリー二世の支配下に入る
一四七八	モスクワ大公国、ノヴゴロドを併合
一四八五	モスクワ大公国、トベーリを併合
一五一〇	モスクワ大公国、プスコフを併合
一五四七	モスクワ大公イワン四世（イワン雷帝）、ツァーリの称号を受ける
一五四九	第一回ゼムスキー・ソボル（全国会議）召集。イワン四世の改革を承認

一四五〇	グーテンベルク、マインツに印刷所開く
一四五三	コンスタンチノープル陥落
一四九二	コロンブス、アメリカ大陸を発見
一五〇三	レオナルド・ダビンチ、『モナ・リザ』を描く
一五一六	マキャベリ、『君主論』を刊行
一五一七	ルター、免罪符に反対する九五箇条を発表
一五三四	ルター、ドイツ語訳新約聖書刊行
一五三五	仏訳、英訳の新約聖書発行さる
一五四一	ミケランジェロ、シスチナ礼拝堂に『最後の審判』を描く
一五四三	コペルニクス、地動説の『天空回転論』刊行

一五五二	カザン占領
一五五六	アストラハン併合
一五六五	イワン雷帝、オプリチニナ（皇帝直轄領とそれに付随する諸制度）を設定
一五七一	モスクワ、デルベット・ギライ・ハーンにより占領さる
一五八一	移動禁止時代の始まり（農民は領主の土地を去ることができなくなった）
一五八二	エルマークによるシベリア征服始まる
一五八四	イワン四世死去
一五八九	モスクワ総主教座創設
一五九八・二・一七	ゼムスキー・ソボル、ボリス・ゴドノフを皇帝に選出する
一六〇一―一六〇二―一六〇三	凶作と飢饉
一六〇五・四・一三	ボリス・ゴドノフ死去
六・二〇―七	偽ドミトリー、モスクワ入りし、皇位に就く
一六〇六・五・一七	モスクワで暴動。偽ドミトリー死亡伝わる
五・一九	ワシリー・シュイスキー、皇帝に
一六〇八	第二の偽ドミトリー、モスクワ近郊のトゥシノに出現
一六一〇・七―八	ワシリー・シュイスキー、倒される。ヴラディスラフ公、名乗りを上げる。ポーランド軍、モスクワを占拠
一六一二・一〇・二六	ポジャルスキー、ミーニンら率いる軍勢、モスクワを解放
一六一三・二・一三	ゼムスキー・ソボル、ミハイル・ロマノフをツァーリに選出する。ロマノフ王朝の始まり

一五八〇	モンテェーニュの『随想録』
一五九四―一五九五	シェークスピアの『真夏の夜の夢』
一六三三	ガリレオ・ガリレイ、宗

一六四五	ミハイル死去、アレクセイ・ミハイロヴィチ、ツァーリに
一六四九	ゼムスキー・ソボル、『会議法典』（ウロジェニエ）を承認
一六五四・二・八	ペレヤスラフ協定でウクライナ、ロシアと合体
	総主教ニコン、典令書を改革。分離派（ラスコーリニキ）の始まり
一六七〇—一六七一	ステンカ・ラージンの乱
一六七六	アレクセイ・ミハイロヴィチ死去。フョードル三世即位
一六八二	ピョートル一世とイワン五世ともに統治。ソフィアは摂政に
一六八九	ソフィアをかつぐ銃兵隊の乱失敗。ピョートル、ソフィアを退かせる。ピョートルの母、ナタリアが権力を掌握
一六九四	本当のピョートル一世の統治始まる
一六九六	アゾフの要塞制圧
一六九八	銃兵隊の乱
一七〇〇	北方戦争始まる
一七〇九	ピョートル軍、ポルタワで勝利
一七一一	元老院設置
一七一二	サンクトペテルブルク、ロシアの首都に
一七一七	ピョートル大帝、フランス訪問
一七一八—一七一九	コレギア（参議会、将来の省庁）創設
一七二一	総主教制を廃止、宗務院創設
八・三〇	ニスタットの講和で北方戦争終結。ピョートル、元老院

	教裁判にかけられる
一六三七	デカルト、『方法叙説』を印す
一六八八	イギリスで名誉革命。立憲君主制設立

	より皇帝、大帝の称号を受ける
一七二二	官僚制の基本である官等表の制定。人頭税設置
一七二五・二・八	ピョートル大帝死去
一七六二・二・一八—六・二八	エカテリーナ二世即位。貴族への兵役義務免除
一七六七—一七六八	法典編纂委員会設立
一七六八—一七七四	第一次露土戦争
一七七二	第一次ポーランド分割
一七七三—一七七五	プガチョフの乱
一七七四	キュチュク・カイナルジャ講和条約
一七八三	クリミア・ハーン併合。農奴制、ウクライナまで拡大
一七八七—一七九一	第二次露土戦争。ヤシ講和条約
一七九三	第二次ポーランド分割
一七九五	第三次ポーランド分割
一七九六	エカテリーナ二世死去。パーヴェル一世即位
一七九七	新皇位継承法。女性、皇位より外される
一八〇一・三・一二	パーヴェル一世暗殺さる。アレクサンドル一世、皇位につく
一八〇五	アウステルリッツの戦いでロシア敗北
一八〇七	フリードランドの戦いでロシア敗北
一八一二	ナポレオンの大軍、ロシア侵攻。ボロジノでの戦闘。モスクワで大火。退却
一八一四	ロシア軍、パリ入城

一七五一—一七七二	『百科全書』刊行
一七七六	アメリカ独立宣言
一七八一	オーストリア、奴隷制廃止
一七八九	フランス革命始まる
一七九三・一・二一	ルイ十六世、ギロチンにかけられる
一八〇四・一二・二	ナポレオン、皇帝に即位
一八一四	ナポレオン、退位

一八一五	アレクサンドル一世の発意で神聖同盟設立
一八二五・一一・一	アレクサンドル一世、タガンログで急死
一二・一四	サンクトペテルブルクでデカブリストが蜂起
一二・二九	チェルニゴフでデカブリストが蜂起。皇帝ニコライ一世
一八三〇	ポーランドで反乱
一八三一	ワルシャワの暴動鎮圧
一八三五	『ロシア帝国法典』刊行され、一六四九年の『会議法典』に代わる
一八五三	クリミア戦争始まる
一八五五	ニコライ一世死去後、アレクサンドル二世即位
一八五六	クリミア戦争終わる
一八五八	璦琿条約。ロシア、アムール河左岸を獲得
一八五九	シャミール降伏。ロシア、カフカス戦争終結
一八六〇	北京条約。ロシア、ウスリー河東岸獲得
一八六一・二・一九	農奴制廃止
一八六三—一八六四	ポーランドで反乱
一八六三	大学にリベラルな身分付与
一八六四	司法制度改革。学校改革。ゼムストボ創設

一八二一	ナポレオン、セントヘレナ島で死去
一八二四	英国で、スト権が承認される
一八三〇	フランスで七月革命。
・一一・二九	ワルシャワで独立を求める反乱
一八四八	マルクスの『共産党宣言』。二月革命、パリで起き、欧州全土に広がる
一八五一・一二・二	ルイ・ナポレオンのクーデター。第二帝政
一八六四	フランスでスト合法化。

一八六五	タシケント占領。ロシア、中央アジア進出
一八六七	ロシア、アラスカを米国に売却。ロシア領トルケスタン成立
一八六八	ブハラ・ハーン国、ロシアの保護国になる
一八七三	ヒバ・ハーン国、ロシアの保護国になる
一八七四	軍制改革。国民皆兵制に
一八八一・三・一	アレクサンドル二世暗殺され、アレクサンドル三世即位
一八八二―一八九〇	保守的改革実施（大学、司法、ゼムストヴォ）および部分的社会改革法
一八九一	シベリア横断鉄道建設開始
一八九一―一八九二	飢饉、コレラ蔓延
一八九四	ニコライ二世即位
一八九九―一九〇四	大学で騒動続発
一九〇四・一・二七	日露戦争始まる
一九〇五・一・九	「血の日曜日事件」。イワノヴォ・ヴォズネセンスク・ソヴィエト成立
二、五、六	奉天会戦、対馬沖海戦でロシア軍敗北。戦艦ポチョムキンでの反乱
八・二五	ウィッテによりポーツマス条約締結
一〇	ゼネスト発生。サンクトペテルブルクにソヴィエト誕生
一〇・一七	立憲制を約束した十月詔書を発表

	第一インターナショナル
一八六五	米国で奴隷制廃止
一八七一・三・八	パリ・コミューン
一八七五	フランスで第三共和制
一八八四	フランス、組合を合法化
一八八九	第二インターナショナル結成

一二	モスクワで武装蜂起
一九〇六・四・二七—七・八	第一ドゥーマ（国会）召集
一一・九	ストルイピンの土地改革
一九〇七・二・二〇—六・二	第二国会召集
一一・一	第三国会。会期は一九一二年六月九日まで
一九一二・一一・一五	第四国会。会期は一九一七年二月二五日まで
一九一四・七—八	第一次世界大戦の始まり。サンクトペテルブルクはペトログラードになる
一九一七・二・二三—二七	ペトログラードで二月革命
三・二	臨時政府成立
三・三	ニコライ二世、退位

(L'intelligentsia, son passé, son présent, son avenir), Moscou, 1924.
MALIA (M.), *Hertzen and the Birth of Russian Socialism*, Harvard, 1961.
MILIOUKOV (P.), *Otcherki po istorii rousskoi koul'toury* (Essais sur l'histoire de la culture russe), Paris, 1931.
MILIOUKOV (P.), *Iz istorii rousskoi intelligentsii. Sbornik statei i etioudov* (Histoire de l'intelligentsia russe. Recueil d' articles et d' études), Saint-Pétersbourg, 1903.
PANTIN (I.), PLIMAK (E.), KHOROS (V.), *Revolioutsionnaia traditsiia v rossii 1783-1883* (La tradition révolutionnaire en Russie 1783-1883), Moscou, 1986.
PIPES (R.), *The Russian Intelligentsia*, New York, 1961.
PIPES (R.), *Struve Liberal on the Left*, Harvard, 1970.
PIPES (R.), *Struve Liberal on the Right*, Harvard, 1980.
PIROUMOVA (N.), *Zemskaia intelligentsiia i ee rol' v obchtchestvennoj borbe do natchala XX veka* (L' intelligentsia des zemstvos et son rôle dans la lutte sociale jusqu'au début du XXe siècle), Moscou, 1986.
PIROUMOVA (N.), *Sotsial'naia doktrina M. A Bakounina* (La doctrine sociale de Bakounine), Moscou, 1990.
RAEFF (M.), *The Decembrist Movement*, Englewood cliffs, 1966.
SETH (R.), *The Russian Terrorists.* The Story of the Narodniki, Londres, 1966.
TVARDOVSKAIA (V.), *Sotsialistitcheskaia mysl' v Rossii na roubeje 1870-1880 gg* (La pensée socialiste en Russie au tournant des années 1870-1880), Moscou, 1969.
ULAM (A.), *Ideologies and Illusions*, Harvard, 1976.
VENTURI (F.), *Les Intellectuels, le peuple et la révolution. Histoire du Populisme russe du XIXe siècle*, Paris, 1972,2 vol.
VERNADSKY (G.), *Rousskoe masonstvo v tsarstvovanie Ekateriny II* (La franc-maçonnerie russe durant le règne de Catherine II), Petrograd, 1917.
VUCINYCH (A.), *Social Thought in Tsarist Russia : the Quest for a General Science of Society 1861-1917*, Chicago, 1976.
WALICKII (A.), *Slavophile Controversy : History of a Conservative Utopia in XX Century Russian Thought*, Oxford, 1975.
WEEKS (A.), *The First Bolshevik : a Political Biography of Peter Tkatchev*, Londres, 1968.
ZENKOVSKI (V.), *Istoriia Rousskoi filosofii* (Histoire de la philosophie russe), Paris, 1950,2 vol.

教会

CRACRAFT (J.), *The Church Reform of Peter the Great*, Londres, 1971.
FLOROVSKII (Père Georges), *Pouti rousskogo Bogosloviia* (Les voies de la théologie russe), Paris, 1937.
GOLOUBINSKII (L), *Istoriia rousskoi tserkvi* (Histoire de l'Église russe), Moscou, 1880.
KARTACHEV (A.), *Otcherki po istorii rousskoi Tserkvi* (Essais sur l'histoire de l'Église russe), Paris, 1959,2 vol.
MULLER (A.), *The Spiritual Regulations of Peter the Great*, Seattle, 1972.
Patriarkhiia ili Nikonovskaia letopis, Polnoe sobranie russkih letopisei (Le patriarcat ou la chronique de Nikon), Saint-Pétersbourg, 1901, vol. 12.

知的、政治的諸運動

ANDERSON (Th.), *Russian Political Thought*, Cornell Un. Press, 1967.
AVRITCH (P.), *The Russian Anarchists*, Princeton, 1967.
BAKOUNINA (T.), *Znamenitye rousskie Masony* (Les francs-maçons russes notoires), Moscou, 1991.
BERDIAIEV (N.), *Les Sources et le sens du communisme russe*, Paris, 1951.
BERLIN (L), *Russian Thinkers*, Londres, 1978.
BILLINGTON (H.), *Mikhailovski and Russian Populism*, Oxford, 1958.
BROWER (D.), *Training the Nihilists:Education and Radicalism in Tsarist Russia*, Ithaca, 1975.
DAN (F.), *Proishojdenie bol'chevizma* (Les origines du bolchevisme), New York, 1946.
Dekabristy Biografitcheskii spratovtchnik (Les décembristes:guide biographique), Moscou, 1988.
EDELMAN (N.), *Revolioutsia s verhou v Rossii* (La révolution par en haut en Russie), 1989.
HANS (R.), *National Cousciousness in Eighteen Century Russia*, Cambridge Mass., 1960.
HAIMSON (L.), *The Russian Marxism and the Origins of Bolchevism*, Cambridge, 1955.
IONESCU (G.), GELLNER (E.) ed., *Populism, its Meanings and National Caracteristics*, Londres, 1969.
LEVANDOVSKII (A.), *Vremia granovskogo. Ou Istokov formirovania intelligentsii v Rossii* (Le temps de Granovski. Aux origines de la formation de l'intelligentsia en Russie), Moscou, 1990.
LEONTOVITCH (V.), *Histoire du libéralisme en Russie*, Paris, Fayard, 1987.
LIKHATCHEV (D.), *Koul'toura Rousskogo naroda X-XVII vekov* (La culture du peuple russe des X-XVIIe siècles), Moscou, Leningrad, 1961.
LOUNATCHARSKI (A.), *Intelligentsia v ee prochlom, nastoiachtchem i boudouchtchem*

DEMIDOVA (N.), *Sloujilaia biourokratiia v Rossii XVII v i ee rol'v formirovanie absolioutizma* (La bureaucratie de service dans la Russie du XVIIe siècle et son rôle dans la formation de l'absolutisme), Moscou, 1987.

PINTER (W.), ROWNEY (D.), ed., *Russian Officialdom:the Bureaucratization of Russian Society from the Seventeenth to the Twentieeth Century*, Chapel., III., 1980.

ROMANOVITCH-SLAVATINSKII (A.), Dvorianstvo v rossii ot natchala XVIIIe veka do otmeny krepostnogo prava (La noblesse en Russie du début du siècle à l'abolition du servage), Kiev, 1912.

TROITSKII (S.), *Rousskii absolioutizm i dvorianstvo* (L'absolutisme russe et la noblesse), Moscou, 1974.

経済発展

BLACKWELL (W.), *The Beginnings of Russian Industrialization 1860*, Princeton, 1968.

CRISP (O.), *Studies in the Russia Economy before 1914*, Londres, 1976.

GERSCHENKRON (A.), *Economic Backwardness in Historical Perspective*, Harvard Un. Press, 1962.

GILLE (G.), *Histoire économique et sociale de la Russie*, Paris, 1949.

PINTNER (W.), *Russian Economic Policy under Nicholas I*, Ithaca, 1967.

RIEBER (A.), *Merchants and Entrepreneurs in Imperial Russia*, Chapel Hill et Londres, 1982.

STROUMILINE (S.), *Promychlennoi perevorot v Rossii* (La révolution industrielle en Russie), Moscou, 1944.

TROITSKI (S.), *Finansovaia politika rousskogo absolioutizma* (La politique financière de l'absolutisme russe), Moscou, 1966.

帝国時代

RYWKIN (M.), ed., *Russian Colonial Expansion to 1917*, Londres, 1988.

BELOKOUROV (S.), *Snochenie Rossii s kavkazom* (La Russie et le Caucase), Moscou, 1889.

BEKMAKHANOV (B.), *Prisoedinenie kazakhstana k Rossii* (L'union du Kazakhstan à la Russie), Moscou, 1957.

DOUBROVIN (N.), *Istoriia voiny i vladytchestva Rossii na kavkaze* (Histoire de la guerre et de la domination russe au Caucase), Saint-Pétersbourg 1901-1912,12 vol.

FISCHER (A.), *The Russian Annexation of the Crimea 1772-1782*, Cambridge 1970.

GALOUZO (P), *Tourkestan koloniia* (Le Turkestan : une colonie), Moscou, 1929.

KOUROPATKIN (Général), *Dnevnik* (Journal), Krasnyi Arkhiv II, 1922-1927.

社会状況

諸都市

CHECHULIN (N.), *Goroda moskovskogo gosoudarstva v XVI veke* (Les villes de l'État moscovite au XVIe siècle), Saint-Pétersbourg, 1889.
Goroda feodal'noi Rossii (Les villes de la Russie féodale), Moscou, 1966.
Gorodskie poselenie v rossiiskoi imperii (Les groupements urbains dans l'Empire russe), Saint-Pétersbourg, 1860.
HAMM (M.), ed., *The City in Russian History*, Lexington, Kentucky, 1976.
ROZMAN (G.), *Urban Networks in Russia 1750-1800*, Princeton, 1976.
RYNDZIUNSKII (P.), *Gorodskoe grajdanstvo doreformnoi Rossii* (La citoyenneté urbaine de la Russie antérieure aux réformes), Moscou, 1958.
SMIRNON (P.), *Goroda moskovskogo gosoudarstva v pervoi polovine XVII veka* (Les villes de l'État moscovite dans la première moitié du XVIIe siècle), Kiev, 1917.

農民

BLUM (J.), *Lord and Peasant in Russia from the Ninth to the Nineteenth Century*, Princeton, 1961.
CONFINO (M.), *Systèmes agraires et progrès agricoles : l'assolement triennal en Russie aux XVIIIe et XIXe siècles*,Paris-La Haye,École des hautes études en sciences sociales,1969.
HAIMSON (L.), *The Politics of Rural Russia* 1905-1914.
KERBLAY (B.), *Du Mir aux agrovilles*, Paris, Institut d' études slaves, 1985.
KOVALTCHENKO (I.), *Rousskoe Krepostnoe khristianstvo v pervoi polovine XIX veka* (La paysannerie serve de Russie dans la première moitié du XIXe siècle), Moscou, 1967.
SHANIN (Th.), T*he Awkward Class. Political Sociology of Peasantry in a Developping Society 1910-1925*, Oxford, 1972.
SEMEVSKI (V.), *Krestiane v tsarstvovanie imperatritsy Ekateriny II* (Les paysans durant le règne de Catherine II), Saint-Pétersbourg, 1901,2 vol.
SEMEVSKI (V.), *Krestianskii vopros v Rossii* (La question paysanne en Russie), Saint-Pétersbourg, 1888,2 vol.

貴族

DUKES (P.), *Catherine the Great and the Russian Nobility : a Study Based on the Materials of the Legislative Commission of 1767*, Cambridge, 1968.
EMMONS (T.), *The Russian Landed Gentry and the Peasant Emancipation*, Cambridge, Mass., 1967.
KORELIN (A.), *Dvorianstvo v poreformnoi Rossii* (La noblesse dans la Russie des réformes), Moscou, 1979.

1876.
GARMIZA (V.), *Podgotovka zemskoi reformy 1867 g.* (La préparation de la réforme des zemstvos en 1864), Moscou, 1957.
IVANNIOUKOV (V), *Padenie knepostnogo prava v Rossii* (La fin du servage en Russie), Saint-Pétersbourg, 1882.
JONES (R.), *The Emancipation of the Russian Nobility1762-1785*, Princeton, 1973.
KHLEBNIKOV (N.), *O vliianie obchtchestva na organizatsiiou gosoudarstva v tsarskii period rousskoi istorii* (De l'influence de la société sur l'organisation del'État dans la période tsariste), Saint-Pétersbourg, 1869.
KHLEBNIKOV (N.), *Konstitoutsia Loris-Melikova* (La constitution de Loris-Melikov), Londres, 1893.
KOROTKIH (M.), *Samoderjavie i soudebnaia reforma 1864 goda v Rossii* (L'autocratie et la réforme de la justice de 1864 en Russie), Voroneje, 1989.
LEVITSKI (S.), *The Russian Douma. Studies in Parliamentary Procedures 1906-1917*, New York, 1956.
MOSSE (W.), *Perestroika under the Tsars*, Londres, New York, 1992.
PHILPPOT (R.), *Les Zemstvos*, Paris, Institut d'études slaves, 1991.
PORTAL (R.), *Le Statut des paysans libérés du servage*, Paris-La Haye, 1963.
RAEFF (M.), *Plans for Political Reform in Imperial Russia 1730-1905*, Prentice Hall, New York, 1966.
RAEFF (M.), *Change through Law in Germany and Russia 1600-1800*, Yale Un. Press, 1983.
RAEFF (M.), *Mikhail Speransky. Statesman of Imperial Russia. 1772-1839*, La-Haye, 1961.
ROGGER (H.), *Russia in the age of Modernization and Revolution 1881-1917*, Londres, 1983.
STARR (I. F.), *Decentralization and self Government in Russia 1830-1870*, Princeton, 1972.
TOKMAKOV (G.), *Stolypin and the Third Douma:An Appraisal of the Three Major Issues*, Washington, 1981.
VESELOVSKI (B.), *Istoriia zemstva za sorok let* (Histoire du zemstvo : quarante ans), Saint-Pétersbourg, 1911,4 vol.
WORTMAN (R.), *The Development of Russian Legal Consciousness*, Chicago, 1976.
YANEY (G.), *The Systematization of Russian Government. Social Evolution and the Administration of Imperial Russia. 1711-1905*, Urbana, III., 1973.
ZAIONTCHKOVSKI (P), *Voennye reformy v Rossii* (Les réformes militaires en Russie), Moscou, 1952.
ZAIONTCHKOVSKI (P), *Otmena Kreposrnogo prava v Rossii* (L'abandon du servage en Russie), Moscou, 1954.
ZENKOVSKI (A.), *Stolypin : Russia's last Great Reformer*, Princeton, 1986.

HAIMSON (L.), *The Politics of Rural Russia*, Indiana Un., 1979.
LEONT'EV (A.), *Obrazovanie prikaznoi sistemy v rousskom gosoudarstve* (La formation du système des Prikaz dans l'État russe), Moscou, 1961.
LEMKE (M.), *Nikolaievskie jandarmy i literatoura 1826-1855* (Les gendarmes de Nicolas et la littérature), Saint-Pétersbourg, 1909.
LE DONNE (J.), *Absolutism and Ruling class. The Formation of the Russian Political Order 1700-1825*, New York, 1991.
McKEAN (R.), *The Russian Constitutionnal Monarchy 1907-1917*, Londres, 1977.
MONAS (S.), *The Third Section. Police and Society under Nicholas I*, Cambridge, Mass., 1961.
ORLOVSKI (D.), *The Limits of Reform. The Ministry of Internai Affairs in Imperial Russia 1802-1881*, Londres, 1981.
PRESNIAKOV (A.), *Istoriia pravitel'stvouiouchtchego Senata za dveste let* (Histoire du Sénat dirigeant sur deux siècles), Saint-Pétersbourg, 1911.
VINOGRADOV (P.), *Self Government in Russia*, Londres, 1915.
ZAIONTCHKOVSKI (P.), *Rossiiskoe Samoderjavie v kontse XIX stoletiia* (L'autocratie russe à la fin du XIXe siècle), Moscou, 1970.
ZAIONTCHKOVSKI (P.), *Krisis samoderjaviia na roubeje 1870-1880 h. godov* (La crise de l'autocratie à la veille des années 1870-1880), Moscou, 1964.
ZAIONTCHKOVSKI (P.), *Pravitel'stvennoi apparat samoderjaviia Rossii v XIX veke* (L'appareil de pouvoir de l' autocratie russe au XIXe siècle), Moscou, 1978.
ZAIONTCHKOVSKI (P.), *Samoderjavie i rousskaia armiia na roubeje XIX-XX stoletiia 1881-1903* (L'autocratieet l'armée russe au tournant du siècle 1881-1903), Moscou, 1973.

諸改革

ADAMS (A.), *Imperial Russia after 1861: Peaceful Modernization or Revolution ?*, Boston, 1965.
BAGGER (K. H.), *Reformy Petra Velikogo* (Les réformes de Pierre Ier), Moscou, 1985.
BELOKONSKII (L), *Zemstvo i konstitoutsiia* (Les zemstvos et la constitution), Moscou, 1910.
BLACK (C.), *The Transformation of Russian Society : Aspects of Social Change since 1861*, Cambridge, 1970.
COQUIN (F. X.), *La Grande Commission législative 1767-1768. Les cahiers de doléances urbaines*, Paris, Nauwelaerts, 1972.
DJANTCHIEV (G.), *Epoha velikih reform* (L'époque des grandes réformes), Saint-Pétersbourg, 1907.
FIELD (D.), *The end of Serfdom. Nobility and Bureaucracy in Russia 1855-1861*, Cambridge,

McCONNEL (A.), *Tsar Alexander I. Paternalistic Reformer*, New York, 1970.

ニコライ一世

GRÜNWALD (C. de), *La vie de Nicolas Ier*; Paris, 1946.

MIRONENKO (S.), *Stranitsy tainoi istorii samoderjaviia. Politicheskaia istoriia rossii penrroi polovinry XIX stoletiia* (Pages de l'histoire secrète de l'autocratie. Histoire politique de la Russie de la première moitié du XIXer siècle), Moscou, 1990.

アレクサンドル二世

KOLOSOV (A.), *Alexander II*, Londres, 1902.

MOSSE (M.), *Alexander II and the Modernization of Russia*, New York, 1958.

PALÉOLOGUE (M.), *Le Roman tragique de l'Empereur Alexandre II*, Paris, 1923.

TATICHTCHEV (S.), *Imperator Aleksandr II*, Saint-Pétersbourg, 1903,2 vol.

TROYAT (H.), *Alexandre II*, Paris, 1990.

アレクサンドル三世

BENSIDOUN (S.), *Alexandre III*, Paris, 1990.

NAZAREVSKI (V.), *Tsarstvovanie imperatora Alexandra III*, Moscou, 1910.

ニコライ二世

CARRÈRE D'ENCAUSSE (H.), *Nicolas II. La transition interrompue*, Paris, Fayard, 1998 (voir bibliographie). (H・カレール=ダンコース『甦るニコライ二世——中断されたロシア近代化への道』谷口侑訳、藤原書店、2001年)

OLDENBOURG (S.), *Tsarstvovanie Imperatora Nikolaia vtorogo* (Le règne de l'Empereur Nicolas II), Saint-Pétersbourg, 1991.

RADZINSXI (E.), *The Last Tsar. The Life and Death of Nicholas II*, New York, 1992. (E・ラジンスキー『皇帝ニコライ処刑——ロシア革命の真相』上・下、工藤精一郎訳、日本放送出版協会、1993年)

諸制度について

Absolioutizm v rossii XVII-XVIII veka (L' absolutisme en Russie aux XVII et XVIIIe siècles), Moscou, 1964.

DIATIN (I.), *Istoriia i oupravlenie gorodov Rossii* (Histoire et administration des villes de Russie), Saint-Pétersbourg, 1875.

EROCHKIN (N.), *Istoriia Gosoudarstvennyh outchrejdenii dorevolioutsionoi Rossii* (Histoire des institutions de l'État de la Russie pré-révolutionnaire), Moscou, 1968.

GOT'IE (Iu), *Istoriia oblastnogo oupravleniia v Rossii ot Petra I do Ekateriny II* (Histoire de l'administration régionale en Russie de Pierre Ier à Catherine II), Moscou, 1913.

GRADOVSKI (A.), *Vyschaia administratsiia Rossii XVIIIst. I general-prokourory* (La haute administration russe du XVIIIe siècle et les procureurs généraux), Saint-Pétersbourg, 1866.

WALISZEWSKI (K.), *La Dernière des Romanov Élisabeth Ire impératrice de Russie 1741-1762*, Paris, 1902.

GOUDAR (A. de), *Mémoire pour servir l'histoire de Pierre III, empereur de Russie*, Francfort-s/M, 1763.

LA MARCHE (M. CFS de), *Histoire et anecdotes de la vie, du règne, du détrônement et de la mort de Pierre III, dernier empereur de toutes les Russies*, Londres, 1766.

SALDERN (K. von), *Histoire de la vie de Pierre III, empereur de toutes les Russies, présentant sous un aspect important les causes de la révolution arrivée enc 1762*, Francfort-s/M, 1802.

エカテリーナ二世

MADARIAGA (I. de), *Russia in the age of Catherine the Great, Londres, 1981* (dans cet ouvrage une bibliographie très complète).

ALEXANDER (J.), *Catherine the Great. Life and Legend*, Oxford, 1989.

DACHKOVA (princesse E.), *Mémoires*, Paris, 1966.

EVERSLEY (Lord), *The Partitions of Poland*, Londres, 1915.

GREY (L), *Catherine the Great*, Londres, 1961.

RAEFF (M.), ed., *Catherine the Great a Profile*, New York, 1972.

TEGNY (E.), *Catherine II et la princesse Dachkoff*, Paris, 1860.

TROYAT (H.), *Catherine la Grande*, Paris, 1977.（H・トロワイヤ『女帝エカテリーナ』工藤庸子訳、中央公論社、1980 年）

WALISZEWSKI (K.), *Le Roman d'une impératrice*, Paris, 1893.

DAVIDENKOFF (A.), *Catherine II et l'Europe*, Paris, 1997.

パーヴェル一世

CHILDER (N.), *Imperator Pavel I*, Saint-Pétersbourg, 1901.

GRÜNWALD (C. de), *L'Assassinat de Paul Ier*, Paris, 1960.

KOBEKO (D.), *Tsarevitch Pavel Petrovitch 1754-1796*, Saint-Pétersbourg, 1883.

RAGSDALE (H.), *Paul I a Reassesment of his Life and Reign*, Pittsburg, 1979.

アレクサンドル一世

BARIATINSKI (Prince), *Le Mystère d'Alexandre Ier : le tsar a-t-il survécu sous le nom de Fedor Kouzmitch ?*, Paris, 1929.

CHILDER (N.), *Imperator Alexandr I*, Saint-Pétersbourg, 1897,4 vol.

CZATZTORYSKI (Prince A.), *Mémoire et correspondance avec l'Empereur Alexandre Ier*; Paris, 1887,2 vol.

LA HARPE (G. de), *Mémoires*, Paris, 1864.

NICOLAS MIHAILOVITCH (Grand Duc), *Légende sur la mort de l'Empereur Alexandre en Sibérie*, Saint-Pétersbourg, 1907.

NICOLAS MIHAILOVITCH (Grand Duc), *Le Tsar Alexandre Ier*, Paris, 1931.

PASCAL. (P.), *Avvakum et les débuts du raskol*, Paris, 1962.
POLIAKOV (L.), *L'Épopée des vieux croyants*, Paris, 1991.
ZENKOVSKI (S.), *Rousskoe staro-obriadtchestvo* (Le vieux rituel russe), Munich, 1970.

近代ロシア

君主（伝記）

ピョートル大帝

Pierre le Grand, *Pisma iz boumagi Petra Velikogo* (Lettres des papiers de Pierre le Grand), Saint-Pétersbourg, 1887,12 vol.
CHTCHERBATOV, ed., *Journal de Pierre le Grand depuis l'année 1698 jusqu'à la paix de Nystadt*, Londres, Berlin, 1773,2 vol.
BLANC (S.), *Pierre le Grand*, Paris, 1974.
BOGOSLOVSKI (M.), *Piotr I. Materialy dlia biografii*, Moscou, 1940-1948,5 vol.
GRÜNWALD (C. de), *La Russie de Pierre le Grand*, Paris, 1933.
KLIOUTCHEVSKI (V.), *Pierre le Grand et son œuvre*, Paris, 1853.
LAMARTINE (A. de), Pierre le Grand, Paris, 1865.
MASSIE (R.), *Pierre le Grand*, Paris, 1980.
OUSTRIALOV (M.), *Istoriia tsarstvovania Petra Velikogo* (Histoire du règne de Pierre le Grand), Saint-Pétersbourg, 1858,6 vol.
PAVLENKO (N.), *Piotr Velikii*, Moscou, 1990.
PORTAL. (R.), Pierre le Grand, Paris, 1969.
RAEFF (M.), Peter the Great Reformer or revolutionnary ?, Boston, 1966.
TROYAT (H.), *Pierre le Grand*, Paris, 1979.（H・トロワイヤ『大帝ピョートル』工藤庸子訳、中央公論社、1981 年）
TOLSTOÏ (A.), *Pierre le Grand*, Paris, 1929.
VOLTAIRE, *Histoire de l'Empire de Russie sous Pierre le Grand in Œuvres complètes*, Éd. de 1784 en 70 vol., t. XXIV
WALICZEWSKI (K.), *Pierre le Grand*, Paris, 1887.
WITTRAM (R.), *Peter I. Tsar under kaiser*, Göttingen, 1964,2 vol.
LONGWORTH (Ph.), The three Empresses : Catherine I, Anne and Elizabeth of Russia, Londres, 1973.
LIECHTENHAM (F. D.), *La Russie entre en Europe. Élisabeth Ire et la succession d'Autriche 1740-1750*, Paris, 1997.
OLLVIER (D.), *Élisabeth de Russie*, Paris, 1962.
SOLOV'EV, *Istoriia rossii v tsarstvovanie Elizavety Petrovny* (Histoire de la Russie durant le règne d'Élisabeth Petrovna), Moscou, 1874.

d'Étienne Bathory sur la ville de Pskov-nouvelle).
SAVRONSKI (F.), *Bohdan Chmelnicki*, Lvov, 1909.

シベリア征服

BAHROUCHIN (S.), *Otcherki po kolonizatsii Sibiri v XVI i XVII vekah* (Essai sur la colonisation de la Sibérie aux XVIe-XVIIe siècles), Moscou, 1928.
VVEDENSKII (A.), *Dom stroganovyh v XVI-XVII vekah* (La famille Stroganov aux XVI-XVIIe siècles), Moscou, 1962.

分離時代

CHTCHOUKINE (Ivan), *Le Suicide collectif dans le raskol russe*, Paris, 1903.
CRUMMEY (R. O.), *The Old Believers and the World of the Antechrist*, Un. of Wisconsin Press, 1970.
GERSCHENKRON (A.), *Europe in the Russian Mirror*, Cambridge Un. Press, 1970, Paris, 1998.
KAPTEREV (N.), *Patriarh Nikon i Alexei Mihailovitch*, Serguiev, Posad, 1909.
KIRILOV (I.), *Pravda staroi very* (La vérité de la vieille croyance), Moscou, 1917.
KIRILOV (I.), *« Statistika staroobriadtchestva » in Staroobriadtcheskaia mysl'* (Statistique du vieux rituel), II, 1913, p. 138 à 142.
KLIBANOV (A. I.), *Reformatsionnye dvijenia v rossii v XIV-pervoi polovine XVI veka* (Les mouvements de réforme en Russie du XIVe à la première moitié du xv1` siècle), Moscou, 1960.
KOSTOMAROV (N.), *« Istoriia raskola ou raskol'nikov »* in *Istoritcheskie Monografii i issledovaniia* (Histoire du Schisme, des Schismatiques), Saint-Pétersbourg, 1912, vol. 12.
KOTOCHIHIN (G.), *O Rossii v tsartstvovanie Alexeia Mihailovitcha* (Sur la Russie durant le règne d'Alexei Mihailovitch), Saint-Pétersbourg, 1895.
La Vie de l'Archiprêtre Avvakum écrite par lui-même, Trad. Et notes de Pierre Pascal, Paris, 1960.
MELGOUNOV (S.), *Religiozno-obchtchestvennye dvijenia XVII-XVIIIe vekov* (Les mouvements sociaux religieux des xvLl-xvnie siècles), Moscou, 1922.
MEL'NIKOV (PL), [A. Petcherskii], *V Lesah* (Dans les forêts), Saint-Pétersbourg, Moscou, 1875,4 vol.
Na Gorah (Sur les montagnes), Saint-Pétersbourg, Moscou, 1881,4 vol.
MLCHELIS (Cesare G. de), *« L'Antéchrist dans la culture russe et l'idée protestante du "Pape antéchrist" »*, Cahiers du monde russe et soviétique, vol. XXIX (3-4), juillet-décembre 1988, p. 303-316.

KOSTOMAROV (N.), *Mazepar*, Moscou, 1992.
PASCAL (P.), *La Révolte de Pougatchev*, Paris, 1971.
PODHORODCKI (L.), *Sicz zaporoska* (La Setch des zaporogues), Varsovie, 1960 (en polonais).
TOMKIEWICZ (W.), *Kozaczyzna Ukrainna* (Les cosaques d'Ukraine), Lwow, 1939 (en polonais).

動乱時代

DURAND-CHEYNET (C.), *Boris Godounov et le mystère Dimitri*, Paris, 1986.
PLATONOV (S.), *Boris Godounov*, Petrograd, 1921.
SKRYNNIKOV (R.), *Boris Godounov*, Moscou, 1978.
Et sur le temps des troubles en général :
BELAEV (I. S.), *Ouglitcheskoe sledstvennoe delo oboubiistve Dimitria 15 main 1591* (L'enquête conduite à Ouglitch sur le meurtre de Dimitri le 15 mai 1591), Moscou, 1907.
DRAGOMANON (M.), *Borba za douhovnouiou vlast' i svobodou sovetsi v XVI-XVIII vv* (La lutte pour le pouvoir spirituel et la liberté de conscience aux XVIIIe siècles), Saint-Pétersbourg, 1887.
ILOVAISKI (D.), *Smoutnoe vremia* (t. IV de l'histoire de la Russie) (Le temps des troubles), Moscou, 1876-1905.
KOSTOMAROV (N.), *Smoutnoe vremia moskovskogo gosoudarstva v natchale XVIIe veka* (Le temps des troubles dans l'État moscovite au début du xvn` siècle), Saint-Pétersbourg, 1883.
KOSTOMAROV (N.), *Materialy po smoutnomou vremeni na Roussi XVII veka* (Matériaux sur le temps des troubles dans la Russie du XVIIe siècle), Saint-Pétersbourg, 1909.
MAGRERET (capitaine J. de), *Un Mousquetaire à Moscou*, Paris, 1893.
NETCHAEV (V.), *Smoutnoe vremia v moskovskom gosoudarstve* (Le temps des troubles dans l'État moscovite), Moscou, 1913.
PLATONOV (S.), *Smoutnoe vremia* (Le temps des troubles), Prague, 1924.
Vremmenik Ivana Timofeeva, Moscou, Leningrad, Derjavina et Andrianov, Perets Éd., 1951.

ポーランド、ウクライナ、そしてロシア

DAVIES (N.), *God's playground. A History of Poland*, Oxford, 1981,2 vol.
DABROWSKI (J.), *Étienne Bathory roi de Pologne, prince de Transylvanie*, Cracovie, 1935.
Spécialement la contribution de LASKOWSKI (O.), *Les Campagnes de Bathory contre la Moscovie*, p. 375-400.
MALYSHEV (V), ed., *Povest o prihojdenii Stefana Batory na grad Pskov* (La marche

Russie), Saint-Pétersbourg, 1907.

TCHEREPNIN (L.), *Obrazovunie rousskogo tsentralizovannogo gosoudarstva XIV-XV vekah* (La formation de l'État centralisé russe aux XIV-XVe siècles), Moscou, 1960.

VERNADSKY (G.), *The Tsardom of Moscow* 1547-1682, New Haven, Conn., 1969,2 vol.

イワン雷帝とその時代

On retiendra parmi les très nombreux ouvrages publiés :

CONFINO (M.), *Domaines et seigneurs en Russie vers la fin du XVe siècle*, Paris, Institut d'études slaves, 1963.

DEBOLSKII (N.), *Istoriia Prikaznogo stroia Moskovkogo gosoudarstva* (Histoire de l'organisation des Prikaz de l'État moscovite), Saint-Pétersbourg, 1900-1901.

DURAND-CHEYNET (C.), *Ivan le Terrible*, Paris, 1981.

FENNEL (J. L.), *Ivan the Great of Moscow*, New York, 1961.

KENNAN (E. L.), *The Kurbskii Groznyi apocrypha*, Cambridge, Mass., 1971.

KENNAN (E. L.), *Prince A. M Kurbskii's history of Ivan IV*, Cambridge, Mass., 1965.

KOBRIN (V.), *Ivan Groznyi*, Moscou, 1989.

PLATONOV (S.), *Ivan Groznyi*, Petrograd, 1923.

Poslaniie Ivana Groznogo (Messages d'Ivan le Terrible), Moscou, Leningrad, 1951.

STADEN (G.), O moskve Ivana Groznogo. Zapiski nemtsa opritchniky (Moscou sous Ivan le Terrible. Notes d'un Allemand-opritchnik), Moscou, 1925.

SADIKOV (P), *Otcherki po istorii opritchniny*, (Essai sur l'histoire de l'opritchnina), Moscou, 1951.

SKRYNNIKOV (R.), *Ivan Groznyi*, Moscou, 1976.

SKRYNNIKOV (R.), *Rossia posle opritchniny* (La Russie après l'opritchnina), Moscou, 1978.

TROYAT (H.), *Ivan le Terrible*, Paris, 1980. (H・トロワイヤ『イヴァン雷帝』工藤庸子訳、中央公論社、1983 年)

VERNER (I.), *O vremeni i pritchiny obrazovaniia moskovskih prikazov* (Sur le moment et les causes de la formation des Prikaz de Ia Moscovie), Moscou, 1907.

VESELOVKII (V.), *Issledovaniia po istorii opritchniny* (Recherches sur l'histoire de l'opritchnina), Moscou, 1963.

ZIMINE (A.), *Sostav boiarskoi doumy v XV-XVI vv* (La composition de la Douma des boïars aux XV-XVIe siècles), Moscou, 1958.

ZIMINE (A.), *Reformy Ivana Groznogo* (Les réformesd'Ivan le Terrible), Moscou, 1960.

コサックについて

GORVEEV (A.), *Istoriia Kazakov* (Histoire des cosaques), Moscou, 1992-1993,4 vol.

HRUSHEVSXY (M.), *Istoriia Ukrainy. Rusy* (Histoire de l'Ukraine-Rus'), Kiev, 1909-1931.

PRITZAK (O.), *The Origin of Rus'*, An inaugural lecture, 24 X, 1975, Harvard Un., Harvard Ukrainian research institute.

PRESNIAKOV (A.), *Kniajnoe pravo v drevnei Roussi* (Le droit princier dans l'ancienne Russie), Saint-Pétersbourg.

TIKHOMIROV (M.), *Drevnaia Rous* (La Russie ancienne), Moscou, 1975.

VODOFF (V), *Naissance de la chrétienté russe*, Paris, 1988.

VOLKOFF (V), *Vladimir le soleil rouge*, Paris, 1981.

モンゴル支配

DUBY (G.), MANTRAN (R.), *L'Eurasie XI^e^XIII^e^ siècle*, Paris, 1982.

GREKOV (B.), IABOULOVSKI, *La Horde d'Or et la Russie*, Paris, 1939.

GROUSSET (R.), L'Empire des steppes, Paris, 1939.

NASONOV (A. N.), *Mongoly i Rous'* (Les Mongols et la Rus'), Moscou-Leningrad, 1940.

RIASANOVSKY (V. A.), *Fundamental Principes of Mongol Law*, La-Haye, 1969.

ROUX (J. P.), *Histoire de l'Empire mongol*, Paris, 1993.

SPULER (B.), *Die Goldene Horde. Die Mongolen in Russland 1223-1502*, Leipzig, 1943.

VERNADSKY (G.), *The Mongols and Russia*, New Haven, 1953.

VERNADSKY (G.), *The Origins of Russia*, Oxford, 1959.

WITTFOGEL (K.), *The Oriental Despotism*, New Haven, Conn., 1957.

主権回復

CRUMMFY (R.), *The Formation of Muscovy 1304-1613*, Londres, New York, 1987.

GREY (I.), *Ivan III and the Unification of Russia*, New York, 1964.

PLATONOV (S. F.), *The Time of Troubles*, Lawrence, Mississippi, 1970.

PRESNIAKOV (A.), *The Formation of the Great Russian State : a Study of Russian History in the Thirteenth to Fifteenth Centuries*, Chicago, 1970.

世襲国家

DIAKONOV (M.), *Otcherki obchtchestvennoga i gosoudarstvennogo stroia drevenei Roussi* (Essai sur la strcture sociale et étatique de l' ancienne Russie), Saint-Pétersbourg, 1910.

DURAND-CHEYNET (C.), *Moscou contre la Russie*, Paris, 1988.

DMYTRYSHYN (B.), ed., Medieval Russia. A sourcebook 900-1700, New York, 1967.

ECK (A.), Le Moyen Âge russe, Paris, 1933.

KIZEVETTER (A.), *Mestnoe samoupravlenie v rossii IX-XIX st. Istoritcheskii otcherk* (L'auto-administration locale dans la Russie des IX-XIX^e^siècles. Essai historique), Petrograd, 1917.

PAVLOV-SILVANSKII (N. P), *Feodalizm v drevnei Roussi* (Le féodalisme dans l'ancienne

York, 1966,
FEDOTOV (G. P.), *The Russian Religious Mind*, Cambridge, Mass., 1966.
TCHERNIAVSKY (M.), *Tsar and People. Studies in Russian Myths*, New Haven, Conn., 1961.

第三のローマ

KIRILOV (I.), *Tretii rim, otcherk razvitiia ideii rousskogo messianizma* (La troisième Rome. Essai sur le développement du messianisme russe), Moscou, 1914.
SINITAINA (N.), *Tretii rim. Istoki i evolioutsiia sriednevekovoi kontseptsii* (La troisième Rome. Source et évolution d'une conception médiévale, Moscou, 1998.
STREMOOUKHOFF (D.), *Moscow the third Rome*, Londres, 1950.

ロシア思想

BERDIAIEV (N.), *L'Idée russe. Problèmes essentiels de la pensée russe au XIXe siècle et au début du XXe siècle*, Tours, 1970.
KARSAVIN (L.), *Vostok, zapad i rousskaia ideia* (L'Orient, l'Occident et l'idée russe), Petrograd, 1922.
SOLOVIEV (V.), *L'Idée russe*, Paris, 1888.
SOLOVIEV (V), *Holy Russia : the History of a Religious Social Idea*, New York, 1959.

ロシア国家の起源

La Christianisation de la Russie ancienne, un millénaire 988-1988, Paris, Unesco, 1989.
AHRWEILER (H.), *L'Idéologie politique de 1 'Empire byzantin*, Paris, 1975.
BAUMGARTEN (N. de), *«Saint Vladimir et la conversion de la Russie» in Orienctalia Christiana*, XXVII, 1-. 1932.
DVORNIK (F.), Les Slaves, Byzance et Rome, au IXe siècle, Paris, 1926.
FENNEL (J.), *The Crisis of Medieval Russia 1200-1304*, Londres. New York, 1983.
GOUMILEV (L. N.), *Drevniaia Rous i velikaia step* (La Russie ancienne et la grande steppe), Moscou, 1989.
GREKOV (B.), *Kievskaia Rous* (La Rous kievienne), Moscou, 1959.
KLIOUTCHEVSKI (V.), *Boiarskaia Douma drevnei Roussi* (La Douma des Boiars de la Russie ancienne), Petrograd, 1919.
OBOLENSKY (D.), *The Byzantine Commonwealth. Eastern Europe 500-1453*, Londres, 1971.
OBOLENSKY (D.), *Byzantium Kiev and Moscow A Study in Ecclesiastical Relations*, Harvard Un. Press, 1957.
PASZKIEWICZ (H.), *The Origin of Russia*, Londres, 1954.

vol.
PASCAL (P.), *Histoire de la Russie des origines à nosjours*, Paris, 1972.
PIPES (R.), *Russia under the Old Regime,* New York, 1974.
PLATONOV, *Histoire de la Russie des origines à 1918*, Paris, 1929.
RAEFF (M.), *Comprendre l'Ancien Régime russe*, Paris, 1982.
RAMBAUD (A.), *Histoire de la Russie*, Paris, 1918.
SETON-WATSON (H.), *The Russian Empire 1800-1917*, Oxford, 1967.
STROUVE (P.), *Sotsial'naia i ekonomitcheskaia istoriia Rossii* (Histoire économique et sociale de la Russie), Paris, 1952.
SOLOVIEV (S. M.), *Istoriia rossii s drevneichyh vremen* (Histoire de la Russie depuis les origines), Moscou, 1960.
SOKOLOFF (G.), *La Puissance pauvre. Une histoire de la Russie de 1815 à nos jours,* Paris, 1993.
SOLJÉNITSYNE (A.), « Le problème russe » à la fin du XX[e]siècle, Paris, 1994.
STÄHLIN (K.), Geschichte Russlands von den Anfängen bis zur Gegenwart, Berlin, 1930-1939,4 vol.
SZAMUELY (T.), *La Tradition russe*, Paris, 1971.
VERNADSKY (G.), KARPOVITCH (M.), *A History of Russia*, 1943 à 1969,5 vol. (dont le dernier en deux tomes).
WEIDLÉ (W.), *La Russie absente et présente*, Paris, 1949.
WERTH (N.), *Histoire de l'Union soviétique : de l'Empire russe à l'Union soviétique (1900-1990)*, Paris, 1991.

ロシア：帝国そして外部世界

BERDIAEV (N.), *Rousskaia ideia*, (L'Idée russe), Paris, 1946.
DANILEVSKI (N. Ja), *Rossiia i evropa. Vzgliad na koultournye i polititcheskie otnocheniia slavianskogo mirak germanorimskomu* (La Russie et l'Europe. Regard sur les relations culturelles et politiques du monde slave et du monde germano-romain), Saint-Pétersbourg, 1889.
GRÜNWALD (C. de), *Trois Siècles de diplomatie russe*, Paris, 1945.
LE DONNE (J.), *The Russian Empire and the World1700-1917. The Geopolitics of Expansion and Containment*, New York, 1997.
TARLE (E.), *Zapad i rossiia* (l'Occident et la Russie), Saint-Pétersbourg, 1918.

ロシアについての諸解釈

BESANÇON (A.), *Le Tsarévitch immolé*, Paris, 1967.
BILLINGTON (. L), *The Icon and the Axe : an Interpretative History of Russia*, New

ロシア史に関する諸著作

参考文献

CLENDENNING (Philipp), *Eighteen Century Russia : a Selected Bibliography of Works Published since 1955*, Newtonville, 1955.

CROWTHER, *A Bibliography of Works in English on Early Russian History to 1800*, Oxford, 1969.

PUSHKAROV (S. G.), *A Source Book for Russian History from early times to 1917*, Newhaven, 1972,3 vol.

RIASANOVSKY (N. V.), *A History of Russia, Oxford, de 1963 à 1984* (éditions revues et complétées), Éd. française, *Histoire de la Russie. Des origines à 1984*, Paris, 1987. Cet excellent livre sur l'histoire générale de la Russie comporte une bibliographie très complète à laquelle on doit se référer.

基本法令

Polnoe Sobranie zakonov Rossiiskoi Imperii (Recueil complet des lois de l'Empire russe), Saint-Pétersbourg, 1830-1839,46 vol.

KORKOUNOV (N. M.), *Rousskoe Gosoudarstvennoe Pravo* (Le Droit public russe), Saint-Pétersbourg, 1905.

ロシア史

FLORINSKI (M. T.), *Russia : a History and an Interpretation,* New York, 1953,2 vol.

HELLER (M.), *Histoire de la Russie et de son Empire*, Paris, 1997.

KARAMZIN (N. M.), *Istoriia Gosoudarstva Rossiiskogo* (Histoire de l'État de Russie), Saint-Pétersbourg, 1892,12 vol.

KLIOUTCHEVSKI (V. O.), *Kours rousskoi Istorii* (Cours d'histoire russe), réédité à Moscou 1956-1958, éd. française, Paris, 1956,5 vol.

KIZEVETTER (A.), *Istoritcheskie otcherki* (Essais d'histoire), Moscou, 1912.

LEROY-BEAULIEU (A.), *L'Empire des Tsars et les Russes*, Paris, 1881-1898,3 vol.

MILIOUKOV (P.), SEIGNOBOS (C.), EISENMAN (H.), *Histoire de la Russie*, Paris, 1933,3 vol. *Nache Otetchestvo. Opyt politicheskoi istorii*, (Notre patrie. Histoire politique), Moscou, 1991,2 vol.

NOLDE (B.), *La Formation de l'Empire russe*, Paris, Institut d'études slaves, 1952-1953,3

用語解説

アパナージュ（親王領地）：キエフ・ロシア時代に生まれた領地の政治的区分。国王が、親王に個別に供与する領地のこと
ボヤーレ：キエフ・ロシア時代に公に仕える家臣たちおよび土地の貴族を指す。後には，彼らの子孫も指す
ボヤーレたちのドゥーマ：当初は，キエフ・ロシア時代の政治機構の一つであった。諸公たちによるこの会議は，次いで高位の聖職者にまで拡大された。この制度は，モスクワ公国まで存続したが，その後，存在理由を失った。ピョートル大帝の下で，消滅する。欧州の君主国の元老会議に対比されよう
ドゥーマ：国会。1906 年の宣言により生まれた国会で，1917 年まで存続する。1992 年に復活し，現在では下院を構成する
ドヴォリャーネ：貴族を指す
アタマン：コサックの隊長
コルホーズ：ソビエト時代に創設された集団農場
ナカーズ：訓令
オフラナ：政治警察
オプリチニナ：イワン雷帝の《特殊》部隊
ウカーズ：勅令
プリカズ：旧官庁，省
ラーダ：ウクライナ議会
ラスコル：分離運動
ソヴィエト：会議，権力組織
ソフホーズ：国営農場
ストレルツィス：銃兵隊
ヴェーチェ：キエフ国家時代の民会，人民集会，会議
ヤルリク：モンゴル人支配者がロシア諸公に授与した特許状
ゼムストヴォ（ロシア語の複数形ではゼムストヴァ）：アレクサンドル二世の改革から生まれた主として農民を対象とする地方自治機関
ゼムスキー・ソボル：《全国会議》，《国全体と話し合うために》国王が召集する国民の主要身分の代表たちからなる。フランス史上三部会に相当する

マ 行

ヤ 行

ラ 行

タ　行

ナ　行

ハ　行

人名索引

訳注を除く本文から採った。

ア 行

カ 行

サ 行

著者紹介

エレーヌ・カレール＝ダンコース
(Hélène CARRÈRE D' ENCAUSSE)

ロシアおよび中央アジアを専門とする歴史学者・国際政治学者。アカデミー・フランセーズ終身幹事，欧州議会議員。パリ政治学院卒，ソルボンヌ大学で歴史学博士号，さらに同校で文学・人文科学国家博士号を取得，母校で教鞭を執った。ソ連崩壊の10数年前にその崩壊を実証的に予言した『崩壊したソ連帝国』(1978）は世界的なベストセラーとなり，以降もソ連・ロシアに関する話題作をコンスタントに出版，ロシア研究の世界的第一人者としての地位を確立する。主な著書に，『民族の栄光』(1990)，『甦るニコライ二世』(1996)，『レーニンとは何だったか』(1998)，『エカテリーナ二世』(2002)（邦訳はいずれも藤原書店）など多数。

訳者紹介

谷口 侑（たにぐち・すすむ）

1936年，中国・長春生まれ。元富山国際大学教授（専門・国際関係論)。1959年，東京外国語大学フランス語科を卒業。20年近く新聞社のパリ，ロンドン，ニューヨーク特派員をつとめる。主な共著書に『二〇世紀　どんな時代だったか』(全8巻，読売新聞社刊)。主な訳書に『革命の中の革命』『革命と裁判』(共訳，ともにレジス・ドブレ著，晶文社)，『甦るニコライ二世』(藤原書店）など多数。

未完《みかん》のロシア　10世紀《せいき》から今日《こんにち》まで

2008年２月29日　初版第１刷発行©

訳　者　谷　口　侑
発行者　藤　原　良　雄
発行所　株式会社　藤　原　書　店

〒162-0041　東京都新宿区早稲田鶴巻町523
TEL　03（5272）0301
FAX　03（5272）0450
振替　00160-4-17013

印刷・製本　図書印刷

落丁本・乱丁本はお取り替えします
定価はカバーに表示してあります

Printed in Japan
ISBN978-4-89434-611-6